MEDIUM ÆVUM
MONOGRAPHS

SERIES EDITORS
K. Clarke, S. Huot, A. J. Lappin,
N. Palmer, C. Saunders

MEDIUM ÆVUM MONOGRAPHS, XXVIII

Estoire de l'Evangile

(Dublin, Christ Church
Cathedral, ms. C6.1.1)

EDITED BY

BRENT A. PITTS

The Society for the Study of Medieval Languages and Literature
OXFORD · MMXI

THE SOCIETY FOR THE STUDY OF
MEDIEVAL LANGUAGES AND LITERATURE

© 2011 Brent A. Pitts

British Library Cataloguing in Publication Data
A catalogue record for this book is available from the British Library

ISBN-13:
978-0-907570-55-4 (pb)
978-0-907570-45-5 (e-bk)

First published (in hardback) 2011
This reprint, with minor revisions,
first issued 2016

CONTENTS

Acknowledgements	vi
Abbreviations and short titles	vii
Introduction	
Title	1
Interest and significance of the work	1
Author and date	4
Estoire and the *Concordia quatuor evangelistarum*	7
Estoire and the Pepysian Gospel harmony	9
The Manuscript	11
Audience	13
Language	17
Editorial practice	23
ESTOIRE DE L'EVANGILE	25
Rejected readings and variants	78
Notes	81
Appendices	89
Glossary	109
Index of proper names	129

ACKNOWLEDGEMENTS

Numerous individuals and institutions have generously assisted in the preparation of this work.

This edition would not have been feasible without funds from the Meredith College School of Arts and Sciences, first for purchase of microfilm reproductions of the Liber niger and BL Royal MS 3.A.X, and later for travel to Dublin to examine the Liber niger. I am especially grateful to Meredith College for providing a sabbatical leave in Spring 2009, during which time I completed the draft of this edition. Carlyle Campbell Library secured many works by interlibrary loan and provided a microfilm reader for home use during a critical time. My research was advanced by the rich resources of Davis Library at the University of North Carolina-Chapel Hill.

I thank the staff of the Representative Church Body Library, Braemor Park, Churchtown, Dublin, particularly Dr Raymond Refaussé and Dr Susan Hood, for their helpfulness in making the Liber niger and a new microfilm of same available for consultation. Dr Refaussé also supplied the photographic reproduction that appears on the cover of this book. Dr Stuart Kinsella, Research Advisor, Christ Church Cathedral, Dublin, provided useful information in the early stages of the project. The Revd Canon Adrian Empey, formerly Principal, Church of Ireland Theological College, Dublin, arranged accommodations in Churchtown.

During my work on this project I consulted several specialists of medieval languages and literature: Ian Short (ANTS), Thomas Bestul (Penn), Maureen Boulton (Notre Dame), Shearle Furnish (Youngstown State), James Morey (Emory), Richard Pfaff (North Carolina-Chapel Hill), Ulrich Schmid (Birmingham), and Gale Sigal (Wake Forest). Daron Burrows (Manchester) quickly identified what had seemed a vague allusion in *Estoire* and later offered valuable comments on a late draft of the edited text. The comments and suggestions of the anonymous readers of the first draft of this work have improved the result. I am thankful for the information, insights or advice that all these scholars so willingly supplied. Any misstatements that may remain in this work are mine alone.

My recent projects have been inspired by *Anglo-Norman Literature: A Guide to Texts and Manuscripts* by Ruth J. Dean with Maureen B. M. Boulton, and *Estoire* is no exception. I cannot overstate my debt to this resource in terms of the pleasure I take in locating the manuscripts it so surely points to, nor exaggerate the intellectual stimulation and growth the manuscripts unfailingly provide.

I dedicate this work to the memory of my wife of thirty-eight springtimes, Dr Ruth Elizabeth Mitchell-Pitts.

ABBREVIATIONS AND SHORT TITLES

This list generally includes only frequently used abbreviations and sources quoted at least twice in the Introduction and Notes. Footnotes provide details of other works consulted.

Aelred[1]	C. H. Talbot, ed., *De institutione inclusarum*, in A. Hoste and C.H. Talbot, eds., *Aelredi Rievallensis Opera Omnia*, CCCM I (Turnhout, 1971).
Aelred[2]	J. Ayto and A. Barratt, eds., *Aelred of Rievaulx's* De institutione inclusarum, EETS 287 (London, 1984).
AN	Anglo-Norman
AND	*Anglo-Norman Dictionary*, eds. L. W. Stone and W. Rothwell (London, 1977-1992).
ANOH	*Anglo-Norman Dictionary*, on-line version (Aberystwyth, 2007). Available at http://www.anglo-norman.net/
Bestul	T.H. Bestul, *Texts of the Passion* (University Park, 1996).
Boismard	M.-E. Boismard, *Le Diatessaron: De Tatien à Justin* (Paris, 1992).
Buridant	C. Buridant, *Grammaire nouvelle de l'ancien français* (St-Just-la-Pendue, 2006).
Carruthers	M. Carruthers, *The Book of Memory* (Cambridge, 1990).
Caulibus[1]	J. de Caulibus, *Meditaciones Vite Christi*, ed. M. Stallings-Taney, Corpus Christianorum, Continuatio Mediaeualis CLIII (Turnhout, 1997).
Caulibus[2]	John of Caulibus, *Meditations on the Life of Christ*, trans. and ed. F. Taney, A. Miller and M. Stallings-Taney (Asheville, NC, 2000).
Cqe	*Concordia quatuor evangelistarum*, Clement of Llanthony's gospel harmony
Dean	R.J. Dean with M.B.M. Boulton, *Anglo-Norman Literature: A Guide to Texts and Manuscripts*, ANTS (London, 1999).
ECB	*Eerdmans Commentary on the Bible*, eds. J.D.G. Dunn and J.W. Rogerson (Grand Rapids, 2003).
Estoire	*Estoire de l'Evangile*, the text edited here
F	French
Goates	M. Goates, ed., *The Pepysian Harmony*, EETS, O.S. 157 (London, 1922). Available at http://www.bookprep.com
Gosman	M. Gosman, ed., *La Lettre du Prêtre Jean* (Groningen, 1982).
Gwynn	A. Gwynn, 'Some unpublished texts from the Black Book of Christ Church, Dublin', *Analecta Biblica* 16 (1946), 281-337.
Harris[1]	J.R. Harris, 'The Gospel Harmony of Clement of Llanthony', *Journal of Biblical Literature* 43 (1924), 349-62.
Harris[2]	J.R. Harris, 'Some notes on the gospel-harmony of Zacharias Chrysopolitanus', *Journal of Biblical Literature* 43 (1924), 32-45.
Horrall[1]	S.M. Horrall, ed., *The Lyf of Oure Lady: The ME translation of Thomas of Hales'* Vita Sancte Marie (Heidelberg, 1985).
Horrall[2]	S.M. Horrall, 'Thomas of Hales, OFM: His Life and Works', *Traditio* 42 (1986), 287-298.
Kibler	W.W. Kibler, *An Introduction to Old French* (New York, 1984).
Lat.	Latin
Legge	M.D. Legge, 'The Anglo-Norman Sermon of Thomas of Hales', *Modern Language Review* 30 (1935), 212-218.

Liber niger	Dublin, Christ Church Cathedral C6.1.1 [Dean §483], base manuscript (fols. 34R-63R) of the present edition
MAN	I. Short, *Manual of Anglo-Norman* (London, 2007).
ME	Middle English
Meale	C.M. Meale, ed., *Women and Literature in Britain, 1150-1500* (Cambridge, 1993).
MED	*Middle English Dictionary*, on-line version (Ann Arbor, 2001). Available at http://ets.umdl.umich.edu/m/med/
Millett	B. Millett, 'English recluses and the development of vernacular literature', in Meale, 86-103.
Morey	J. H. Morey, *Book and Verse* (Urbana, 2000).
OF	Old French
Petersen	W.L. Petersen, *Tatian's Diatessaron* (Leiden, 1994).
PGh	Pepysian Gospel harmony (Cambridge, Magdalene College, MS Pepys 2498)
PL	*Patrologia latina*, ed. J.P. Migne (Paris, 1844-64), vol. 183.
Plooij[1]	D. Plooij, *A Primitive Text of the Diatessaron: The Liège Manuscript of a Mediæval Dutch Translation* (Leiden, 1923).
Plooij[2]	D. Plooij, 'The Pepysian Harmony', *Bulletin of the Bezan Club* 2 (1926), 14-16.
Pope	M.K. Pope, *From Latin to Modern French* (Manchester, 1934; rpt. 1966).
Recognitions	T. Smith, trans., *Recognitions of Clement*, in A. Roberts *et al.*, eds., *The Ante-Nicene Fathers*, 8: *Fathers of the Third and Fourth Century* (New York, 1903), 75-214.
Roy.	BL Royal MS 3.A.x, Clement of Llanthony, *Concordia quatuor evangelistarum*, fols. 2R-20V
Salter	E. Salter, *Nicholas Love's 'Myrrour of the Blessed Lyf of Jesu Christ'*, Analecta Cartusiana 10 (Salzburg, 1974).
Schmid[1]	U. Schmid, "' . . . So that those who read the (Biblical) text and the commentary do not correct one after the other'" . . ., in A. den Hollander, U. Schmid, and W. Smelik, eds., *Paratext and Megatext as Channels of Jewish and Christian Traditions* (Leiden, 2003), 136-51.
Schmid[2]	U.B. Schmid, *Unum ex quattuor: Eine Geschichte der lateinischen Tatianüberlieferung* (Freiburg im Breisgau, 2005).
Silvestre	H. Silvestre, 'Le "De concordia et expositione quatuor evangeliorum" inédit de Wazelin II, abbé de Saint-Laurent, à Liège (ca 1150-ca 1157)', *Revue bénédictine* 63 (1953), 310-325.
Sticca	S. Sticca, *The* Planctus Mariae *in the Dramatic Tradition of the Middle Ages*, trans. J.R. Berrigan (Athens and London, 1988).
V	Vulgate. The modern edition consulted is *Biblia Sacra iuxta vulgatam versionem*, ed. R. Gryson, R. Weber *et al.*, 5th ed. (Stuttgart, 2007).

INTRODUCTION

This book presents a critical edition of *Estoire de l'Evangile*, an anonymous Anglo-Norman gospel harmony extant in a single manuscript, the 'Liber niger' (Dublin, Christ Church Cathedral C6.1.1). As discussed below, the Anglo-Norman gospel harmony of the Liber niger may be dated with assurance between *c.* 1170 and 1294 and possibly more specifically in the mid-thirteenth century. An important and heretofore overlooked witness in the gospel harmony tradition, *Estoire de l'Evangile* offers a few readings that may echo the earliest Diatessarons. Meanwhile, all evidence points to the conclusion that *Estoire de l'Evangile* is the long-sought 'Old French' exemplar of the well known Pepysian Gospel Harmony (*c.* 1400). These texts are here linked and discussed together for the first time.

Title

The prologue refers four times (Liber niger, fol. 34R) to the gospel harmony it introduces, first specifying *[L']estorie des Evangeiles nostre douz Seignur Jhesu Crist*, but using the title *l'estoire de l'Evangile* thereafter.[1] This title has been adopted for the present edition; the abbreviation *Estoire* refers to the AN gospel harmony throughout this work.

Interest and significance of the work

As the only known gospel harmony in AN French, and as an intrinsically interesting life of Christ, *Estoire* has drawn little attention to date. Dean remarked that it had so far received no edition, and until now this was certainly the case.[2]

A gospel harmony interweaves the narratives of the four New Testament Evangelists into a mosaic life of Christ, removing repetitions, smoothing contradictions, and recasting common episodes with details from two or more gospels.

---

1   The word 'estoire' may be understood in its general sense of 'story' or 'account' (*ANOH*). Liber niger's table of contents refers to *Estoire* as *Historia domini nostri Jesu Christi ou Evangelistie* (fol. 232R). In addition to the Anglo-Norman text considered here, there is an unrelated ME life of Christ called *La estorie del Euangelie* (inc. 'Sum-while ich was wiþ sunne i-bounde, And sunne me hath icast to grounde'), for which, see Morey, 205-208; C. Horstman, ed., *The Minor Poems of the Vernon MS*, Part I, EETS (London, 1892; rpt. Millwood, NY, 1987), 1-11; C. Brown, *A Register of Middle English Religious and Didactic Verse*, 1 (Oxford, 1916), §3938, 30236; 2 (Oxford, 1920), §2063; and T. Turville-Petre, 'The Relationship of the Vernon and Clopton Manuscripts,' in D. Pearsall, ed., *Studies in the Vernon Manuscript* (Cambridge, 1990), 29-44. See also p. 14 below for 'L'estorie des Evangeiles ... rimez en romaunz' and note 60 below for 'j romance book is called ye gospelles'.
2   Dean §483. For a modern English translation of the *Estoire*, see *The Anglo-Norman Gospel Harmony: A translation of the* Estoire de l'Evangile (*Dublin, Christ Church Cathedral C6.1.1, Liber niger*), trans. Brent A. Pitts, The French of England Translation Series 7 (Tempe, AZ, 2014).

The reader may therefore, in principle, encounter the four, separate canonical gospels in their fullness by moving through a harmony's unified, chronologically ordered text.

The tradition of the gospel harmony dates to the early years of the Christian Church. Appearing in the second century, Tatian's Diatessaron became the standard gospel harmony text. Several early authors, including Eusebius and Epiphanius in the fourth century, mention the Diatessaron and attribute it to Tatian. Because no copy of Tatian's Diatessaron survives in the Greek or Syriac original, scholars have long sought patiently to detect fingerprints of Tatian's lost work in the early and later medieval harmonies that we possess.[3]

The oldest witness to the Diatessaron in the West is a Latin manuscript called the Codex Fuldensis.[4] Bishop Victor of Capua commissioned the copy, which he approved in 547. In his preface to the Codex Fuldensis, Victor points to Tatian as the author of the original text. Modern scholars generally endorse the claim that the gospel harmony of the Codex Fuldensis is indeed based on the lost Diatessaron of Tatian.[5] Some believe that the Codex Fuldensis directly influenced several works of the early or central Middle Ages, including the well-known *In unum ex quatuor* by Zachary of Besançon (Chrysopolitanus, † *c.* 1155?).[6] Moreover, some scholars postulate an 'Old Latin version' of Tatian's harmony, one that is earlier even than the Codex Fuldensis and which, in their view, influenced both that copy and several gospel harmonies in medieval vernaculars.[7] In an attempt to reconstruct the lost Diatessaron of Tatian, scholars have sought to discern, through textual analysis, the extent to which 'national harmonies' – in departures from the standard text of the Vulgate – share significant agreements either with the sixth-century Codex Fuldensis or with the presumed, earlier 'Old Latin version'.[8]

---

[3] For overviews of Diatessaronic scholarship since the 1800s, see the helpful account in Schmid[2] and the full and useful survey by Petersen.

[4] Fulda, Hessische Landesbibliothek, ms. Bonifatius 1. In this paragraph, I follow Petersen, 35, 39, 45, 85-86.

[5] For Victor of Capua's preface, see Petersen, 45-46. Schmid[2] lists several modern scholars, including Petersen, D. Wünsch, B. Gansweidt, and U. Borse, who endorse this claim (5).

[6] Zachary 'is representative of the movement, which arose in the twelfth and thirteenth centuries, for the popularisation of Biblical study in general, and of the life of Christ in particular' (Harris[2], 40). Earlier works include the Old High German Tatian of the Codex Sangallensis (*c.* 830), the Old Saxon *Heliand* (822-840), and Otfrid's *Krist* (9th century). See Schmid[2], 5-6; the dates shown generally follow Petersen.

[7] Schmid[2], 6.

[8] For a description of this method of reconstruction, see Schmid[2], 10. Versions in Western vernaculars include—in addition to AN (*Estoire*) and ME (Pepysian Gospel harmony)—harmonies in Old High German, Old Saxon, Middle High German, Middle Italian, and Middle Dutch. See Petersen, 463-89. See also Schmid's comments on this 'classical' method of reconstruction (Schmid[2], 27) and his objections to it (28). Taking a cue from Schmid, our aim has been to give adequate attention to the search for an 'old stratum of Diatessaron readings' ('als Vehikel eines alten Stratums von Diatessaronlesarten') in our text, but to focus especially on the contextualization of *Estoire* as a genuine source for the exploration of medieval literature or spirituality (Schmid[2], 10).

The popularity of the fourfold life of Christ persisted long after Tatian, as gospel harmonies competed with the canonical gospels for the attention of medieval Christians. Compilers of harmonies sometimes borrowed from a predecessor, but they also occasionally opted to cut-and-paste anew, rearranging the life of Christ into what seemed to them a more satisfying and useful whole. The preponderance of Latin harmony MSS are of the end of the 12th or of the 13th century, a period corresponding, as we know, to a great revival for the teaching and preaching of the Gospels.[9] Some of these harmonies included a commentary on the Gospels, others not. Twelfth-century Europe produced at least seven Latin gospel harmonies, including *De canonibus evangeliorum* of Odo of Cambrai (†1113); *In vol. IV evangelistarum commentariorum liber unus* of Rupert of Deutz († *c.* 1130); and *De concordia et expositione quatuor evangeliorum* of Wazelin II (*c.* 1150-*c.* 1157).[10] To these add the harmonies most commonly found in English libraries, the *In unum ex quatuor* of Zachary of Besançon, previously mentioned, and *Concordia quatuor evangelistarum (Cqe)* of Clement of Llanthony († after 1169);[11] and two more from the university milieu, *Historia evangelica* of Peter Comestor (†1178) and *Glossae super Unum ex quattuor* of Peter Cantor (†1197).[12]

Estoire offers a life of Christ, 'sa vie e sa doctrine, ses miracles, sa Passion, sa Resurection e sa Assencion' (P.20-21). Salter establishes five types of medieval English lives of Christ depending on their inclusion of material, whether didactic, homiletic, meditative or lyrical—or some combination of these—that is extraneous to the Gospel narrative proper.[13] As examples of the first type, 'Lives consisting of Biblical material only, with little or no homiletic additions', she lists the English translation of Clement of Llanthony's *Cqe* and the Pepysian Gospel harmony, about which more later. *Estoire*, whose author proposes to hew to the letter of the Gospels, 'sulunk la sentence e la

---

[9] Plooij[1], 65-66.

[10] I follow Silvestre, 314.

[11] Clement's work is also known as *Unum ex quatuor* or—in its ME translation—as *Oon of Foure*. See Morey, 333-334. Cherish Ahlgren (ITSEE, Birmingham) is preparing the first critical edition of *Cqe*: 'The Latin Gospel harmony of Clement of Llanthony' is based on Oxford Bodleian MS Hatton 61 (email correspondence, 13 Nov 2010). For J.R. Harris, Clement's is 'the original text upon which Wiclif worked' (Harris[2], 39). In his introductory note to Plooij[1], Harris calls attention to a colophon in a British Library MS of a Wiclifite harmony: 'Here endith oon of foure that is a booke of alle foure gospeleris gadered shortli into a storye by Clement of lantony' (3).

[12] Silvestre calls this last work *Concorde des évangiles* (314). I do not find this gospel harmony, in Latin or otherwise, among Peter Cantor's known works, but Stegmüller lists twenty manuscripts of the *Glossae super Unum ex quattuor* by him. See F. Stegmüller, *Repertorium biblicum medii aevi*, IV: *Commentaria* (Madrid, 1954), 267-69, nos. 6504-6507. B. Smalley, 'Some Gospel Commentaries of the Early Twelfth Century', *Recherches de Théologie ancienne et médiévale* 45 (1978), 147-80, outlines a new emphasis on the gospels in the schools, first at Laon and later in Paris, in the twelfth and thirteenth centuries. She dates Cantor's gloss 1187-1197 (153). For Comestor, see the comments on the *Historia evangelica* in Dean §483, which effectively rule out this work as a source of *Estoire*. Schmid[1] focuses on the gospel commentaries by Peter Cantor and Zachary of Besançon.

[13] Salter 55-56, 114.

simple entente de la lettre' (P.9-10), i.e. without commentary or elaboration of any kind, is clearly also of the first type.

Today gospel harmonies often form the basis of classes in catechism and children's Nativity plays. They commonly also provide the narrative canvas of so-called 'Jesus films', including Mel Gibson's controversial *The Passion of the Christ*, released during Lent 2004. In making their case, critics like Ched Myers who fault Gibson for perceived liberties taken with the gospel text also sometimes overlook the prolonged success of medieval gospel harmonies. Myers states, 'Attempts to "harmonize" what are four very different versions of the Jesus story have long been discredited because they give the editor such wide license to pick and choose. This effectively creates a 'fifth' Gospel – or in Gibson's case, anti-gospel'.[14]

Author and date

The author of *Estoire* is unknown. Given the work's subject matter, and considering the primacy, for followers of St Francis, of meditation on the Passion of Christ, it is tempting to speculate that the author was a Franciscan, but this is by no means assured. The harmonist deeply comprehends the drama of the Gospels, rendering their substance forcefully, faithfully and often with admirable dramatic skill. To take only two examples, it is difficult to imagine a more poignant account of 'Magdalene at the tomb' (103) or a more suspenseful version of 'The Road to Emmaus' (108). The precise date of *Estoire* also is uncertain, although it is possible to bracket the work using internal and external evidence.

The prologue of *Estoire* begins, 'L'estorie des Evangeiles nostre douz Seignur Jhesu Crist treof jeo diversement rimez en romaunz' (P.1-2). The author calls the work a 'breve remenbraunce' (P.4), or compendium, of the gospels, then inserts a catena of allusions to four other works of a religious nature: Clement of Llanthony's *Cqe* (P.5-7, 10-12),[15] Aelred of Rievaulx's *De institutione inclusarum* (P.13-15), and a passage in *Recognitiones Clementis*, a 'theological novel' attributed to Clement of Rome (P.15-17).[16] Paraphrasing St Bernard (P.18-20), finally, and perhaps in the spirit of a renewed interest in the Gospels, the author of *Estoire* recommends the study of the Gospels to those who would truly know Christ. A strikingly similar passage is found in a sermon by the Franciscan Thomas of Hales (see below). The prologue concludes with a brief outline of *Estoire*'s contents (P.20-21).

The harmonist's allusions to works by Aelred of Rievaulx and Clement of Llanthony provide guidance in dating *Estoire*. In addition, the text shared by *Estoire* and

---

[14] Quoted by M. Goodacre, 'The Power of *The Passion*', in K. E. Corley and R. L. Webb, eds., *Jesus and Mel Gibson's* The Passion of the Christ (London, 2004), 28-44 (30).

[15] All discussion of *Cqe* is based on Roy., which R. Sharpe, *A Handlist of the Latin Writers of Great Britain and Ireland before 1540* (n.p., 1997), 87, lists among the fourteen Lat. MSS of Clement's gospel harmony.

[16] This Clement was the fourth pope according to Christian tradition. See *Recognitions*, 97; and B. Rehm, ed., *Die Pseudoklementinen, 2: Rekognitionen in Rufins Übersetzung* (Berlin, 1969). I am grateful to Daron Burrows (Manchester) for identifying this source. Email correspondence, 24 Feb 2009.

Thomas of Hales's sermon strongly indicates a direct connection between these works. Aelred of Rievaulx's *De institutione inclusarum* 'was probably written between about 1160 and 1162'.[17]

The dates of Clement's birth and death are unknown, as is Clement's life before his installation as the fifth prior of Llanthony.[18] This must have extended from *c.* 1150, the date of the resignation of Llanthony's fourth prior, William of Wycombe, to a time before *c.* 1174, by which year Roger of Norwich had been installed as Clement's successor.[19] The author of *Estoire* disconcertingly identifies Clement as archbishop of Canterbury immediately after Becket (†1170).[20] Despite the misidentification, the statement at issue would surely not have been written before the martyr's death. Is it reasonable to infer from this blunder that by the time the prologue was written, several generations had passed since Becket's demise?

Another piece of internal evidence bearing on *Estoire*'s date is a brief text shared with a sermon by Thomas of Hales (*fl. c.* 1250).[21] Quoting from a sermon by St Bernard (†1153), the author of *Estoire* and Thomas of Hales use like-minded terms to exhort their audience to study the Gospels:

Bernard
Nec enim potes aut amare quem nescias, aut habere quem non amaveris.[22]

Estoire

---

[17] Aelred², xii. See also Aelred¹, 637-682. Aelred (†1167) was an early follower of St Bernard.

[18] Numerous contemporary chronicles and charters tell the story of Llanthony, occasionally also offering glimpses of Clement's life and influence. The fullest modern accounts are G. Roberts, *Some account of Llanthony priory, Monmouthshire* (London, 1847) and E.W. Lovegrove, 'Llanthony Priory', *Archæoligia Cambrensis* 97.2 (1943), 213-229, and 99:1 (1947), 64-77. Also useful are F.G. Cowley, *The monastic order in south Wales 1066-1349* (Cardiff, 1977), and J.C. Dickinson, *The origins of the Austin canons and their introduction into England* (London, 1950). Harris¹ describes the medieval harmonist's method.

[19] Petersen gives the date of Clement's death as '*c.* 1190' (147). Judging by several accounts, this date is a generation too late.

[20] The passage in question reads, 'Clement, priour de Lanthony qu'estoyt eslu arceveske de Caunterbires prochain aprés seint Thomas le martir' (P.5-6). Although Clement was a near contemporary of Becket, the prior's rise to the archbishopric, as Dean states (§483), is 'not . . . borne out in the usual records of Canterbury'. According to E. Carpenter and A. Hastings, *Cantuar: The Archbishops in their Office*, 3rd ed. (London, 1997), 590, Becket was succeeded by Richard (1174) and Baldwin (1185).

[21] See Dean § 596 and Legge. Only three works—the sermon, a *Vita Mariae*, and a 'Love Ron'—can be credited with certainty to Thomas (Horrall², 287). In *Vita Mariae*, 'Thomas is . . . writing almost exactly the same kind of work as the . . . *Meditationes vitae Christi* . . .' (296). Noting Thomas' emphasis on 'emotional responses to religious events' (296), Horrall adduces an audience 'made up chiefly of women' (Horrall², 297). Thomas' reputation is predominantly English (295). He was in London in the mid-thirteenth century as a high-ranking official in the best Franciscan school of the realm after Oxford (288, 296). Thomas also knew Oxford and Adam Marsh, a close colleague of Grosseteste (288, 295).

[22] Bernardus Claraevallensis, *Sermones in Cantica Canticorum*, Sermo XXXVII, PL 183:971B.

[...] vous ne poez amer nostre tresdouz Seignur Jhesu Crist si vous ne le conoissez, ne conoistre ne le poez si bien cum par l'Evangile que nous aprent sa vie e sa doctrine, ses miracles, sa Passion, sa Resurection e sa Assencion [...] (P.18-21).

Thomas of Hales
[. . .] nul hom ne put nostre duz sire ihesu crist amer si nel conust, ne auer nel put crist si il nel eint, ne conustre nel put nus fors par euangeile ke nus aprent sa uie e sa doctrine e ses ovres[23] e sa passion e sa resurrecciun e sa assensiun [. . .].[24]

Thomas continues, 'e pur co auum nus grant mester qe nus suueaunum sachum la simple estoyre del euangeile mester nus ad qe nus lauum en memorie suuent'.[25]

Thomas' brief sermon is a life of Christ on fast-forward. Thomas implies that allegiance to saints and even reverence for pagan heroes were more common in his day than study of the life of Christ.[26] Familiarity with the life of Christ is required for missionary-like outreach to unbelievers, a sharing of 'la uie e la ley celi en ki nus creum' (216). Moreover, meditation admits believers to a private theater in which Jesu Crist may appear: 'veni domine ihesu manifesta mihi te ipsum' (215). Each of the sermon's ten 'pensers', or meditations, is likened to a talent, or 'besant', in the parable of the Ten Minas[27], itself an illustration of the proper use of spiritual gifts. In the fourth 'besant', Thomas mentions the 'light' at Jesus' baptism, 'la clarté et la uoyz celestiele'.[28] Some sections of the *vita* have numerous sentences beginning with 'coment', e.g. 'coment uus esteiez demostré par le esteile e ahoré des rois' (216), and the tenth 'besant' recalls events from the Acts of the Apostles.

Legge dates the unique manuscript of Thomas' sermon from the latter part of the thirteenth century, possibly as early as 1270 or before.[29] Given the common theme of the AN passages, their use of the topic of the benefits of Bible study as a key rationale, their similar phrasing, and—beginning in the third line—their near-identical word-choice, it seems very probable that, although we cannot say definitively which of the texts was earlier, one is quoting the other. On the one hand, it is quite plausible that Thomas, who consulted several other gospel harmonies for his *Vita Mariae*, also knew *Estoire* and that he quotes it here from memory.[30] This scenario would lead us to date *Estoire* before Thomas' active period, *c.* 1250, but surely no earlier than *c.* 1240, on

---

[23] Legge transcribes diplomatically as *oures* (215). It is clear from Thomas' enumeration of miracles (216) that Christ's works (*ovres*) are intended here.

[24] Legge, 215; punctuation modified.

[25] Legge, 215. Thomas's reference to *estoyre del euangeile* should be understood in its generic sense of 'Gospel story', not as a particular recommendation of the text edited here.

[26] 'e ... si nus penum de sauer la uie lé seint ke nus amum especiaument pur la amur duz iheus crist, mult plus nus deuum nos pener sauer la sue vie demeyne' (Legge, 215; punctuation modified and diacritical mark added).

[27] Lc 19.12-26; cf. Mt 25.14-30.

[28] Legge, 216. For the 'light' at Jesus' baptism, see below, pp. 10, 11.

[29] Legge, 213-14. She works from Oxford, St John's College MS 190.

[30] Thomas consulted the harmonies by Peter Comestor, Zachary of Besançon, Augustine, and Clement of Llanthony in compiling his *Vita Mariae* (Horrall[1], 12).

linguistic grounds. If, on the other hand, our author is quoting Thomas' sermon, then *Estoire* could only have been written in the first decades after 1250. Another possibility: could it be that Thomas wrote both works? In any case, Thomas of Hales, who left writings in AN, ME, and Latin, is eminently qualified to be the author of *Estoire*.

According to Gwynn, the latest of the numerous works in the section of Liber niger containing *Estoire* was written in 1294 (for details, see Manuscript). Based on the evidence just reviewed, therefore, one may date *Estoire* with confidence between about 1170 and 1294. To the extent that the AN expression of a given text is datable, moreover, there is nothing in the language of *Estoire* to preclude its composition at a time that was also Thomas' most active period, some forty-five or fifty years before 1294. We may therefore very tentatively set the date of *Estoire* about the middle of the thirteenth century.

Estoire and the *Concordia quatuor evangelistarum*

Our author, who names Clement of Llanthony in his prologue, very likely knew the Augustinian prior's noted twelfth-century harmony, and on several points *Estoire* puts the reader in mind of it. Speaking of the writer of *Estoire*, Dean states, 'it is reasonable to take [him] at his word regarding his reliance on Clement's work'.[31] In fact, however, there is little evidence of this reliance in *Estoire*. The author of *Estoire* follows Clement neither in formal organization nor in details of substance.[32]

Like *Cqe*, *Estoire* arranges the four gospels into a unified, seamless narrative of the life of Christ. To promote easy reference, both authors divide their works first into major sections and again into episodes or chapters. In addition, after the prologue of *Estoire* and *Cqe*, extensive *capitula* assist the reader in locating particular episodes.[33]

The differences between the works are too profound, however, for *Cqe* to be considered as a direct source of *Estoire*, or indeed Clement of Llanthony as *Estoire*'s author. Since our author explicitly describes *Estoire* as being more succinct (P.10-12) than *Cqe*, in comparing the works below we purposely leave aside very numerous examples of *abbreviatio* in *Estoire*. The remaining divergences may be summarized in seven points:

1) The substance of the prologues is quite different.
    In the prologue of *Cqe*, Clement speaks in the first person, referring explicitly to Eusebius, Ammonius of Alexandria, and Augustine (Roy. fol. 2R); as noted previously, the author of *Estoire* names Clement of Llanthony in the third person, alluding also to St Bernard, Aelred of Rievaulx and Clement of Rome (P).

2) *Cqe* is divided into twelve parts, *Estoire* into seven 'meditations'.

3) *Estoire* very often prefers indirect discourse to the direct discourse of *Cqe*.

---

[31] Dean §483.

[32] The following discussion of *Cqe* is based on Roy.

[33] Although capitula lists for the Bible had been renewed at the beginning of the thirteenth century, these were replaced *c.* 1230 as a finding aid by a system of numbered chapters. See L. Light, 'French Bibles *c.* 1200-30', in R. Gameson, ed., *The early medieval Bible* (Cambridge, 1994), 155-176 (170-173). Light focuses on the Paris Bible and does not mention gospel harmonies.

There are numerous examples of this flattening effect in *Estoire*, including Mt 1.20b-21, the angel's words to Joseph (Roy. fol. 3V; 2.44-46); Lc 1.60, Elizabeth's rejection of the name Zacharias (Roy. 3V; 2.49-50); Lc 2.10-12, the angel's speech to the shepherds (Roy. 3V; 3.11-15); Mt 2.2, 5, 8, the wise men's speeches, the reply of the chief priests, and Herod's charge (Roy. 3V; 3.23-25, 27-28, 29-31); Mt 2.13, the command to flee to Egypt (Roy. 3V; 5.1-3); Mt 3.2, the Baptist's command to repent (Roy. 4R; 7.6-7); Io 11.11-12, Jesus' conversation with the disciples prior to the raising of Lazarus (Roy. 14V; 80.11-14); and Io 21.15-19, the 'feed my sheep' dialogue (Roy. 20V; 112.17-23).

4) Compared with *Cqe*, the substance of *Estoire* is sometimes amplified.

Examples are: Lc 1.64, in the story of Zacharias, where 'Apertum est autem illico os eius et lingua eius et loquebatur benedicens Deum' (Roy. 3V) becomes 'E tantost li estoit sa parole rendue, e il estoit repleni del Seint Esperit e comencea loer nostre Sire Dieu e dist le Benedictus Dominus Deus Israel' (2.52-54); Lc 2.3, 'Et ibant omnes ut profiterentur singuli in suam civitatem' (Roy. 3V) becomes 'que touz les hommes du munde fuissent escrit en la cité dunt il fuissent, e que chescun portast un dener au seneschal du pais e fuist conoissaunt qu'il fuist souget a l'empire de Roume' (3.2-4); Io 6.14, 'quod fecerat signum' (Roy. 10V), is expanded to 'que Jhesu les out peu si plentivousement de si pou' (49.20-21); Io 6.41, 'Murmurabant ergo Iudei de illo quia dixisset ego sum panis qui de celo descendi' (Roy. 10V), becomes 'comencerent il a groucer e a demaunder entre eus coment il peut sa char e son saunc doner a manger e a beivre a ceus qui creroient en li' (49.44-46).

5) *Estoire* sometimes prefers to gloss rather than to translate.

In *Cqe*, e.g., Io 11.9-10 reads 'Respondit Iesus nonne .xii. hore sunt diei si quis ambulaverit in die non offendit quia lucem huius mundi videt si autem ambulaverit in nocte offendit quia lux non est in eo' (Roy. fol. 14V). *Estoire* explains, rather than relates, the biblical text, as follows: 'Donc lor dist Jhesu qu'il ne lor covendroit mie qu'il eussent paour pur suire le, quar il les pout toutz tens sauver. Quar il estoit, ce dist, com le solaill par qui clarté homme se puet toutes les oures du jour garder qu'il ne se blesce' (80.9-11).

6) The order of chapters sometimes does not match, particularly after §63.

E.g., as compared with *Cqe*, *Estoire* delays Mc 6.53-56, Jesus heals the infirm of Gennesaret (Roy. fol. 10V; Liber niger fol. 48R); places chapters 75-77 (Liber niger 53R-V) before the raising of Lazarus, rather than after (Roy. 14V-15R); advances Mt 28.16-17, Jesus' appearance on the mountain in Galilee (Roy. 20V, Liber niger 62R); and delays the substance of Pt XI, Ch 7 (Roy. 15V), placing it as chapter 92, after the story of the widow's mite (Liber niger 56R).

7) The concluding episode is quite different in the two works.

The final section of *Cqe* (Roy. fol. 20V) refers to Mt, Mc and Lc. *Estoire*'s final section, on Pentecost, refers to Acts 1.10-11, the appearance of two angels after the Assumption (113.26-30); Acts 1.12-14, the disciples praying in the Upper Room (113.30-32); and Acts 12.1-5, an allusion to the fate of James and Peter ten years after the Assumption (113.36-38). This is a rare instance of the inclusion of texts in *Estoire* that are lacking in *Cqe*.

Estoire and the Pepysian Gospel harmony

Though there is but a single known extant copy of *Estoire*, that it was an influential text is further demonstrated by its translation, probably in the fourteenth century, into ME. *Estoire* is almost certainly the 'Old French' exemplar of the Pepysian Gospel harmony (*PGh*), which survives in a unique manuscript from *c.* 1400, about a century after Liber niger.[34]

For much of the twentieth century, *Estoire* was a shadow-text whose existence scholars sensed but which they had never seen. Without knowing of *Estoire*, e.g., ninety years ago M. Goates brilliantly hypothesized a French source of *PGh* in a study of the ME work's vocabulary, including mistranslations. She could not, however, establish a direct connection between *Estoire* and *PGh*. Reprising Goates's analysis in 1994, Petersen wrote, 'If one extends Goates' arguments, then it means that, although no known exemplar exists, the Pepysian Harmony – in addition to being the oldest known English witness to the Diatessaron – proves the existence of an Old French Diatessaron' (168-69). Very recently, Morey was still calling the French source 'nonextant' (210). Meanwhile, despite some differences between *PGh* and all other Diatessaronic witnesses, Petersen lists five specific readings in which *PGh* and the Diatessaron agree.[35]

Petersen asserts that *PGh* represents an early Christian tradition pre-dating even Tatian.[36] Boismard agrees that '[l'harmonie de Pepys] ne dépend pas du Diatessaron de Tatien, mais, plus ou moins directement, d'une harmonie plus ancienne, connue déjà de l'apologiste Justin et que Tatien aurait reprise et quelque peu remaniée' (29). *PGh* reveals little contact with the Codex Fuldensis (66). The ultimate source of *PGh* is rather a pre-Tatianic harmony which Boismard calls the 'harmonie/Justin'.[37] Justin relied on this 'found' harmony, composed in Greek, probably about 140, in drawing up his own gospel harmony *c.* 150.[38] Tatian later also based his Diatessaron on this same 'harmonie/Justin'. The influence of the 'harmonie/Justin' was magnified with the

---

[34] Cambridge, Magdalene College, MS Pepys 2498. For a description of the manuscript, see R. McKitterick and R. Beadle, comp., *Catalogue of the Pepys Library at Magdalene College, Cambridge*, 5: *Manuscripts*, Part i: *Medieval* (Cambridge, 1992), 86-88. Including *PGh*, MS Pepys 2498 contains translations into ME of five AN or OF works. For a general introduction to *PGh* and its significance in the Diatessaronic tradition, see Petersen 168-170; see also 434, 480-81. Petersen states that the order of *PGh* is 'different from all other Diatessaronic witnesses' and that *PGh* itself is 'shorter than most witnesses' (170). In his discussion of Goates' hypothesis of a French source, he does not mention *Estoire* or Liber niger.

[35] Petersen, 170. For the occurrence of four of the five readings in *Estoire*, see the Notes for 7.33, 100.10, 102.5-6, and 103.25. Further stressing the importance of *PGh*, Petersen adds, 'it is sometimes the *only* Western witness to parallel a given Diatessaronic reading' (*ibid.*, emphasis Petersen's).

[36] Petersen, 147, 169.

[37] Boismard, 9.

[38] In this sentence and the next two, I follow Boismard, 155-56.

translation of a revised and augmented version of the work into Syriac and Latin. It is this version, called the 'harmonie syro-latine', that Boismard identifies with a Western harmony tradition 'à la fois proche et différente du Diatessaron de Tatien', a tradition whose principal witness is *PGh*.[39]

Plooij calls attention to numerous eccentricities of *PGh*, noting particularly three 'all-known test-readings for the Diatessaron' (Plooij[2], 14-15). In these and other samples, *PGh* matches, point for point, the text of *Estoire*:

1) 'Pepys has the Light at the Baptism'

   Cf. *PGh*, 'so com þe briʒthnesse of heuene' (Goates, 10.8-9); and *Estoire*, 'vint la clarté celestiale' (7.33; see the discussion below).

2) 'It has also in the Story of the Young Ruler: "and Jesus beheld hym amyablelich"' (Goates, 68.13)

   Cf. *Estoire*, 'E Jhesu li regarda aimablement' (74.6-7).

3) 'and also the descent of Mary from David: "for þat he was comen of þe kynde of þe kyng David þat was of Bedleem, & his wif also"' (Goates, 5.2-4)

   Cf. *Estoire*, 'quar il estoit du lignage le rey David qu'estoit de Bedleem, e sa espouse ausi' (3.6).

These and other readings in *PGh* 'suggest some lineal relationship of its Text to the Old-Syro-Latin tradition'.[40]

It now appears highly likely that much of what scholars have said about *PGh* also applies in the first instance to *Estoire*. Comparison of *Estoire* and *PGh* reveals that, although *PGh* is without prologue, the sequence of 113 chapters and the substance of chapter titles in the two works are otherwise identical.[41] Both works arrange the miracles and teachings of Christ in seven major sections called 'meditations'. Both omit the same parts of the canonical gospels, e.g. the genealogies of Mt 1.1-17 and Lc 3.23-38. Both have an 'abbreviating character', and both share a tendency to flatten the direct discourse of gospel figures to indirect discourse. Moreover, comparison of specific episodes in *Estoire* and *PGh*, including 'Gifts from the East', 'Jesus walks on the water', 'Jesus raises Lazarus', 'Magdalene at the tomb', and 'Pentecost' (see Appendix III), reveals that word-choice and phrasing in *PGh* very closely match those

---

[39] Boismard, 8. While insisting on the originality of *PGh* (29), Boismard underscores throughout his work the features it shares with other Western witnesses, especially Comestor's *Historia evangelica*, but also the Arabic harmony, the Himmelgarten fragments, a Venetian harmony, and the Liège harmony. Petersen cautions that Boismard's theories 'outrun the available evidence' (348), but he also credits Boismard for raising the stature of *PGh* among Diatessaronic witnesses (356).

[40] Plooij[2], 15. Plooij gives other examples of Diatessaronic readings in *PGh*. Most of these are considered in the Notes section here, alongside equivalent readings in *Estoire*.

[41] See Appendix. On the importance of the scrutiny of sequences of chapters or pericopes in comparative studies, see Schmid[2], 26. See Goates, 114-22, and Morey, 211-15, for the canonical gospel sources of each chapter.

in *Estoire*. To take only two touchstones of Diatessaronic influence, both works begin with a chapter based on Io 1.1-18, and, as previously mentioned, both include the detail – absent in *V* – of the 'light' at Jesus' baptism.[42] The accumulated evidence bears out the claim that *Estoire* and *PGh* present substantively the same gospel harmony in each of the vernaculars of late medieval England.

The foregoing discussion has shown, on the one hand, the dissimilarity of *Estoire* and *Cqe* and, on the other hand, the remarkable likeness—in all but language—of *Estoire* and *PGh*. Extended comparison of *Estoire*'s text with that of other gospel harmonies falls beyond the scope of this work and outside the editor's expertise.[43] Birdsall complained in the mid-seventies that, since 1926, *PGh* had been studied only indirectly, a remark reprised in 1994 by Petersen, who states, 'The Pepysian Harmony remains largely unexplored terrain'.[44] The connections among *Estoire*, *PGh*, and other witnesses are areas that specialists may wish to explore directly in their future researches, perhaps shedding new light on the author, date, and influence of *Estoire* in the process.

The Manuscript

Estoire survives in a single manuscript, Dublin, Christ Church Cathedral C6.1.1, Liber niger, fols. 34R-63R. A notation on the recto of the first flyleaf reads 'Liber niger Ecclesiae S. Trin. Dublin'. The book's owner was Henry La Warr, 'an Augustinian canon of Bristol who came to Dublin as prior of Christ Church in the winter of 1300-1301'.[45] Dean dates the manuscript XIII^{ex}.[46] As shown by Gwynn, each section of the MS has its own history.

The codex is bound in sturdy chestnut-colored leather covers measuring 290 x 202 mm. Gosman recognizes the binding's Tudor style and dates it *c*. 1500.[47] The front is

---

[42] For Io 1.1 as 'the traditional *incipit* of the Diatessaron', see Petersen, 248, and Harris[2], 33. For the 'light' passage, cf. 'vint la clarté celestiale' (7.33) and 'so com þe briȝthnesse of heuene' (Goates ed., 10). L. Leloir, *Le Témoignage d'Ephrem sur le Diatessaron* (Louvain, 1962), quotes the text of *PGh* and remarks, 'Pour l'histoire du Diatessaron, ce trait a une grande importance, car il témoigne des liens de l'œuvre tatianique avec la tradition apocryphe, voire même avec l'hérésie' (106). See also Petersen, 170, and the Note for 7.33. *PGh* mentions two apocryphal traditions: Jesus shared the manger with an ox and an ass, and Judas hanged himself from an elder tree (Goates 123-24, 132-33). These details are absent in *Estoire*.

[43] On the linguistic and disciplinary breadth of Diatessaronic studies, see Petersen, 5.

[44] J.N. Birdsall, 'The Sources of the Pepysian harmony and its Links with the Diatessaron', *New Testament Studies* 22 (1975-76), 215-23 (217); Petersen, 169.

[45] Gwynn, 285. In his description of the contents of the Liber niger, M. Gosman, ed., *La Lettre du Prêtre Jean* (Groningen, 1982), 50-51, calls attention to copies of a safe-conduct form (fol. 3R) and a letter (fol. 172V) by Henry La Warr, who is also named on fol. 204R. The letter is dated May 1307. Henry died sometime between this date and 1317 (Gwynn, 301).

[46] Dean §483.

[47] Gosman, 50.

embossed with a diamond pattern set in a rectangle. The leather strap on the book's brass clasp is broken, but cover and clasp are otherwise in good condition.

A very interesting, composite work of 235 sequentially numbered vellum folios, Liber niger contains, in addition to *Estoire*, a note on the provinces of England; fragments of *Imago Mundi*, Henry of Saltrey's account of St Patrick's Purgatory, and Peter Comestor's *Historia scholastica*; the complete fourth book of Peter Lombard's *Liber Sententiarum*, excerpts from the Vitae Sanctorum, a French verse translation of the Letter of Prester John, a chronicle of English history from 1066 to 1291, and other texts.[48]

Estoire is written in brown ink by a single hand. This section is devoid of decoration, illustrations or rubrics, although a one-to-two-line space is regularly left for the rubricator between the chapters of the harmony. Measuring 275 x 184 mm, fol. 34R has a writing area of 212 x 140 mm.[49] This is arranged in two columns (A, 67 x 212 mm; B 62 x 212) set inside wide margins and separated by a center gutter 12 mm wide. Column A has 42 lines of text, B 44 lines. As Gwynn notes (284), in the section containing *Estoire*, the manuscript's pages must have been cut after the scribe completed his work, for in some cases a few words in the chapter titles in the lower margin have been excised.

Estoire begins with the prologue and an abstract of the seven 'meditacions'. This is followed by a summary of each 'meditacion'. Next is a table of 113 *capitula* in AN, nearly all beginning with 'Coment'.[50] These usually correspond closely to the chapter titles inscribed in the lower margin beneath the columns on most folios after fol. 39V.

After this prefatory material, *Estoire* proper begins. The work relates the life of Christ in 2038 lines, averaging 18 lines per chapter. The longest chapter (96) has 73 lines; the shortest chapters (50, 58, 107), only four. Only six chapters have 50 or more lines; 35 have ten or fewer.

There are three catchwords in the *Estoire* section, in the wide lower margin of fols. 41V ('Jhesu restust e demanda'), 49V ('oy dire quil auoyent'), and 57V ('as genuz'). In addition, as Gwynn remarks (289), notes in the lower or inner margin of several folios indicate the proper order of the gatherings that make up this section, i.e. 'primus quaternus de ewangeliis' (34R), 'secundus quaternus' (42R), 'tercius quaternus' (50R), and 'quartus quaternus' (58R). These catchwords and quire labels are not otherwise noted here.

The script and sense of *Estoire* are almost always clear. That one finds scribal slips, e.g. at 2.9, 17.7-8, 20.12 etc., and numerous scribal corrections, signals a copy that is nevertheless proximate with the original.

Gwynn states, 'Almost the whole of this section [i.e., the third section of Liber niger, fols. 34-65] is filled with the text of a French poem on the Life of Our Lord, with the title (fo. 34): *Estorie des ewangeiles nostre doux seignuer*.[51] The long text is written in

---

[48] Gwynn provides a detailed description. See also Gosman, 50-52.

[49] Fol. 34R of Liber niger is reproduced on the cover of the present work.

[50] The prologue, abstract, summary and *capitula* of *Estoire* are absent in *PGh*, which begins only with the first chapter.

[51] As will be seen here, the *Estoire* to which Gwynn refers is in fact a prose work, not a poem.

a single hand of the thirteenth century, and a *terminus ante quem* can be given with fair certainty', i.e., the summer of 1294.[52] Gwynn bases this claim on the circumstances of a short text immediately following the final line of *Estoire*, namely, a poem commemorating an embassy that summer from Edward I of England to Philip IV of France.[53]

Audience

In his prologue, our author calls attention to *Estoire*'s structure: his work is a life of Christ arranged into seven meditacions, 'ke vous pussez chescun jour une partie lire ou penser' (P.12-13). Here 'penser' means 'meditate on', 'reflect on', as when *Lumere as lais* urges readers, 'Preez, pensez la duce Marie, / E ele vus serra en aye'.[54] Moreover, as in other, aforementioned 'national harmonies', *Estoire* proffers the life and Passion of Christ as an organizing principle for a literature aiming at the spiritual formation of a broader cross-section of medieval Christians.[55]

The allusion to Aelred's *De institutione inclusarum* (P.13-15) further emphasizes *Estoire*'s place in the rich tradition of insular meditational literature.[56] Aelred addresses the work in the form of a letter to his unnamed sister, a recluse, to encourage and guide her 'unceasing rumination' of the Lord's works in past, present, and future. Evoking more than twenty gospel scenes in succession, the author urges, 'Gode sustir, abide here as longe as thou maist and fede thy soule with these delicious meditacions'.[57] Aelred's recommended meditative method—that the reader imagine herself as present at the gospel events depicted—gained great popularity in medieval vernacular devotional literature, its influence extending to *Ancrene Wisse*.[58]

The allusion to *Recognitiones Clementis* (P.15-17) sustains the prologue's theme of private meditation of the words of Christ. The passage in question appears to be the author's recollection of the Clementine passage, in which Peter tells Clement

---

[52] Gwynn, 289.

[53] *Liber niger*, fol. 63R-V. Incipit: 'Antoyne de beck dehors tere depar le rey en ueez'. Gwynn prints the poem's first nine verses and gives further details of the embassy, its purpose and personnel (289).

[54] *La Lumere as Lais*, ed. G. Hesketh, ANTS 54-8, 3 vols. (1996-2000), ll. 6193-94. Hesketh dates the work 'in (or at the very least by) 1267' (*Lumere* III, 5).

[55] Schmid[2], 12-13. Schmid suggests, e.g., that 'national harmonies', now also including *Estoire*, were used as an interpretive medium for a comprehensive 'christiformitas' or as a systematic guide for the composition of sermon cycles ('sei es als Auslegungsmedium für eine umfassende "christiformitas", sei es als systematischer Leitfaden für die Gestaltung von Predigtzyklen').

[56] For two ME versions of *De institutione inclusarum*, see Aelred[2]. See also Aelred[1], 637-682. On the motions and benefits of meditation, see Carruthers, 162-176 *passim*.

[57] Aelred, 22. The corresponding Latin text is 'Hic quamdiu potes, uirgo, morare. Non has delicias tuas somnus interpolet, nullus exterior tumultus impediat' (Aelred[1], 673). For a list of the scenes and their gospel sources, see Morey, 216.

[58] Aelred[2], xiii, xxxviii-ix.

when the middle of the night is passed, I awake of my own accord, and sleep does not come to me again. This happens to me for this reason, that I have formed the habit of recalling to memory the words of my Lord, which I heard from Himself; and for the longing I have towards them, I constrain my mind and my thoughts to be roused, that, awaking to them, and recalling and arranging them one by one, I may retain them in my memory.[59]

In the context of *Estoire*'s earlier references to Clement of Llanthony and Aelred of Rielvaux, this attention to memory-work and its association with the focus of the imagination arising from lost sleep, strongly suggest that—although it is nowhere excluded that *Estoire* was intended for reading to a community—the author intended the work above all for private or intimate group study and, beyond this—given *Estoire*'s tendency for *abbreviatio*—especially for readers already possessing some knowledge of the Gospels.

As for the reference to a metrical French gospel harmony, 'L'estorie des Evangeiles ... rimez en romaunz' (P.1-2), given Jauss's statement that 'il n'y a pas de véritable traduction-adaptation des Evangiles en vers français aux XIIe et XIIIe siècles', one can only conclude that the author is recalling here a lost biblical poem.[60]

As stated previously, a passage on fol. 34R of Liber niger divides the life of Christ into seven readings called 'meditacions'.[61] Although the length of individual 'meditacions' varies, one can imagine that each could be read *voce tenui* or *viva voce* in a relatively short space of time.[62]

---

[59] *Recognitions*, 97.

[60] H.R. Jauss, *Grundriß der romanischen Literaturen des Mittelalters, 6: La littérature didactique, allégorique et satirique* (Heidelberg, 1968-70), 1: 86. Jauss discusses (52-56) only five 'complete' rhymed Bibles in French (*c.* 1189 to the early 14th c.) that include the New Testament: those by Herman de Valenciennes, the poet of BN fr. 763, Geufroi de Paris, Jehan Malkaraume, and Macé de la Charité. J. Bonnard, *Les traductions de la Bible en vers français au moyen âge* (Paris, 1884), states, 'Nous ne connaissons pas de traduction proprement dite des Evangiles en vers' (194); meanwhile, he gives a general description of, and excerpts from, Robert of Gretham's rhymed Gospels (194-195) and five poems of the Passion (207-214). Contrary to Bonnard's assertion, there is no evidence in the unique manuscript of Macé's *Bible*, BnF fr. 401, that the Passion is treated as a separate book (see Bonnard, 80). F. Riddy notes, however, that in 1420 dame Matilda Bowes left 'j romance book is called ye gospelles' to a god-daughter, and that this work may be *La Estorie del Evangelie* in French. See '"Women talking about the things of God"', in Meale, 104-127 (108, 120 n.24, 122 n.43).

[61] The 'meditacions' are arranged as follows: *La primere meditacion* (150 lines), from the Nativity to Christ's baptism; *La secunde meditacion* (123), thence to the beginning of Christ's public ministry; *La tyerce* (550), thence to the beheading of John the Baptist and hostile scrutiny of Christ's ministry; *La quarte* (522), thence to Christ's triumphal entry into Jerusalem; *La quinte* (212), thence to the Last Supper; *La sime* (282), an hour-by-hour account of the Passion; and *La settime* (199), the Resurrection and its aftermath, including a brief account of Pentecost and persecutions in the closing lines.

[62] On reading in a whisper and in full voice, see Carruthers, 170.

The format and language of some medieval harmonies suggest that they were used for private devotion or perhaps for reading aloud to a group, but probably not at the altar.[63] Many of the other works in *Liber niger* are in Latin. The vernacular language of *Estoire* may indicate, therefore, that the author intended it for a lay rather than a learned audience. It is worthwhile to note here that *Estoire*'s final chapter includes women among Christ's disciples, twice specifying 'homes e femes', even though *V* does not mention women in this context.[64] Coming as it does at the end of *Estoire*, this attention is perhaps a discreet authorial nod to female listeners or readers. In the twelfth- and thirteenth-century hierarchy of literacy in England, it may be that *Estoire*'s audience consisted not only of high-born women, their children and households who could read and understand French, but also of recluses and anchorites, men and women alike, who – while proficient readers of French – had entered on their religious vows later in life and were therefore insufficiently skilled in Latin to use a gospel harmony in that language.[65]

Beyond the narrative interest and near comprehensiveness of *Estoire*, perhaps the work's single most notable feature is its stenographic character. *Estoire* is very much a 'reported' gospel: verbs of communication—*dire, respundre, demander, comaunder* etc.— punctuate and quicken the narrative; and adverbs *quant, dunc, sicum, sitost, tantost, aprés, pus, lors* and others lend immediacy and clarity of sequence to the unfolding story. Deictic *este vous*, 'behold' or 'lo', which occurs nearly sixty times, further dramatizes events.

Estoire's direct style and purposeful pace vivify the gospel narrative, successfully focusing the reader's attention. The work seems to stand apart from other meditative works of the period by offering as its sole instruction the life of Christ. No doubt, the author intended that the listener or reader enter a theater of the sacred word whose deft arrangement and vivid images draw the spirit toward a true understanding of the Savior. By means of a focused, personal imagination of the Life, the reader, like Aelred's sister, can 'anoiter s'amour vers douz Jhesu Crist' (P.14-15).

The titles of individual meditations in *Estoire* strongly suggest that, even though study of the Gospels was encouraged at any season of the liturgical year, *Estoire* particularly aimed to accentuate, in the context of Christ's teachings and miracles, the events of Holy Week. Of the seven meditations, all but the Palm Sunday devotion are labelled with a specific day of the week. For example, the meditation for Friday bears the heading 'Ici comence la sime meditacion par venderdi' (95.1), Good Friday being the day of Holy Week that this meditation was presumably recommended for reading silently or aloud. The increased length of chapters in the sixth meditation also highlights the events of Good Friday.[66] Finally, the abstract of the sixth meditation carries the title 'Ces sunt les chapitres de la sime meditacion solum les houres du jour' (vi.1), thus laying particular emphasis on the drama of Christ's suffering in an hour-by-

---

[63] M. Deanesly, *The Lollard Bible* (Cambridge, 1920; rpt. 1966), 176.
[64] See 113.13 and 113.15.
[65] I follow Millett.
[66] Here one finds *Estoire*'s two longest chapters, 95 and 96. The average length of chapters in this section, at 40 lines, is more than double the average length in the rest of *Estoire*.

canonical-hour account of the Passion.[67] The seventh meditation, for Holy Saturday, then relates the Resurrection and concludes the life of Christ with an account of Pentecost and the Ascension based on the Acts of the Apostles. Through thoughtful study of each 'meditacion' in turn, by Holy Saturday the reader was prepared spiritually for Easter mass.[68]

The Passion has been called 'l'unique étude du moyen âge'.[69] Enthusiasm in England for meditation on the Passion of Christ may be traced at least to the late eleventh century.[70] In 1080, the monk Goscelin of Canterbury urges the recluse Eva to focus her meditation exclusively on the sufferings of Christ.[71] In his *Liber de quadripartite exercitio cellae*, the English Carthusian Adam of Dryburgh (†1212) twice recommends meditation of the Passion, pointing out that devotees gain 'amor et consolatio' as they combat spiritual inertia. Devotion to the Passion inspired the life and ministry of St Bernard; moving beyond meditation to *imitatio*, as is well known, St Francis sought to participate in Christ's sufferings, and his order adopted as its motto, 'Mihi absit gloriari nisi in cruce Domini'.[72]

In his survey of medieval artistic representations of the Passion, Marrow notes the intensive quest, from the thirteenth to the sixteenth century, 'to expand the meager accounts of the four Evangelists, to fill in details of how all these events transpired, to elaborate on the brutality of Christ's torments and the savagery of his tormenters, and indeed to describe actions and events nowhere mentioned in the Gospels'.[73] *Estoire* conservatively admits no such accretions, whether in the Passion section or elsewhere.

Estoire's arrangement of the Passion section according to the canonical hours adopts a structure endorsed in the above-named Goscelin's *Liber confortatorius*, and this organizing principle recurs in several later gospel harmonies or lives of Christ.[74] As

---

[67] *Estoire*'s sixth meditation contains seven chapters, 95-101. The colophon of *PGh* refers to 'þe gospels an hundreþ and sex, outenomen þe passioun of Jesu Crist' (Goates, 113, 135; cf. Morey, 210), i.e, not including the Passion. The colophon has no equivalent in *Estoire*, but its presence in *PGh* indicates that the sixth meditation in both works functions, as Morey suggests, as an independent and complete unit.

[68] The *Meditaciones Vite Christi* (mid-14th c.) adopted a similar structure. Long attributed to St Bonaventure, this work is now sometimes ascribed to John of Caulibus, a Franciscan of San Gimignano. See Caulibus[1], which dates *Meditaciones* between c. 1346 and c. 1364 (xi); and Caulibus[2].

[69] E. Mâle, as quoted by Sticca, 7.

[70] See Salter, 127 *ff*. I follow Salter throughout this paragraph and the next.

[71] Millett attributes the *Liber confortatorius* to Goscelin of Saint Bertin and dates the work c. 1082-3. She gives the name of Goscelin's addressee as Eve of Wilton (88).

[72] See Sticca, 11. For the *Liber de Passione Christi et doloribus et planctibus Matris eius*, which is generally attributed to Bernard, see Sticca, 103 *ff*.

[73] J.H. Marrow, 'Inventing the Passion in the Late Middle Ages,' in M. Kupfer, ed., *The Passion Story* (University Park, PA, 2008), 23-52 (24).

[74] These include the *Vita Christi* of Ludolphus the Carthusian (†1377), John of Caulibus' *Meditaciones Vite Christi* (mid-14th c.), Edmund of Canterbury's *Speculum Ecclesiae* (13th c.), and *De Meditatione Passionis Christi per septem diei horas libellus* (14th c.). Nicholas Love's

Salter states in her discussion of the *De Meditatione Passionis Christi*, 'The Hours of the Passion have, by this time, become firmly established as a devotion'.[75]

As mentioned previously, the author of *Estoire* concludes the prologue with a recommendation, 'Dount vous lou jeo que vous lisez ou pensez l'estoire de l'Evangile' (P.17-18). There are no further, explicit guidelines, other than three chronological tags, regarding the proper use of the work.[76] Perhaps the author, in placing *Estoire* under the aegis of Bernard and Aelred, considered such information unnecessary. One can imagine, however, that the instructions, if they existed, might be similar to the user's manual included in the *Meditaciones*:

> Divide the meditations [into daily readings]. Follow this schedule every week of the year, so that you familiarize yourself with those meditations. And the more often you do so the more easily and the more joyfully they will reoccur to you. Be glad to have personal conversation with your Lord Jesus, and . . . strive to fix firmly in your heart, like Good News, that holy life of his.[77]

Language

A. Orthography

The scribe's spelling is consistent overall. In this section, *y* is treated as *i* unless noted otherwise. For infinitives with more than one spelling, only the first spelling shown in the Glossary is used.

Consonants

The scribe prefers the pen-flourish *ff-* in **fflum**, **fflem**, and **ffrere**, but **ffemme**, **ffiger**, and **ffaus** bow to counterparts in *f-*.

The scribe interchanges *g* and *j* initial in **geust** / **jeust**, also preferring **Juis** to **Gyus** by a wide ratio. Graphies *g* and *j* internal alternate in forms of former *–ier* verbs, e.g. **mangas(s)ent** / **manjassent**, **targa** / **tarja**. The coincidence of **cumpainuns** / **cumpaignun(s)**, **simaine** / **simaigne**, and **eynez** / **aignez** indicates the muting of

---

translation of *Meditaciones*, the *Myrrour of the Blessed Lyf of Jesu Christ*, appeared in the early 15th c. (Salter 42, 114, 155).

[75] Salter, 156; see also Bestul, 48, who calls this device 'conventional' by the time of the *Meditaciones*; and M. Glasscoe, 'Time of Passion', in H. Phillips, ed., *Langland, the Mystics and the Medieval English Religious Tradition* (Woodbridge, 1990), 141-160 (141-142). Bestul discusses the Passion by Edmund of Abingdon (†1240) and Stephen of Sawley (†1252), both of them nearer the presumed date of composition of *Estoire* and both organized around the canonical hours (42).

[76] For the chronological tags, see 49.18, 59.16-17, and 59.43, and the corresponding notes.

[77] Caulibus², 332-33. Thus, according to D. Despres, *Ghostly Sights* (Norman, OK, 1989), the reader of *Meditaciones* 'witnessed Christ's life weekly, inextricably meshing her life with the gospel in an internal rhythm like that of the liturgical year but even more personal' (48). The Latin reads 'Meditaciones uero sic diuide ... Et sic per singulas ebdomadas facias ut ipsas meditaciones tibi reddas familiares quod quanto magis facies tanto facilius tibi concurrent, et iucundius. Libenter conuerseris cum Domino Iesu, et uitam ipsius tanquam Euangelium ... in corde studeas inseparabiliter collocare' (Caulibus¹, 350).

palatal *g* in -*aign*-. Inorganic *g* is alternately present and absent in words in -*eign*, e.g. **reigne / reyne, meigné / maynee**, and **demeigne / demeine**, again suggesting depalatalization. The same hesitancy characterizes the omission or the conservative retention of inorganic *g* in **augmone / aumone(s), (f)figer / fier**, and **oingdre / (en)oindre**. The spelling **chauncheours** 11.4 (cf. **chaungeours** 11.6) may indicate harmonic assimilation (Pope §128; *MAN* §26.2).

Spellings *ho* and *hu* initial alternate with *o* and *u* in forms of **homme** and in words related to **honur**. The scribe favors **oste, ostel, oure** over alternatives in *h*-. Aspirate *h* is suggested by spellings **hanap** 95.11, **le haut hauter** 100.10 and **la hountouse mort** 99.26.

Graphy *l* preconsonantal alternates with *u* in **realme / reaume**.

The scribe occasionally interchanges *m* and *n* final or internal, e.g. in **nom / non, remembraunce / remenbraunce**, and **colom(b)s / colunbs**. The scribe overwhelmingly prefers *pron*. **en** to **em**. *Pr.ind.4* –*ons* appears only in **dions** 84.7, -*oms* being favored. Note also **solunc / solum**, among other spellings. The scribe alternately writes *n* and *u* in **m(o)ustrer / monstrer** and related forms.

Etymological *p* is retained in **tenps** 2.47.

Metathesis of *r* occurs in a handful of words, e.g. **berbiz, mekerdy, venderdi**, and **tristres**, and in **offendre / offrende**. Likewise, **prendre** gives *pr.ind.5* and *imper.5* **pernez**. There is some evidence of the interchange of *l* and *r*, e.g. in **angle / angre**. One finds *pl*. **diaknes** 7.20 and *sg*. **diacre** 34.9, 34.14 (Pope §643).

Spellings **deit / deist, jekes / jeskes**, and **pake / pask** indicate the effacement of preconsonantal *s*.

The scribe writes *c* for *s* in **acteynz** 28.3 and **cikamour** 77.4, *c* for *ss* in **poucins** 90.12, and *s* for *ss* in **peison** (cf. **peisson**) and in several forms of *impf.sbj.6*, e.g. **veisent** (cf. **veissent**) and **meisent** (cf. **meissent**). Digraphs *ss* and *sc* alternate in **depessa / depesca**.

Final *t* alternates with [k] final written *c*, *k*, *q* in various forms of **d(o)unt, donc, donk, donq(u)e(s)**. One encounters *k* for *q* in **aukun, aukunes**, and *c* for *q* in **acointes** (cf. **aqueintes**). The scribe hesitates between –*t* and –*g* final in *pr.ind.1* **doint / doing**.

Use of the digraph *th* is restricted to proper nouns, e.g. **Elizabeth**, and **foith** ('time').

One finds the digraph -*tz* in about a dozen words, but eight of these also occur with final –*z*, e.g. **mortz** (cf. **morz**) and **oignementz** (cf. **oignemenz**). The scribe occasionally interchanges graphies -*z* and -*s* final, e.g. in **teuz / teus** and **touz / tous**, and –*z* and –*ce* in **tierz / tierce**. Fere gives *pr.ind.1* **faz**. Digraph *zz* occurs consistently in **do(u)zze, douzzime**.

Vowels

There are very numerous examples of the lengthening of unsupported *a* before a nasal, e.g. **romaunz, remenbraunce, Caunterbires**. The scribe interchanges *ae* and *ao* in **flaeler / flaolé**.

The suppression of –*e* final produces **pak, Jak**, and **Pilat**. The insertion of graphy *e* between *d* + *r* in **perdera**, between *p* + *r* in **esperit**, between *t* + *r* in scribal **portereit** (for **purtreit** †59.36), and between *v* + *r* in **poveres, oeveres, overirent**, indicates a vocalic glide. The scribe interchanges graphies *e* and *i* in the countertonic syllable of **gesir / gisir, demoniak(s) / dymoniaks, depesca / depicea**, and **gettez / gitté**; similarly, in the tonic syllable of **escreppe / escrippe** (cf. also *pret.6* **mountirent** 20.5).

The scribe alternates between *e* and *o* countertonic in *pret.3* **premist / promist** and *pp. as adj.* **premis / promis** and between *eu* and *ou* in *pret.3* **peut / pout** and in **piteus / pitous**. Ending *–ei(en)t* is favored for **creit**, but elsewhere the scribe prefers *–oi(en)t*, e.g. in **averoit, avoient, estoit**. Against multiple occurrences of digraph *oi* internal, e.g. in **envoia, envoié(z)**, the scribe substitutes *ei* only rarely. **Sei** appears nearly as often as **soi**, *impf.3* **poeit** nearly thirty times and **pooit** once.

The scribe interchanges *ei* and *ie* before a nasal only in **viegne** 'vineyard' 85.6 and **veigne** (< venir) 13.22, also writing *e* for *ie* before nasal in **covent** 71.10 (cf. **covyent**). Digraphs *ai* and *ei* alternate in **chair / cheir** and **merveille(s) / mervail(l)e(s)**.

Alternation between *eu* and *ieu* in **meuz / mieuz** and among *eu*, *u* and *ui* in *pret.3* **esluit / esleu(s)t / eslust** further indicates the levelling of diphthongs. Note also the interchange of *eu* and *ue* in *pret.3* **creust / cruest**, of *ue* and *u* in **yluek / iluk**, and of *o(e)i, ooi*, and *ue* in *impf.3* **poeit / pooit / puet**. The scribe runs a gamut of trigraphs in spellings of 'fear': **paour / pouer / poour / pour**.

There are very numerous examples of the lengthening of unsupported *o* before *n*, e.g. **mounde** (cf. **munde**), **nouncier** (cf. **nuncier / noncier**), and **respoundi** (cf. **respundi**). **Roume** (cf. **Rome**) is isolated.

The scribe alternates between *o* and *u* in **atturner / attorner, barons / baruns, turna / torna**, and between *oe* and *eo* in **preome / proeme**.

The scribe interchanges *oi* and *e* in **savoir / saver**, *oi*, *u*, and *ui* in *pret.3* **conoist / conust / conuyst**, and *o, oi*, and *ou* in *pret.3* **loa / loia / loua**. With the levelling of *ui* > *i*, OF masc.demon.pron. *cestui* and *celui* appear consistently as **cesti** and **celi** (cf. **corumpuiz** vii.4, **corumpuz** 105.1).

The scribe uses spellings *–oire* and *–orie* in **gloire / glorie** and **estoire / estorie**; **Thabaire / Tabarie** and **avoutaire / avouterie** (cf. **avoutoyres**) also occur.

The interchange of *o* and *u* prenasal results in several spellings of *indef.pron.* **hom**, including **omme, um** and **un**.

B. Morphology

Articles

Among definite articles, **le** predominates for masc.sg.nom., although **li** also appears about twenty times in this function, e.g. **li douz Jhesu, li Diable(s), li riches hom, li peoples**. For masc.obj.sg., the scribe consistently writes **le** except **li fiz** 14.1, a slip. Plural is **les** but for a few occurences of **le**, hereafter written **lé**, and for masc.nom.pl. the scribe writes **li roys** 63.4. In cases requiring a def.art., the scribe usually prefers **l'** to **le** or **la** before nouns beginning in a vowel sound, but one occasionally also encounters, e.g., **le erbe, le honur**, and **la auncele**. Two words with **y** initial take **le** or **la** : **ydropik** iv.20, 65.1, **ypocrisie** v.10, 42.3, 90.1.

Preposition **a** blends with *m.sg.* article **le** in enclitic **al** or **au** (but **a le conestable** 101.11), and **en + le** usually gives **el** (but **eu mount Olivete** 96.2). **Es** iv.11 is the product of **en + les**. The plural of **al / au** commonly appears as **as**, e.g. **as princes e as mestres** 82.1-2, but is also in preconsonantal position written either **a**, e.g. **a** phariseus iii.23, iv.9, or **au**, e.g. **au princes e au mestres** v.3, **au citez e a viles** 19.26 (*MAN* §23.8). **Du** occurs five times more often than **del** (cf. **de le matin** 85.14), **nel** only four times. **Des** is used consistently wherever **de + les** is required, although **de** (here written **dé**) also appears.

Indef.art.masc. **un** and fem. **une** consistently appear in nom. and obj., but one also finds, exceptionally, masc.nom.sg. **uns riches hom** 74.10, masc.obj.sg. **uns estraunges** 80.30, fem.nom.pl. **unes femes** 108.13, and fem.obj.pl. **unes neoces** 10.2.

Nouns

The gender of nouns is generally consistent. Only three nouns appear with both masc. and fem. gender, **resp(o)uns** (masc. iii.15, 7.21, fem. 6.8, 85.2?), **ligné(e)** (masc. 1.10, fem. 1.4, 1.9, 81.28, 82.11, 113.20), and **chose** (masc. 42.20, 47.15, 47.16, fem. P.3, P.7, 3.20, and 23 other times).

Gent takes a plural verb, **people** either sing. or pl. The scribe writes **ensaumple** six times, but also aphetic **saumple** 71.13.

'Paralytic' appears as **paletik** iii.7, iii.32, **parletik** 20.1, and **paraletik** iii.22, 20.4, 20.7 etc., 'parable' as **parab(o)le** P.8, iii.30, v.14 etc., and **parole** iv.32, v.6, 34.7.

Adjectives

Among gender-specific possess.adj., masc.sg. is limited to forms of **mon** and **son**; fem. is **ma** or **sa**, including before vowels, e.g. **sa entente** 51.14, or—in six instances—**s'**, e.g. **s'entente** 62.5. Non-gender-specific forms are **nostre**, **vostre**, and various spellings of **lor**. Plurals are also unremarkable except isolated **mi** 92.9.

Demon.adj.masc.sg. includes nom. **cest** and **cel** and obj. **ce(o), cest, cel(i)**, with plural **ces**; fem.sg. forms are **ceste** and **cele** nom. and obj., with plural **cestes**. For **ceo** (= **ces**) **deus** 9.9, see Pope §1248.

Pronouns

Among personal pron., **jeo** is used somewhat more frequently than **je**. Unstressed **moy / mey** *32.10-11, occurs alongside the usual **me** and **m'** (cf. 9.5, 92.20, 96.36). Fem.sg.3 nom. **el** 2.27 is isolated. The preferred form of stressed masc. and fem. sg.3 is **li**, although masc. **luy** occurs repeatedly; fem. **luy** 13.32 is isolated. Unstressed masc.acc. **le / l'** predominates, but one also finds **li**, e.g. iii.23, 2.8. Unstressed masc.dat. includes **luy** 5.9, 13.25, 19.23, **le** 19.7, 95.24, and **l'** 13.37, 81.20, **li** being the preferred form. There are eight occurrences of nom.masc.pl.6 **eus**, often in conjunction with **meimes**, but also in **eus prendroient** 86.2 and **disoient eus** 97.7.

Stressed acc. rel.pron. **sei**, rather than **li**, sometimes corresponds to subj.pron. **il**, e.g. in iii.17, 27.10, 32.2. Among reflex.pron., note unstressed **sei** 49.13, 71.12, 77.16, and **soi** 33.5, 36.6, 49.6, 81.4.

In such expressions as **Jhesu lor demaunda que Moises en dist** 72.3-4, rel.pron. **que** = **ce(o) q(u)e**, which also appears repeatedly. Rel.pron. **quei** without specified antecedent frequently occurs, e.g. in **li demaunderent chivalers quei il dussent fere** 7.16-17, and **quei** is occasionally also the obj. of a preposition, e.g. in **e demaunda de quei il acusasent Jhesu** 97.12. **Quei** is written **que** or **qu'** about ten times, often before *i*, e.g. in **e il donc estoit esbai pur qu'il** (= **pur quei il**) **li demanda la iii foiz si il l'amast** 112.21.

Qui il occurs three times, always after a preposition. More common is **qu'il**, e.g. in e recorda sun sermon au people pur qu'il (=pur qui il) estoit descenduz iii.11, and e lor demaunda qu'il (= qui il) queissent e il disoient Jhesu de Nazareth 96.25-26.

Among demon.pron., one finds masc.sg. **cesti** and **celi** in nom. and obj. cases; obj. **cel** 82.8 is isolated. Fem.sg. nom. and obj. is consistently **cele**. There is a single example with initial *i-*, **iceus** iii.10. Dem.pron.neut.sg. **ce(o)** appears frequently, often in rel. **ce(o) q(u)e** or in **ce(o) dist**, a tag used to mark quotations.

Interrog.pron.masc. is regularly **lequel**, but there is one example of **quel** 34.13.

Verbs

In *pr.ind.1*, graphy *-ng* final indicates nasalization of **doing** 79.6, **demang** 97.5 (*MAN* §34.3). Alternation of *a* and *e* gives *pr.ind.3* **lef** < **laver** (Pope §926, 927). The *pr.ind.3* form of **dire** and **despire**, **di(s)t** and **despit**, respectively, also appears as the *pret.3* and *pp.* forms of those verbs.

Although *indic.imperf.3* commonly ends in *–eit* or *–oit*, one also finds archaic *–out*, e.g. in **espiout** 49.2, a Western trait (Pope §1268; *MAN* §34.6). Early OF *indic.imperf.3* **ert** is not found.

Note archaic *–et* in *imper.5* **sachet** P.7, 71.17 (Pope §1295).

Pret.3 has double forms **baptea / baptiza** and **paruit / par(e)ust**, and *pret.6* gives **cr(e)urent / cr(e)ustrent, ovrerent / overirent**, and **aorerent / adorerent**. Final *–st* is effaced in *pret.3* **tray** (cf. **traist**) and **gary** (cf. **garist**). Insertion of *e* between *v + r* gives *pret.3* **livera**.

Influenced ostensibly by **mettre** (Pope §1014, 1310), **meindre** 'dwell, live' has *pret.3* **mist** 2.57, 5.11, 11.2 and *pret.6* **mistrent** 113.13, 113.14, 113.15, the latter alongside **meintrent** 113.31.

One finds the infix *–ge* in *pr.subj.3* **meorge** 64.14 and **conquerge** 68.11 (Pope §910, 1275; *MAN* §34.5), a Western trait; also, *pr.subj.6* **piergent** 11.28.

Apocopated forms include *fut.1* **onorai**, *fut.3* **onora, soffra, entra, enumbra**, *fut.6* **sofferunt**, *cond.3* **decirreit, lerreit, pareit, plorroit, refroit** (< **refere**), and *cond.6* **encountroient, entroient**. One finds apocopated *cond.3* **feroit** (< **ferir**) and both apocopated and expanded forms of *cond.3* **moustroit / moustreroit** and *cond.6* **suffroient / soffreroient**. Etymological *fut.3* **ert** is not used (Pope §977).

Note *fut.6* **releverent** 4.15 and **quillerent** 93.15 (*MAN* §34.8), a trait associated with thirteenth-century texts. **Doner** has common AN *fut.* and *cond.* radicals **donr-, dorr-, dour-**.

Issir has *pp. & pp. as adj.* **issu(z)** 9.1, 15.3, 22.6, 52.11. Note also *pp.* **sentu** 21.11 and **consentu** 101.8 (*MAN* §34.11; Pope §1280).

Note archaic *pp.* **tolet** 13.3 (cf. **tollette** 35.8; Pope §1270) and the persistence of strong *u*-perfect *3* **out, pout** (< **pestre** and < **pouer**), and **sout** (Pope §1268).

It is no surprise that *Estoire*, which is narrated largely in past indicative tenses, including reflexes of **comaunder, demander, dire, maunder** and **prier**, should have so many uses of the past subjunctive. Among the interesting uses of the subjunctive is in clauses after **purparler coment**, e.g., **e purparlerent coment il peussent destrure Jhesu** 39.2, and **e se purparlerent coment il le peussent mettre a mort** 97.3.

In si-clauses, the structure may be imperfect subjunctive in the protasis with apodosis in the conditional, e.g., **si il se teussent, les pierres crieroient** 81.33. In numerous cases, the imperfect subjunctive occurs in both clauses, e.g. **si il eust esté la, son frere n'eust pas esté mort** 80.26.

Estoire occasionally uses the indicative in a clause where one might expect the subjunctive instead, e.g. **e lor aprist queus il devoient estre** 24.15, and **si il moustroit sei meimes Crist ou home attendroit autre** 30.3-4 (cf. **si il monstroit sei meimes Crist ou il dussent attendre autre** 30.5-6).

C. Vocabulary

A dozen infinitives also occur as substantives: **aver, boivre, cocher, descendre, lapider, lo(u)er, ma(u)nger, po(u)er, revenir, savoir, toucher** and **vivre**.

'To look at', **garder**, also appears with prefixes *a-*, *es-*, and *re-*, and **merveiler** with prefixes *a-* and *en-*. Prefixes *a-*, *en-* and *es-* alternate in *pp. as adj.* **abaiz / enbai(z) / esbai**, *a-* and *en-* in *pret.6* **entendirent / atendirent**, and *en-* and *es-* in *pret.3* **enclina / esclina** and **esjoier** and *pret.3* **enjoist**. Note also the substitution of *a-* for *e-* initial and pretonic in **asteynz** †28.3 (<*ester*; cf. **estaunz** 106.5) and **alussent** 65.7 (< †*esluire*); and **seignaunt** 94.11. Other pairs are **chascer / enchacer, sevelir / ensevelir, amporté / emporté**. In the scene of Christ's deposition, we find **mort estendu** 101.5 in place of more common **mort esteint** (*AND* s.v. *esteindre*).

Besides **regarder**, over twenty verbs are created by the addition of prefix *re-*, usually denoting repetition: **rechater, reconforter, recouncer, redire, redrescer, reedefier, refere, reguerdoner, relesser, relever, remeindre, remener, remettre, reparailler, repeler, reporter, reprendre, requiller, rester, retrere, revenir.**

D. Syntax

The definite article is occasionally omitted in contexts where one might expect it to be used, e.g. **E pastours veillerent** 3.10, **Jhesu li dist que oure estoit nomé** 13.27-28.

With verbs of communication and transfer **defendre, demander, dire, doner, prier**, and **respo(u)ndre**, unstressed masc.acc. **le / l'** or fem.acc. **la** occasionally is substituted for the normal unstressed dat. **li**, and unstressed acc. **les** sometimes stands for the more usual dat. **lor**. On rare occasions **conforter** 2.8 and **prendre** 8.10-11 take dat. **li** instead of the usual acc. These substitutions are associated with several texts of the third quarter of the thirteenth century (*MAN* §32.2, 35).

In expressions like **de l'oure que seint Johan estoit decolé e il refusé** A.5-6 and **ele estoit baraigne e veile e il veuz** 2.3-4, the juxtaposition of **il** with **refusé** and **veuz** may be explained in terms of the ellipsis of **estoit**.

On a few occasions, masc.sg.3 nom. **il** is reduced to **i** before word-initial **l**, e.g. **avant qu'i l'eust treis foiz renoié** 95.25-26 (*MAN* §21.6); cf. 8.8, 18.16, 68.3.

Note the relative expression in **demurra l'enfaunt en la cyté q'il ne le savoient** 6.3-4, 'without their knowledge'.

In **non digne serf** 69.10, an adjectival opposite is created by inserting **non**.

In addition to the use of the possess.adj., described above, the possessive is expressed by a) simple juxtaposition of the possessor and the thing or person possessed, e.g. **le fiz la veve** iii.14, **la venue Crist** 4.5 (cf. also **la mere la femme seint Piere** 18.8); b) the juxtaposition of **qui** and the thing possessed, e.g. **de qui** nessaunce 2.9, qui esteile 3.24, qui main destre 38.2; c) *s.* + *prep.* a + *s.*, e.g. l'oraille au serjaunt 96.37, les quises as larons 101.4; d) lour est + *s.*, lour est le regne du ciel 24.8, lour est le regne Dieu 24.14; or e) the use of strong possessives, whether pronominal, e.g. le lour 12.4, des miens 92.8, des suens 96.50-51; or adjectival, e.g. la moy amur 66.8, un suen amy 80.3.

The treatment of *adj.* agreement with *s.* or of *pp.* with preceding dir.obj. is surprisingly careful, although one finds exceptions, e.g. in e li dist que sa proiere que il out fet pur le poeple estoit oie 2.8, in which oie reflects fem. proiere but fet does not. Analogical feminine forms of adjectives and present participles rarely occur, but one encounters ploraunte 29.4, 80.26 (*MAN* 31.4); note also m.pl. ploranz e weimentanz 106.7.

The author sometimes uses the verbal paraphrase aler or venir + gerundive *pr.p.* to indicate an action in progress, e.g. Pus vint il passant par la mer 17.4, e s'en ala prechaunt e enchaceaunt les diables 18.16-17, vindrent quatre hommes portaunz un paraletik 20.3-4 (Buridant §286). Note also the gerundive *pr.p.* in il precha parables seaunt en la neef iii.30 and si trova ... le poeple ploraunt e pleignaunt 21.18.

One occasionally encounters trover or ve(e)r + *in.*, e.g. E je vi le Seint Esperit descendre 9.4-5, vous verrez ... les aungles Dieu mounter e descendre 9.18-19, vit il un pupplican seer e qiller le tonneu 20.15-16 (Buridant §247). Approximately 15 other verbs, including devoir, pouvoir, voloir, and causative faire, also occur as linking verbs + *in.*

There are ten examples of concessive tout + *sbj.*, e.g., tout nel feist il pas par amité mes pur soi deliverer 36.6, tout soient eus meimes mauvays 36.8, tout se corousast il a eus 105.7 (Buridant §565), and one use of tut + *indic.* 49.49.

One occasionally encounters clauses with compound subjects in which the verb has a singular form, e.g. in E il meymes e tout le poeple loia Dieu 20.13-14.

Editorial practice

The scribe uses mostly very conventional abbreviations, but with variations that deserve mention. A nasal bar over *e* represents *n*, e.g. in Coment [fol. 34V], and a nasal bar over *m* in Comt signifies *en* [34V (twice), 35R], also resolved Coment. The scribe often writes quant, although quaunt is written out on fol. 42V [cf. avaunt (34V)]; the abbreviations qnt [35R, 35V], cinqnte [34V, 44R], and nepurqnt [41V, 42R, 44R] with *a* s.s. over *n* are therefore resolved as quant, cinquante, nepurquant, respectively, throughout the edited text. Despite serjaunt and serjaunz (both written out on fol. 43R), I expand the abbreviated word (43R) as serjant, for consistency.

On over twenty occasions, the scribe uses superscriptions to correct a spelling or to insert a new word – de (fol. 49V), the conjunction e (60R), Galilee (40R), i (44R), il (40V, 45V, 57V), issit (60R), la (37V), le (47V), me (56R), mout (49V), ne or n' (fols. 34V, 39V, 43V [twice], 58V), pas (61V), que (49V), final consonant *r* (51V), the prefix *re-* (40V), sa (39V) and si (47V) – into the text. In cases not involving a rejected reading, therefore, rather than burdening the footnotes with these details, I incorporate the superscriptions in the text.

The scribe often uses a superscript mark resembling an *o* to 'dot' and thus distinguish the letter *i* below it, especially when *i* occurs in a series of minims. Thus we find **cumpainuns, sivre, revint**, but also **resuscita, Jair, gari**. This useful aid to reading is not otherwise noted here.

The scribe sometimes also ends words with a loopy flourish resembling a letter *p* but which has no orthographic value. See, e.g., **demoniak, paletik, neef** (all fol. 34V).

There are numerous marginal notations in this section of the Liber niger, principally inscriptions of chapter titles in the lower margin. In addition, a later hand has written *exemplum* or *exempla* six times [fols. 52R, 52R (twice), 53R, 55R, 56V] in the outer margin beside specific teachings, chiefly parables, of Christ. A simple *Nota* also occurs five times (fols. 43R, 45R, 46R, 61R, 62R), and we find *primum ewangelium* in the center margin of fol. 35V, near the head of chapter 2. These and other extraneous inscriptions are not otherwise accounted for here.

After a prologue (abbreviation P), an abstract of the seven meditations (A), and a list of the *capitula* for each meditation (indicated here by lower-case Roman numerals, i-vii), *Estoire* recounts the life of Christ in 113 chapters. Though unnumbered in the MS, chapters are numbered here for convenience of reference. Line numbering restarts with each new chapter and includes chapter titles and section headings. Rejected readings are grouped by chapter in a special section placed after the text.

The scribe has left space for an initial at the beginning of each chapter, but none of the initials was ever completed. Nearly all chapters have guide letters left by the scribe, however, indicating the initial to be added later by a rubricator. Where a guide letter occurs, I appropriate it without comment as the initial of the first word of the chapter. Only when a guide letter is lacking do I show the intended initial in square brackets after comparing the title with that in the *capitula*.

For ease of reference I transpose section and chapter titles from the lower margin to the heading of individual chapters. These titles appear here in **boldface** with the chapter number. In cases where the inscriptions in the lower margin are incomplete or illegible, I supply missing letters or words from the *capitula*. Individual chapter titles in the lower margin are sometimes more legible than those in the *capitula*. In such instances, the titles in the *capitula* are augmented with letters or words from the lower margins. The Notes record each instance of the augmentation of chapter titles.

ESTOIRE DE L'EVANGILE

Ces sunt les vii. meditacions Jhesu de l

P L'estorie des Evangeiles nostre douz Seignur Jhesu Crist treof jeo diversement rimez en romaunz. Il me semble q'il i a aukunes choses autrement dites pur tenir la ryme qe le tist de l'Evangeile die. E pur ceo vous faz jeo ici une breve remenbraunce de l'estoire
5 de l'Evangeile saunz rime solunk ceo qe Clement, priour de Lanthony qu'estoyt eslu arceveske de Caunterbires prochein aprés seint Thomas le martir, ordeine son livre qu'il estreyt des quatre Evangiles. Mes une chose sachet, ke le douz Jhesu dist plusours choses en l'Evangeile par manere de parler e ausi par parables, la ou homme ne deit pas charger les moz, mes la sentence. Dunt ceste estreite faz jeo sulunk la sentence e la
10 simple entente de la lettre e ne mie solunc le plus haut entendement. E pur ceo qe Clement fait distingciouns par chapistres, qe l'estoire seit plus aperte, ferai je ausi mais mout plus brevement. Primes part jeo ceste meditacion en set parties, ke vous pussez chescun jour une partie lire ou penser. Quar l'abbé Eylret aprent sa suer qu'ele pursiwe l'estoire de l'Evangile especiaument en sa meditacion pur anoiter s'amour vers douz
15 Jhesu Crist. E seint Pere dist a seint Clement que si douces li semblerent les paroles e les miracles soun mestre douz Jhesu que chescune nuyt veila il pur penser de l'Evangile, ne autre chose ne poeit il precher, tout saunz rime. Dount vous lou jeo que vous lisez ou pensez l'estoire de l'Evangile, quar vous ne poez amer nostre tresdouz Seignur Jhesu Crist si vous ne le conoissez, ne conoistre ne le poez si bien cum par
20 l'Evangile que nous aprent sa vie e sa doctrine, ses miracles, sa Passion, sa Resurection e sa Assencion e le confort qu'il fet a seons par le Seint Espirit.

A La primere meditacion contient la conversacion nostre douz Seignur Jhesu Crist jekes a son baptesme. La secunde meditacion contient sa conversacion de l'houre qu'il estoit baptizé de seint Johan jekes il comencea a precher apertement quant seint Johan estoit emprisoné. La tyerce contient sa conversacion q'il precha apertement jeskes seint
5 Johan estoit decolé e il espié. La quarte contient sa conversacion de l'oure que seint Johan estoit decolé e il refusé jeskes il vint apertement en Jerusalem pur mustrer qu'il estoit Crist e lur Rey naturel e pur suffrir sa Passion. La quinte contient sa conversacion de cel' houre jekes a la Sene. La sime contient sa Passion. La settime contient sa Resurection.

i De la deité nostre douz Seignur Jhesu Crist. De sa Concepcion e de ses signes. De sa nessaunce e de ses signes. De sa oblacion e de ses signes. De sun exil e de ses signes. De sa enfaunce e de ses signes.

ii Del baptesme nostre douz Seignur Jhesu Crist. De sa june e de sa temptacion. De ses premiers disciples. Coment il fist de ewe vin. Coment il se porta quant il se mustra primes a la pask en Jerusalem. Coment seint Johan Baptistre recomaunda nostre douz Seignur Jhesu Crist a ses disciples.

iii Coment nostre douz Seignur Jhesu Crist lessa Judee e ala en Galilee sitost cum seint Johan le Baptistre estoit enprisoné. Coment il garist le fiz au provost reytel en Cana. Coment il precha en la neef seint Pierre. Coment il luit en Nazareth. Coment il apela seint Pere e ses cumpainuns. Coment il gary un demoniak e la mere de la femme

5 seint Pierre e mout de autres en Chapharnaum. Coment il passa la mer de Thabaire e refusa un mestre qe sivre le voleit e apeisa la tempeste e enchacea la legion. Coment il gari le paletik e apela seint Matheu quant il revint en Chapharnaum. Coment il resuscita la fille Jair e estauncha la feme que avoit eu flux de saunk douzze aunz. Coment il gari deus aveugles e un meu. Coment il estoit despit en son pais. Coment il esluit les
10 douzze apostres e les aprist en mount de Thabor. Coment il sana touz iceus qe aprocherent a li en la pleine e recorda sun sermon au people pur qu'il estoit descenduz. Coment il gari le leprous a l'entré de Chapharnaum. Coment il gari le serjaunt le centuriun en Chapharnaum. Coment il envoia les douzze apostres pur precher e quel pouer il lur dona e coment il les aprist. Coment il resuscita le fiz la veve. Coment seint
15 Johan le Baptistre li envoia deus de ses deciples de sa prison, e de son respuns. Coment il converti la Magdaleine, e coment ele sivi, e les autres dames. Coment il envoya devaunt sei les settante deus deciples e reprova ceus qu'avoient la doctrine refusé. Coment il resceut les settante deus deciples quant il revindrent e li disoient les mervailes qu'il avoient fet en son noun. Coment il respundi au mestre qui demaunda
20 quel fust le plus haut comaundement de la lei e qui fust son preome. Coment seinte Marthe le herberga. Coment il aprist ses deciples a orer. Coment il escusa ses deciples quant il pristrent les espis en sabat. Coment il gari la main paraletik en sabat e respundi a phariseus qe le blamerent. Coment il fui e se musa e gari ceus qe li suierent. Coment il gari un home devenu aveugle e meu e respundi as mestres de Belzebub e de Jona e
25 de la reigne de Saba, e coment sa douce mere voleit a li parler e ne pooit pur la prese. Coment il respundi au phariseu que le blama cum si il ust peché pur ceo q'il ne lava ses mains avaunt maunger. Coment il aprist ses deciples fuir avarice e estre aumoners par encheison dé deus freres que estriverent pur lur heritage. Coment il amonesta le people a penaunce par acheison des Galileis que Pilate occist. Coment il garist la femme que
30 estoit dis e ut aunz courbe. Coment il precha parables seaunt en la neef. Coment il vint autre foiz en soun pais pur precher, e il le despisoient. Coment les Juis le pursuirent pur ceo que le samadi gari le paletik qui out geu trente e ut aunz a la piscine, e coment il respundi.

Ces sunt les chapitres de la quarte meditacion

iv Coment li douz Jhesu ala priveement en desert quant il oi dire que seint Johan le Baptistre estoit decolé. Coment il pout les cink mile hommes e apeisa la tempeste e aprist ceus que le suirent en Chapharnaum de son cors e de son saunk, e coment
5 plusors des ses deciples s'en alerent. Coment il sana touz ceus qe l'aprocherent en la terre de Genesar. Coment il respundi as mestres que respristrent ses deciples pur ceo q'il ne laverent lur mains avaunt maunger. Coment il gari la fille la Chananee. Coment il gari le sourt e mu e mouz autres a la mer de Galilee en la montaigne. Coment il pout les quatre mile hommes de set pains. Coment il respundi a phariseus en Magedan que li
10 demaunderent signe du ciel. Coment il conforta ses deciples quant il alerent en desert e oblierent prendre payn o eus. Coment il escopi es euz un aveogle e le sana en Bethsaida. Coment Herodes se douta quant il oy les eovres e les miracles Jhesu. Coment Jhesu se porta quant il ala priveement a la feste dé Loges en Jerusalem, la ou il delivera la feme que estoit prise en avoutaire e alumina un aveogle par le tay qu'il fist
15 de sa salive. Coment il garni primes priveement les apostres de sa Passion. Coment il se

transfigura en la muntaigne e au descendre gari le lunatik. Coment il garni autre foiz ses deciples de sa Passion. Coment il rendi le truage pur soi e pur seint Pierre e aprist ses deciples humilité e charité en Chapharnaum. Coment les Samariteyns li deneierent ostel, e coment il dist que poi serrunt sauf, e coment les phariseus le garnirent de
20 Herodes. Coment il gari le ydropik e precha au manger de humilité e de charité e de despit de cest secle. Coment il precha par voie cuntre charnel' affection. Coment il respundi a ceus que groucerent pur ceo qu'il resceut les pecheours. Coment il aprist ses deciples estre piteus e resprist les phariseus que le gabberent. Coment il aprist ses deciples qu'il eschuissent esclaundre e q'il ussent foi e humilité. Coment il gari les dis
25 lepreus. Coment il respundi as phariseus que demaunderent quant Crist vendreit, e coment il aprist ses deciples aturner sey cuntre le Jugement, e nomément par oreison e par humilité. Coment il respundi as phariseus que li demaunderent si homme puet lesser sa femme en nule manere. Coment il beneist les enfaunz e les embracea. Coment il respundi au riche homme que demaunda coment il pust estre sauf, e pus a seint Pere.
30 Coment il garni la tierce foiz ses deciples de sa Passion e coment il respundi a seint Jake e chastia les autres. Coment il gari un aveogle a l'entré de Jherico. Coment il turna chef Zacheeu e la dit la parole dé dis besaunz. Coment il gari deus aveogles a l'issue de Jherico. Coment il respundi as Juys a la feste de la dedicacion du temple e pus s'enfuy. Coment il resuscita Lazere e coment les eveskes e les phariseus firent pur ceo cuncil
35 cuntre ly.

Ces sunt les chapitres de la quinte meditacion

V Coment il vint a Jerusalem par Betaign' e estoit resceu a procession. Coment il se porta celi jour en temple e coment il respundi au princes e au mestres qi le opposerent des enfaunz. Coment il mausdit au figer quant il returna l'endemain vers Jerusalem.
5 Coment il sist e garda le temple e respundi a ceus que l'aposerent de son poer. Coment il conclut les mestres e les phariseus par treis paroles par l'autorité du sauter. Coment il respundi as phariseus e as herodiens del truage. Coment il respundi as saduceus de la femme que out eu set freres a baruns. Coment il respundi au mestre du plus haut comaundement de la ley. Coment il demaunda des phariseus qui fiz Crist dust estre.
10 Coment il precha al people e a ses deciples de la ypocrisie des phariseus. Coment Jhesu preisa l'offendre la povre veve. Coment Jhesu respundi quant les paens voleyent parler a luy, e de la voiz celestiale. Coment il garni ses deciples priveement de la destruccion du temple e lor aprist coment il se dusent attorner cuntre le Jugement en quatre parables. Coment Judas purparla sa traison en le cuncil.

Ces sunt les chapitres de la sime meditacion solum les houres du jour

vi Coment li douz Jhesu se porta en sa Passion de l'houre de complie juskes a l'oure de matines. Coment li douz Jhesu se porta de l'oure de matines juskes au matin. Coment li douz Jhesu se porta del matin jeskes a tierce. Coment li douz Jhesu se porta
5 de tierce juskes a midi. Coment li douz Jhesu se porta de midi jusques a noune. Coment li douz Jhesu se porta de noune jusques au vespre. Coment li douz Jhesu estoit treit aprés sa mort.

Ces sunt les chapitres de la vii. meditacion

vii Coment nostre douz Seignur Jhesu Crist releva de mort e resuscita plusors autres seins. Coment il apparust a la Magdaleyne. Coment il apparust as autres dames. Coment les chivalers estoient corumpuiz. Coment les dames nuncierent as apostres la
5 Resureccion le douz Jhesu. Coment douz Jhesu apparust a Cleofe e a son cumpaignun. Coment douz Jhesu apparust a seint Pere. Coment douz Jhesu apparust a dis apostres al vespre le jour meimes qu'il releva. Coment douz Jhesu apparust a seint Thomas e as autres l'utime jour. Coment douz Jhesu apparust en la muntaigne en Galilee. Coment Jhesu apparust a la mer de Thabayre. Coment douz Jhesu apparust deus foys.

1 De la deyté douz Jesu. Nostre douz Seignur Jhesu Crist solunk sa deité estoit devaunt que nule creature fust, quar tote la creature que est, fist Deu par luy. Quar il est le pouoir e le sauvoir Deu son Piere e il saunz chaunger l'estat de sa deité devynt verrai homme e dona vie e lumere e grace a humeigne lignee a conustre Dieu, e il estoit
5 premis par la ley e par la profecie au poeple qui crust en Dieu son Piere. Mes quant il vint, plusours ne le voleient resceivre; mes a ceus que le resceurent dona il la grace qu'il fussent les fiz Dieu, quar de la plenté de sa grace resceurent touz ceus grace qui crurent en luy. Nul homme ne vist Dieu unkes corporelement e pur ceo devint le Fiz Dieu homme pur aprendre humeigne lignee coment il puet estre veu espiritelement. Ensi
10 devint il homme du lignee seint David e seint Abraham, quar a eus estoit il especiaument promis.

2 De la Concepcion douz Jhesu. En tens le rey Herodes qui estoit paien e tint le people Dieu en servage e regna en Jerusalem, estoit un prodhome prestre que out noun Zacarie, e sa femme out noun Elizabeth, du lignage Aaron. E ele estoit baraigne e veile, e il veuz, e pur ceo n'avoient il eu nul enfaunt. Ore avint a une mout graunt
5 feste sicum Zacarie offri ensens al haut auter en temple, e tut le poeple estoit dehors en oreison, e il soul en temple e pria que Dieu sauvast son poeple, lors li apparust un aungle estaunt a destre de l'auter, e Zacarie estoit effraié e out mout graunt pour. E l'aungle li conforta e li dist que sa proiere que il out fet pur le poeple estoit oie, e que sa femme conceiveroit e enfaunterreyt un fiz que averoit a noun Johan, de qui nessaunce il
10 e tut le poeple averoit graunt joye. E li dit qu'il vendroit davaunt celi qui sauveroit le poeple en l'espirit e en la vertue Elie le profete, quar il serroit pleyn del Seint Espirit el ventre sa mere, e ceo descendroit dé delices de cest secle. E mout graunt partie du poeple torneroit a Dieu e a la droite creaunce des patriarks e des prophetes e apparaileroit a Dieu un parfit poeple. Dunk demaunda Zacarie coment ceo poeit estre,
15 quar il estoit, ce dist, veuz, e sa femme veile e baraigne. E l'aungle respundi qu'il estoit l'aungle Gabriel, qui estut devaunt Dieu, qui estoit envoié a li pur li nuncier ceste bone novele. E li dist qu'il serroit meu jesques il fust ensi avenu, pur ceo qu'il ne l'avoit cru sicum il fere le devoit. Le poeple atendi Zacarie dehors e se merveila qu'il targa en temple. E il issit e ne poeit a eus parler, dunt il entendirent byen qu'il out eu auqune
20 avision en temple. E il lur fist signes e returna meu a son hostel. Aprés ce conceust Elizabeth e se muscea cink moys, juskes ele fust sure qu'ele fust enceinte e ke Dieu li ust fet le honur. Le sime mois aprés que seint Johan estoit conceu fust l'aungle Gabriel envoyé en une cité de Galilee nomé Nazareth a une pucele affiee a un homme qui out

noun Josep. Le noun la pucele estoit Marie. E entra le aungle a li e la salua e li dist
25 qu'ele estoit pleine de grace, e Dieu esteit oveques li, e qu'ele estoit benoite plus que
nul' autre femme. E ele, quant ele oist sa parole, estoit effraié e pensa coment aferoit a
li tel salu. E l'aungle la reconforta e li dist qu'el out trové grace vers Dieu e qu'ele
conceiveroit e enfauntereit un fiz que averoit noun Jhesu, que serroit appelé Fiz Dieu e
regnereit en regne Israel saunz fyn. Dunques respundi Marie: 'Coment serra ceo, quar
30 jeo ne bie jammés de aver cumpaignie de homme?' E l'aungle respoundi: 'Le Seint
Espirit sourvendra en vous e la vertue Dieu meymes vous enumbra, e pur ceo cil que
serra de vous nee serra apelé Fiz Dieu. E sachez que Elizabeth vostre cosine ad conceu
un fiz en sa veilesce, ja est le sime mois, dunques que Dieu poet fere quantque li plest'.
Dount respundist Marie: 'Veez moi ci la auncele Dieu, ensi me pusse avenir cum vous
35 avez dist'. E tauntost estoit conceu le Fiz Dieu en la pucele, parfet homme en cors e en
alme e verrai Dieu. E l'aungle s'em parti. E Marie meintenaunt s'en ala de Galilee en
Judee e entra en la meson Zacarie e salua Elizabeth. E sitost cum Elizabeth oi la voiz
Marie, tauntost s'enjoist l'enfaunt dedenz son ventre, e ele estoit replein del Saint
Espirit. E comencea a crier, e loa Marie sour totes femmes e son enfant, e dist coment
40 li estoit avenuz. Dunques respundi Marie e loa Dieu e dist le Magnificat anima mea
Dominum. Pus demurra ele ovek li entour treis mois, e pus returna arere a Nazareth. E
cum ele estoit revenue, avaunt que Josep la ust resceue en esposailes, aparceust il qu'ele
estoit grosse d'enfaunt. E pensa lesser la priveement, quar il estoit dreiturel e dota
partir del peché. Este vous cum il pensa ceo, li apparust l'aungle Dieu en avision e li
45 dist qu'il ne se dotast, quar ele out conceu del Seint Espirit e averoit un fiz, si
l'apeleroit Jhesu, quar il sauveroit son poeple de lour pecchez. E il enveila e fist sicum
l'aungle li comaunda. E quant vint le tenps Elizabeth d'enfaunter, si out un fiz, e touz
ceus qe l'oierent en avoient joie. E l'utime jour vindrent les parenz pur fere l'enfaunt
circumcis e l'apelerent Zacarie aprés son pere, e sa mere respundi qu'il averoit noun
50 Johan. E il disoient que nul homme de son lignage n'out tiel noun e firent signe a son
pere qu'il lour feist savoir quel noun il vousist qu'il eust. E il demaunda une tablette e
escrit que son noun estoit ja nomé Johan, e touz en avoient mervaile. E tantost li estoit
sa parole rendue, e il estoit repleni del Seint Esperit e comencea loer nostre Sire Dieu e
dist le Benedictus Dominus Deus Israel. E quanque oirent cestes mervailles par tote
55 Judee penserent que l'enfaunt serroit graunz e mervillus devaunt Dieu quant il venist a
age. E l'enfaunt creust e estoit taisaunt e conforté del Seint Esperit. E sitost cum il vint
a age, ala en desert e mist en desert jeskes le Seint Esperit li comaunda precher la venue
Jhesu Crist.

3 De sa nessance e de ses signes. En cele saison comaunda Cesar Augustus,
l'emperour de Roume, que touz les hommes du munde fuissent escrit en la cité dunt il
fuissent, e que chescun portast un dener au seneschal du pais e fuist conoissaunt qu'il
fuist souget a l'empire de Roume. E par ceste acheison ala Joseph ou Marie sa espouse
5 qu'estoit grosse d'enfaunt de Nazareth jusques a Bethleem pur fere sa reconoisaunce
en sa cité, quar il estoit du lignage le rey David qu'estoit de Bedleem, e sa espouse ausi.
Este vous taunt cum il demorerent la, vint son terme d'enfaunter; e enfaunta son
premer enfaunt, un fiz. E ele meymes l'envolupa de dras e le coucha en la creche, la ou
les bestes soleient manger, quar il n'i out lui en l'ostel ou ele le pust plus

10 covenablement mettre. E pastours veillerent en ce pais e garderent lour oailles. E vint un aungle o la clarté du ciel e estut decoste eus, e il avoient mout graunt poour. E l'aungle les conforta e lour dist qu'il lur estoit venu nouncier qe Crist qe sauveroit le poeple estoit né en Bedleem, dount eus e tut le poeple en dussent avoir grant joie. E lur dist que ceo lur serroit pur signe qu'il troveroient un enfaunt envolupé en drapeletz
15 e mis en la creche. Este vous soudeinement apparurent mout d'aungles o celuy e loerent Dieu e disoient Gloria in excelsis Deo. E sitost cum les angles estoient mounté au ciel, les pasturs se purparlerent e alerent hastivement a Bedleem, e troverent Marie e Josep e l'enfaunt mis en la creche. E virent bien que ce estoit celi dount l'angle lur avait parlé, e cunterent as autres ceo qu'il avoient veu la nuyt, e touz s'enmerveilerent. E
20 Marie retint totes cestes choses en son quer. E les pastours se retornerent loaunz Dieu qe si graunt merveille lur out moustré. L'utime jour estoit l'enfaunt circumcis e son noun nomé Jhesu, sicum l'angle l'out nomé avaunt qu'il fust conceu. Este vous le douzzime jour vindrent treis philosofes de l'orient a Jerusalem e demaunderent ou fust le Rey des Gyus que né estoit, qui esteile il aveyent veu en l'orient; e disoient qu'il
25 estoient venuz pur aourer le. Quant le rei Herodes oi ceo, si estoit mout troublé, e tote la cité ausi. E fist assembler touz les plus hauz prestres e les mestres de la ley e demaunda ou Crist deust nestre. E il respundirent que en Bedleem, quar ensi out Dieu premis par le prophete. Dunk apela Herodes les philosofes priveement e enquist quant il ussent primes veu l'esteile, e les enveya a Bedleem e lur dist qu'il enqueisent
30 ententivement de l'enfaunt, e quant il l'eusent trové que il li maundassent, e il le vendreit aorer. E quant il avoient oi le rei, il s'en alerent vers Bedleem. Este vous l'esteile qu'il avoient veu en l'orient lour apparust e ala devaunt eus jusques ele vint e restut desus la ou l'enfaunt esteit. E il, quant il la virent, si en avoient tresgraunt joie, e entrerent la maison e troverent l'enfaunt ové sa mere. E cheirent a terre e aorerent
35 l'enfaunt; e ovrerent lour tresors e li offrirent or, encens e mirre. E cum il penserent returner a Herodes, la nuyt en avision vint l'aungle e lur dist qu'il ne returnassent point par li. E il par autre voie returnerent en lour pais.

4 De sa oblacion e de ses signes. Este vous com Herodes atendi la revenue des reys, vint le jour que Marie se devoit purifier el temple solunk la ley Moises e offrir son enfaunt a Dieu e rechater le des prestres. Ore vint donc Marie o Joseph en Jerusalem e porta son fiz e l'offrende que les povres devoient offrir. E un homme esteit en
5 Jerusalem droitureus e humbles qui out noun Simeon, e cil desirra mout la venue Crist en son tens. E le Seint Esperit que manoit en li li out premis que il ne morroit pas avaunt qu'il eust veu Crist, e meime l'oure le mena le Seint Esperit en temple. E cum Joseph e Marie vindrent pur offrir Jhesu e lur offrende en temple, vint il e le prist entre ses braz, e loia Dieu e dist le Nunc dimittis servum tuum Domine. Ore estoit la ausi
10 une autre aunciene veve e dame que out noun Anne, e ne parti nule oure du temple, mes servi Dieu en junes e en oreisons jour e nuit. E cele sorvint meime l'oure e loa Dieu e dist apertement que cel enfaunt estoit Crist. Ore avoient Joseph e Marie mervaille des choses qu'il disoient de l'enfaunt. E Symeon la venoit e dist a Marie: 'Veez, dame, cest enfaunt est venu pur moustrer les corages des plusors de cest poeple;
15 e pluisors cherrunt par encheson de ly, e plusors releverent par li. E il est ausi cum banere a qui home countredirra. E la soue vie que vos amez cum la vostre soffra mort

e passion'. E quant Joseph e Marie avoient fet quantque fere devoient en temple, returnerent il en Nazareth.

5 De sun exil e de ses signes. Este vous l'aungle apparust a Joseph en avision e li dist qu'il preist l'enfaunt e sa mere e fuist en Egipte e demorast la juskes il li deist, quar Herodes querroit l'enfaunt pur tuer le. E il leva tauntost de nuyt e prist l'enfaunt e sa mere e s'en ala en Egipte e demurra la juskes Herodes estoit mort. E quant Herodes aparceust que les rois furent returnez en lour pais e l'avoient ensi gabbé, si estoit mout corucé. E envoia sa gent e fist tuer touz les enfaunz de Bedleem e de tout le pais que furent de moins que de deuz aunz de age, solunc le tens qu'il out enquis des rois qe l'esteile lour apparust. Mes sitost cum Herodes estoit mort, appareust l'aungle a Joseph en Egipte e luy dist qu'il returnast, que mort furent ceus que quistrent l'enfaunt. E il se douta returner en Bedleem por le fiz Herodes que regna por son pere en Judee. E par l'amonestement de l'aungle remena l'enfaunt e sa mere en Galilee, e mist en Nazareth. E l'enfaunt cruest e tayst e estoit plein de la grace de Dieu.

6 Enfaunce de Jhesu. E quant Jhesu estoit de l'age de douzze aunz, avint a la feste de pask que Josep e Marie alerent en Jerusalem com il fere soleient chescun an, e il ala o eus. E quant il returnerent aprés la feste, demurra l'enfaunt en la cyté q'il ne le savoient, e il alerent une jorneye e quidoient qu'il fust en la route. E le quistrent entre touz lour aqueintes, e puys que trover ne le poeient, returnerent arere en Jerusalem pur le querre. E le tyerz jour le troverent il seaunt entre les mestres de la ley oyaunt eus e demaundaunt, e touz ceus qui le virent e oirent furent enbaiz de son sen e de sa respouns. Donc li dist sa mere: 'Fiz, purquei nous avez vous ceo fet? Nous vous avoms quis de grant dolour!' E il respundi: 'Purquei me queiste vous o dolour? Ne saviez vous pas qu'il me covyent estre entour les bosoignes mun Pere?' E il n'entendirent pas ce qu'il lur dist, quar il dist de son Piere celestial. E il descendy du temple e ala o eus en Nazareth e lour estoit souget. E sa mere retint totes cestes choses en son quer. E de cele oure en avaunt monstra Jhesu son savoir e sa corteisie de jour en jour e se fist gracious a Dieu e a la gent.

Ici comence la secunde meditacion par lundi

7 Du baptesme Jhesu Crist. Qaunt seint Johan le Baptistre out mys en desert jusques il fust de trente aunz, e le regne de Jerusalem estoit ja parti par les Romeyns en quatre parties, vint le Seint Esperit e li comaunda qu'il preschast au poeple e lour deist qu'il se aturnassent a resceivre Crist, quar il estoit pres. E il s'en ala dunk en tout le pais encoste le flum Jordan e precha que la gent fussent conisaunt lour pechez e se feisent baptizer en noun celi qui vendroit aprés ly. E la viaunde Johan estoit langustes e mel savage, e sa vesture estoit de peil de chameus, e un quir out il entour ses reyns. Ore donk vindrent la gent de religion de cel tens qui estoient apelez phariseus pur estre baptizé de li. E il lur dist qu'il feisent digne penaunce e qu'il ne se fiassent en lour lignage qui estoit jadis si bien de Dieu, quar Dieu purroit fere ausi prodeshomes de ceus de qui nule esperaunce ne fu e mes ne delaieroit qu'il ne feist a chescun solumc sa deserte. Ore dunque demaunda le people quele chose il dussent fere qu'il pussent estre sauf, e lur dist qu'il donassent augmone a poveres pur Deu. Ausi li demaunderent les

15 Gyus que furent serjaunz au bailifs payens que estoient apelez pupplicans que il dussent fere, e il lur dist qu'il ne feisent tort a nul homme. Ausi li demaunderent chivalers quei il dussent fere, e il lour dist qu'il ne grevassent nul homme ne achesonassent a tort, mes s'en tenissent a lour souz. Este vous que tout le poeple quida que Johan meimes fust Crist, e envoierent les Gyus de Jerusalem phariseus, prestres e
20 diaknes a li pur demaunder le qe il fust. E il respoundi qu'il ne fust pas Crist ne Elie ne nul prophete. E il li prierent qu'il lour deist auqun respouns qu'il pussent respoundre a ceus que les avoient maundé. E il lour dist donque qu'il estoit celi que le prophete Isaye dist que devoit venir devaunt Crist pur apparailer sa voie. E il li demaunderent purquei il baptizat pus qu'il n'esteit Crist ne Elie ne autre prophete. E il lur respoundi:
25 'Jeo suy celi', dist il, 'que vous lef en ewe pur penaunce, mes un autre est entre vous que vous ne conussez mye que est saunz nule compareson plus digne de moi, qe vous baptizera en Seint Esperit. E il jugera chescun pur tyel cum il le trovera e li rendra pardurable louer solunc ses desertes'. A cele saison vint Jesus de Nazareth au fflum Jordan pur estre baptizé de seint Johan, mes seint Johan li deffendi e ly dist qu'il
30 afferoit mieuz que il fust de li baptizé que Jesus de ly. E Jhesu li respoundi qu'il le feist pur ceo qu'il afferoit a eus de doner ensaumple de tote perfeccion, e nomément de humilité. Dunc baptiza Johan Jhesu, e cum il estoit baptizé e feu en oreison pur ceus que bapteime resceiveroient en son noun, vint la clarté celestiale, e descendi le Seint Espirit en ly en semblaunce d'un columb e remist en ly. E vint la voiz Dié le Pere du
35 ciel e li dist: 'Vous estes mun cher Fiz, de qui jeo suy bien paié'. E Jhesu estoit a l'oure entraunt son trentime an, e um quidoit unquore qu'il fust fiz Joseph.

8 De la jeune Jhesu. Tauntost cum Jhesu out le tesmoigne resceu de tote la seinte Trinité a son baptesme, le mena le Seint Esperit, de qui il estoit plein, en desert pur estre tempté du Diable. E pus qu'il out esté o les bestes sauvages e juné quaraunte jours e quaraunte nuyz, comencea il a aver feym. E donc vint li Diable e li dist que si il
5 fust le Fiz Deu, qu'il se feist pain des pieres par son dist soul. E Jhesu respoundi que homme ne vist pas de soule corporele viaunde, mes Dieu poet par son comaundement soul sustenir homme. Pus le prist le Diable e l'amena en une mout haute muntaigne e li monstra en une orette touz les regnes du munde e tout lur glorie. E li premist qu'i li dorroit tout ceo qu'i li out monstré au covenaunt qu'il cheist e le aorast. Donc dist
10 Jhesu: 'Va t'en, Sathan! quar il est escrit que hom doit aorer e servir Dieu soul'. Dunc li prist li Diable, si l'amena en Jerusalem e l'asist sour le pinnacle du temple e li dist que si il feust le Fiz Dieu, qu'il descendist, quar Dieu li out promis par David le prophete que ses angles le porteroient partout qu'il ne se blessast. E Jesu li respoundi que Dieu defend que homme ne doit assaier si il le voile sauver, mes se doit sei meimes eyder
15 taunt cum il poet. Donc li lessa le Diable une piece, e vindrent les aungles e le servirent.

9 Des premers deciples Jhesu. Puis que douz Jhesu estoit issu de desert, revint il a seint Johan le Baptistre. E Johan, sitost cum il le vist, dist: 'Veez ci l'Agnel Dieu que ouste les pechez du mounde! Cesti est de qui jeo dis que un homme vendroit aprés mey que estoit avaunt moy, e pur li monstrer vin jeo baptizaunt le people. E je vi le
5 Seint Esperit descendre en li en semblance de columb, e cel signe de conustre Crist me

dona le Seint Esperit quant il m'envoya baptizer. E por ce di jeo que cesti est Fiz Dieu'. Autre foiz estut Johan e deus de ses deciples e vist ou Jhesu ala e dist: 'Veez la l'Agnel Dieu!' E les deciples alerent a Jhesu e li demaunderent ou il manoit. E il les mena a son ostel e les herbergea la nuyt, quar il estoit mi relevee. E l'un de ceo deus estoit Andreu le ffrere Symeon. E il ala e quist Symeon son frere e li dist qu'il out trové Crist, e le mena a Jhesu. E sitost cum Jhesu le vist, si li dist qu'il estoit Symeon le fiz Johan e qu'il averoit noun Peres. E l'endemain apela Jhesu Phelippe qu'estoit lour veisin de Bethsaida. E pus trova Phelippe Nathanael e li dist qu'il avoit trové Crist, e le mena a Jhesu. E Jhesu, quant il le vist, li dist: 'Vous estes verray Gyu en qui nule tricherie n'est'. Donques li demaunda Nathanael coment il le conust, e il li dist q'il l'out veu desouz un fier avaunt que Phelippe l'apelast. Donc li dist Nathanael: 'Mestre, vous estes le Fiz Dieu. Vous estes Rey de Israel'. E Jhesu li respoundi: 'Creez vous pur ceo que je dis que jeo vous vi desouz le fyer? Plus qe taunt verrez: vous verrez le ciel overt e les aungles Dieu mounter e descendre sour moy'.

10 Coment Jhesu fist de ewe vin. Le tierz jour vint Jhesu en Galilee e estoit convié a unes neoces o ses deciples, la ou sa mere estoit. E avint que le vin faili, e sa mere li dist qu'il n'avoient point de vin. E Jhesu li dist que sa oure de monstrer son pouer n'estoit pas oncore venue. Donque dist sa mere as serjaunz qu'il feissent quantqu'il lour deist. Ore i avoient sis canes mises dount les hostes se laverent, chescune de deus mesures ou de trois. E Jhesu lour dist qu'il les emplissent d'ewe, e il les emplirent toutes pleines. Donc lour dist il qu'il empreissent e portasent au cheveteyn des hostes, e il li porterent. E sitost cum il out gousté, si apela l'espous a soi e li dist: 'Chescun sage home met primes le meylour vin, e quant la gent sont yvre, done celi qui moins vaut. E vous avez gardé le meilour vin jusques ore'. Cesti estoit le primer miracle qe Jhesu feist, e par cesti crurent ses deciples en ly.

11 Coment Jhesu se porta quant il se monstra primes a la pask en Jerusalem. Puis ala Jhesu o sa mere e o ses deciples a Chapharnaum e mist la une piece. E tantost a la pasque ala il a Jerusalem. E vint en clos du temple e trova qu'il vendirent buefs e ouwailles e columbes pur offrir, e vist les chauncheours seer pur chaunger la monoye. E il se fist une escourge de cordeles e les chasa hors trestouz e lour bestes, e espaundi la monoye as chaungeours e reversa lour tables. E a ceus ke vendirent colunbs dist il qu'il les ostassent e qu'il ne feissent la maison son Pere maison de marchaundise. E ses deciples se recorderent qu'il estoit escrit que la gelousie de la maison Dieu mangeroit le quer Crist. E quant les Gyus virent coment il se demena, si le demaunderent quel signe il lour monstreit qu'il creusent qu'il eust power de ceo fere. E il lour dist qu'il destruissent le temple e il le reedefieroit en trois jours. E il disoient que le temple estoit edefié en quaraunte e sis aunz e que ceo ne poeient il crere qu'il si tost le reedefiast, mes il entendi de son cors e eus du temple materiel. E cum il estoit a cele feste de pasque, mouz crurent en ly pur les mervailles qu'il fist, mes il ne se fia nyent d'eus quar il savoit bien lour quers e lour entente. Ore i estoit un prince des Gyus phariseu qui out noun Nicodemus. E celi vint de nuyt a Jhesu e li dist qu'il savoient bien qu'il estoit de part Dieu, quar nul homme ne pust fere les mervailles qu'il fist si Dieu ne fust ové ly. E Jhesu li dist qu'il li covendreit plus crere, quar nul homme ne porroit entrer le regne Dieu s'il ne fust baptizé e par ewe et par le Seint Esperit autre foiz né. E ausi cum

20 Moises eschauça la serpente en desert pur garir le people, ausi covendroit qu'il fust eschaucé en croiz que touz ceus qui creussent en li fussent sauf. 'Quar ensi', ce dist, 'ama Dieu le mounde qu'il dona son Fiz, que chescun qui creit en ly eit vie pardurable. Quar Dieu n'envoya pas son Fiz en mounde pur dampner le, mes por sauver le. Qui croit en li ne serra ja dampné, mes qui ne croit en li, il est ja jugé pur ce qu'il ne creit
25 pas en le Fiz Dieu. E ceo est la raison du jugement que Dieus enveia lumere en mounde. E la gent amerent plus oscurté que lumere, quar lour fez furent mauvoys. E qui unques meffet, il veut meuz oscurté que lumere qu'il ne soit repris. Mes qui fet byen, il vyent baudement a la lumere que ses fez piergent qu'il sont solum Dieu'.

12 Coment Johan Baptistre recomaunda Jhesu. Aprés ceo vint Jhesu en Judee o ses deciples e baptiza la gent, e Johan le Baptistre estoit d'autre part e baptiza ausi. Este vous vindrent les Gyus as deciples Johan e disoient que le baptesme Jhesu valust meuz que le lour. E il vindrent a Johan e li disoient que celi a qui il out porté tesmoigne au
5 fflum Jordan baptiza en Judee e que tout le people lessa lour baptesme e ala au seon. E Johan respundi e lur dist qu'il savoient bien qe il lour out sovent dist que il ne estoit pas Crist, mes qu'il estoit envoiez devaunt ly. E dist que Jhesu estoit ausi com l'espous e il com son amy, e qu'il out grant joie qu'il estoit plus renomé que ly. Quar il convendroit que Jhesu crust e il descrust, quar tant com estoit entre ciel e terre, taunt
10 estoit entre eus. Quar Dieu, ce dist, son Pere li out doné le Seint Esperit saunz mesure, e tote ryen li avoit abaundoné, e pur ce qu'il creust en li, il averoit la vie pardurable. E qui ne creust en li, il ne verroit jamés la joie de la vie pardurable, mes Dieus se corouceroyt a ly saunz fyn.

Ici comence la tyerce meditacion par mardi

13 Coment Jhesu lessa Judee e ala en Galilee. Aprés ceo vint Johan le Baptistre e reprist le rei Herodes de touz les maus qu'il fist e nomément de ceo qu'il out tolet la femme son ffrere e l'out esposé. E Herodes le prist e le lia e le mist en prison. E tout
5 l'oist il volentiers e feist mout aprés li, occis l'eust si il ne doutast le people. E sa feme nomément le gueita pur tuer, mes ele n'y poeit avenir pur ceo que Herodes le garda cum cely qu'il douta, quar il sout byen qu'il estoit seint homme e prodhomme e verrai prophete. E Jhesu, sitost com il l'oy que Johan estoit enprisoné e que les phariseus groucerent de ceo qu'il fist baptizer taunt de people, lessa Judee e ala en Galilee. Ore li
10 covynt passer par une gent que estoient apelez Samariteyns, que de une part furent Gyus e d'autre part paiens. E vint coste une cité que out noun Sichar e s'asist coste une funtaigne. E com il sist ensi las decoste la funtaigne, e ses deciples estoient alez en la cité pur achater a manger, quar il estoit ja midy du jour, vint une femme samariteyne quere de l'ewe. E Jhesu la pria qu'ele li donast a beivre. E ele li demaunda coment il la
15 demandast a beivre sicum il estoit Jeu, e ele Samariteyne, quar les Gyus ne mangerent ne ne beurent o eus. E Jhesu dist que si ele sust qu'il fust, ele li priereit e li dorroit ewe vive. E la femme ly respoundi que le puyz estoit parfound e qu'il n'avoit dont il se pust puser de l'ewe, e li demaunda dount li vendroit ewe vive, quar il ne fust pas, ce dist ele, plus digne de Jacob le patriarch que fist le puyz e buyt de cel' ewe e enbevera ent ses
20 bestes. E Jhesu li dist qui que buest de cel' ewe, il averoit autre foiz seif, mes qui buest de l'ewe qu'il dorroit, il n'averoit jamés seif. E la femme li respoundi par eschar e li

dist: 'Sire, donez moi ceste ewe que je ne eye jamés seif ne ne veigne cea quere de l'ewe'. Donque li dist Jhesu qu'ele alast quere son baron e revenist, e ele respondi qu'ele n'out poynt de baron. E Jhesu dist qu'ele dist voirs, quar ele out eu cynk barons,
25 e cely que la tynt n'estoit pas son baron. Ele tantost se turna a autres paroles e luy dist: 'Sire, jeo voi byen que vous estes prophete. Ore me dites lequel i vaut myeuz, orer ici en le mount de Garizyn, sicum firent nos auncestres, ou en Jerusalem'. E Jhesu li dist que oure estoit nomé que hom ne feroit mie graunt force de l'un luy ne de l'autre, mes que verrais orours oroient Dieu en espirit en touz luys. Donc dist la feme qu'ele savoit
30 bien que Crist vendroit par tens e qu'il lour aprendroit quantqu'il dussent fere, e Jhesu li dist qu'il l'estoit. Donc vindrent ses deciples de la cité e se merveilerent qu'il parla ové la Samariteyne, mes nul ne li demauda quei il enqueist de luy. E ele lessa la sa cane e ala en la cité e dist a la gent qu'ele out trové un homme que li out dit quantqu'ele out fet en secré, e lour pria qu'il l'alassent veor savoir moun si il fust Crist.
35 Tant dementers prierent les disciples Jhesu qu'il mangast. E il lour dist qu'il avoit tele viaunde a manger dont il ryens ne savoient. E il demaunderent l'un de l'autre si nul homme l'ust porté a manger. Donc lour dist il que sa viaunde estoit fere parfitement la volunté Dieu que l'envoia en terre. Donc vindrent les Samariteyns a ly, e moutz crurent en ly par le tesmoigne de la feme e li prierent qu'il entrast en la cité. E il entra e
40 demoera o eus deus jours, e mout plus crurent en li pur son sermon. E disoient a la feme: 'Ore ne creom nus pas pur vostre parole, quar nous memes avoms oy e savoms que cesti est le verrai Sauveour du mounde'. Le tierz jour issi Jhesu de la cité, e vint en Galilee e dist bien que chescun prophete est meyns honoré en son pais que ailors. Nepurquant pur ceo qu'il avoient veu les merveilles qu'il out fet a la pake en Jerusalem,
45 le receurent la gent du pais.

14 **Coment Jhesu gari li fiz a provost.** Aprés ceo vint Jhesu en Cana, Galilee, la ou il out fet d'eue vin, e le fiz un provost estoit malade a Chapharnaum. E celi, quant il l'oi dire que Jhesu estoit venu de Judee, vint a li e li pria qu'il alast a Chapharnaum saner son fiz. E Jhesu li reprova qu'il ne voloient crere en luy si il ne veisent miracles. E li
5 pria qu'il se hastast de venir avaunt qu'il morust, e Jhesu li dist qu'il s'en alast e qu'il estoit ja gary, e il crust ce que Jhesu li dist e s'en ala. E cum il vint vers Chapharnaum, vindrent ses serjaunz encontre luy e li disoient que son fiz estoit gari. E il demauda quel' houre la maladie li ust lessé, e il disoient: 'Le jour devaunt a houre de haute midi li lessa la ffevre'. Donc entendi il que ce estoit meime l'oure que Jhesu dist qu'il estoit
10 gari. E il creust deslores en Jhesu, e toute sa meigné.

15 **Coment Jhesu precha en la nef seint Pierre.** Puis vint Jhesu a la mer de Thabaire, e mout graunt people li sui pur oir son sermon. Este vous deus nefs esturent decoste la ryve, e pechours estoient issuz pur laver lour reiz. E il entra en une des nefs que estoit a Simon Peres e li pria qu'il l'aloinast un poi de la terre, e sist ensi en la neef
5 e precha au people. E quant il out son sermon finy, si li dist qu'il menast la neef jusques al parfound e qu'il meisent lour reiz. E Simon li dist que toute nuyt avoient il travailé e n'avoient ryen pris, mes a sa parole mettroit il sa rey. E cum il avoient mis lour reiz, si pristrent il taunt de peison que la rei depessa. E il dist a Jake e a Johan, lé fiz Zebedeu que estoient les compaignons Symon, qu'il venissent eider eus. E il

10 vindrent e emplirent amdeus les nefs ensi que poi s'en failli qu'il ne fussent plungiz. Quant Simon vit ceo, il se lessa cheir a genuz Jhesu e li pria qu'il alast hors du bat, quar il fust, ce dist il, peccheour. E touz estoient affraez de la prise des poysouns. E Jhesu dist a Simon q'il n'ust poour, quar il pecheroit aprés gentz de cele oure en avaunt. E eus touz tantost menerent a terre lour nefs e lesserent trestout ceo qu'il i out e l'alerent
15 seure une piece. E puys se returnerent a lur mester jusques il les apelast un' autre foiz.

16 Coment Jhesu luyst a Nazareth. Puys vint Jhesu a Nazareth, la ou il estoit norry. E leva sus le samadi en le sinagoge e lust une lesceon de Isaye le prophete qui estoit de la bonté Crist, e dist q'il estoit celi de qi le prophete parla. E il li porterent bien tesmoigne e agarderent ententivement sa bele porture e s'enmerveilerent de sa
5 douce parole. E disoient entre eus: 'Dont n'est il fiz Joseph?' E Jhesu lour dist qu'il le poeient dire q'il feist en sa cité demeyne auteuz mervailles cum il out fet aillors. Mes ceo ne devoit il pas fere, ce dist, quar nul prophete n'est tant honuré en son pais demeigne cum ailors. E pur ceo les aunciens prophetes firent as estranges ceo que il ne firent pas a lour poeple demeigne, quar Elie le prophete n'estoit pas envoié a nule veve
10 de Israel quant la famine dura treis aunz e demy, mes a une veve qe remist entre paiens en la countré de Seches q'ele peut estre puwe de luy. Ne Eliseu le prophete ne gari nul leprous de Israel, mes Naaman qe estoit paien en Surieu. E quant il ce oirent, si se corroucerent il mout, e leverent sus e le chacerent hors de la cité, e le menerent sour le pendaunt de la muntaigne e le voleient tresbocher vers val. E il passa par my eus e s'en
15 ala.

17 Coment Jhesu apela seyn Pere e ses cumpaignuns. Donc lessa Jhesu la cité de Nazareth e ala demurrer en Chapharnaum. E comencea a precher apertement penaunce, e dist qe le regne Dieu estoit pres a ceus qi crere vousisent la venue Crist. Pus vint il passant par la mer de Thabaire e vit Simon Pieres e Andreu son ffrere
5 pechaunz en la mer, e les apela e lour dist qu'il le venisent suyre e il les ferroit pechours de gent. E il tantost lesserent lour reyz e le suerent. Pus ala un poi avaunt e vist Jake e Johan son ffrere o Zebedeu lour piere en une nef remendaunz lur reiz, e lesserent lour piere o ses serjaunz en la nef e suyrent Jhesu.

18 Coment Jhesu gary le demonyac. Puis entra il o eus en Chapharnaum, e le samadi entra la sinagoge e comencea a precher ensi ke touz s'enmerveilerent. Ore estoit en la sinagoge un homme qe out le Diable dedenz ly, e comencea a crier e demaunda si il estoit venuz pur enchacer le e les autres hors de terre avaunt qe lour
5 tens venist, e dist qu'il sout bien qu'il estoit Crist. E Jhesu li comaunda qu'il se tust e qu'il issist. E il issit tauntost, e touz ceus que le virent estoient enbaiz, e ceste novele ala par tout le pais. E il ala hors de la sinagoge e entra l'ostel seint Piere o seint Jak e o seint Johan. E la mere la femme seint Piere just en une forte fevre. E il li prierent pur ly, e il la prist par la meyn e la redrescea. E ele leva sus tauntost tote seine e ala, si les
10 servy. E quant le solail estoit recouncé, vindrent touz les malades e les demoniaks e tut le people de la cyté a son hostel, e il les tocha e gari trestouz. E les diables qu'il enchacea crierent e disoient qu'il estoit Fiz Dieu, e il comaunda qu'il se teusent e ne suffri pas qu'il le feisent conu. E mout matyn s'en ala il tut priveement en desert pur orer, e seint Pere o les autres ly ala quere e li dist qe tout le people le quist, e ensi le

15 remena il au poeple. E quant il l'avoient trové, si le voleient il tenir a force qu'il ne partist de eus. E il lour dist q'i li covynt ausi bien precher as autres cytez, e s'en ala prechaunt e enchaceaunt les diables en les synagoges par tote Galilee.

19 **Coment il passa la mer e enchacea la legion.** Puis vit Jhesu qe taunt de presse de poeple li suy e comaunda ses deciples qu'il passassent la mer de Thabayre e alassent countre Galilee en Gerasa. E cum il ala vers la nef, li dist un mestre qu'il li sueroit ou q'il alast. E Jhesu li dist q'il n'out ou aler com a suen propre: 'Quar les oyseaus', ce dist,
5 'unt lour nyz e les gopiz lour fosses, e je n'ay ou recliner mon chef'. E a un autre dist il que li suyst, e il li pria qu'il li lessast primes aler sevelir son pere. E Jhesu li dist qu'il lessast les mortz sevelir lour mortz, e qu'il alast precher le regne Dieu. E un autre le dist qu'il le sueroit, mes que il le lessast avaunt ordiner les choses q'il out a l'ostel. E Jhesu li dist: 'Nul home qui met mayn a la charue e regarde arere n'est covenable au
10 regne Dieu'. E quant il vint a la nef o ses deciples e il estoit ja vespre, passa sa nef o autres nefs par cel' ewe. E vint une tele tempeste que tote la nef estoit coverte des floz, e il dormi derere en la neef sour oreyller. E il l'aveilerent e prierent qu'il les sauvast, quar il estoient a perir. E il lour demaunda ou fust lour fey e dont il ussent pour. E comaunda le vent qu'il se tust e la mer qu'ele ne se must, e tantost se tindrent il en
15 pees. E la gent en avoient grant merveille que le vent e la mer ly estoient obeisaunt. E tantost com il estoit arivez, vindrent deus dymoniacs hors de sepulcres trop crueaus ensi que nul homme ne osast passer par cele voie, ne nul lyen ne les poeit tenyr. E tout tens estoient ces deus devez en sepulcres criaunz e braiaunz e bataunz eus meimes countre les roches. E tauntost com il virent Jhesu, corurent il countre luy e cheirent
20 devaunt ly e le adorerent e le conjurerent de part Deu qu'il ne les chasceast hors de cele countré. E les diables li prierent qu'il ne les comaundast aler en abyme, quar il les comaunda issir, e il li prierent qu'il ne les tormentast. E il les demanda quant il fussent, e il disoient qu'il estoient une legion, ceo est sis mile sis cenz e seisaunte sis. E luy prierent ke sa aumone lour otriast entrer les pors que pessoient en la montaigne. E il
25 lour graunta tantost, e il entrerent e se neyerent en la mer byen juskes a deus mile. E quant les pastours virent ceo, si fuirent jeskes au citez e a viles e counterent ce que estoit avenuz dé dymoniaks e des porcs. E tout le poeple vint a Jhesu e troverent l'un demoniak seer a ses piez vestu e tut seyn, e estoient mout abaiz. E touz li prierent qu'il alast hors de la countreye, taunt avoient il pour. E il se returna a la neef, e celuy qe
30 estoit gari li pria qu'il le pust seure. E Jhesu li dist qu'il demorast e qu'il feist a saver a les gent du pais coment il estoit deliveré de la legion. E il ala par tote la terre e counta coment Jhesu l'out gari. E quant Jhesu revynt en Galilee, tout le poeple vint a ly, quar il avoient mout desiré sa revenue.

20 **Coment il garist le parletik e apela seint Matheu.** E Jhesu vint a Chapharnaum e precha en une mayson, e vint taunt de people e taunt de mestres e taunt de phariseus entour luy que nul home ne poeit avenir a luy. Este vous vindrent quatre hommes portaunz un paralitik en un lit, e le voloient porter enz e mettre
5 devaunt li. E pus qu'il virent qu'il ne poeyent nule part entrer pur la presse, mountirent il la maison e overirent la terrace e parmi les lates l'avalerent devaunt li. E Jhesu, quant il vist lour foi, dist au paralitik que ses pecchez li estoient pardonez. E les mestres

penserent qu'il mesdist, quar il emprist que soul Dieu puet fere, ce est pardoner
pechez. E Jhesu savoit tantost ceo qu'il penserent e lour demanda purquei il pensasent
10 le mal, quar ausi legerement poeit il pardoner ses pechez com garir son cors. 'Mes
nepurquant', ceo dist, 'que vous sachez que jeo eye pouer en terre de pardoner
pecchez, levez sus, paraletik, pernez vostre lit e portez le a vostre ostel'. E il leva sus
tantost devaunt eus touz e prist son lit e le porta a son hostel. E il meymes e tout le
poeple loia Dieu que tel pouer out doné a Jhesu. E pus issi Jhesu e ala coste la mer, e
15 tout le poeple le suy e il lour precha. E com il revynt e passa par la vile, vit il un
pupplican seer e qiller le tonneu qui out noun Matheu Levy. E li dist qu'il li seuyst, e il
tauntost lessa tout e ala aprés luy e il fist un graunt feste en sa meison. E mouz autres
pupplicans e pecheours vindrent e mangerent o Jhesu e o ses deciples. E les mestres e
les phariseus emparlerent e demanderent des deciples Jhesu purquei il mangast o cele
20 gent. E Jhesu leur respoundi qu'il vint apeler pecheours a penaunce e nun pas
dreitureus, quar les seins ne unt pas mester de mire, mes les malades, e Dieu veut meuz
pité e merci ke peine ou vengeaunce. Donc vindrent les deciples seint Johan le
Baptistre, e les phariseus que junerent li demaunderent purquei ses deciples ne junerent
pas sicum il firent. E il lour dist que n'aferroit pas que les compaignuns l'espous
25 jeunassent tant com les noeces durassent, mes le tens vendroit quant hom lour
touderoit l'espous, e donc jeuneroient il. E d'autre part ceo dist: 'Nul sage home ne
remende veuz dras de novel drap kar le novel drap decirreit le veil e donk vaudroit il
pis. Ne nul sage homme ne met novel vin en veuz busseauz, quar amedeus periroient.
Ne nul homme qui ad beu veil vin veut tauntost le novel, quar le veil li plest meuz'.

21 Coment Jhesu resuscita la pucele e garist la femme. E com Jhesu lour dist
ceo, vint un prince que out noun Jayr. E chai a ses piez e l'aoura e li pria qu'il venist
toucher sa fille que estoit ja a la mort, e il n'out que li soule. E Jhesu leva sus tantost e
ala ou li, e ses deciples le suirent, e grant presse de people. E une feme que out eu flux
5 de saunk douzze aunz que solunc la veile lei n'osa entrer nule cité ne venir pres de nul
homme, que out despendu en mires quantqu'ele out ne li estoit fors que le pis, vint en
la presse e toucha les dras Jhesu. Quar ele creust que si ele eust touché la frenge de son
mauntel soulement, ele serroit garie. E tauntost estauncha le saunk, e ele se sentist
garie. E Jhesu restuit e demaunda qui l'out touché, e il denierent touz. E seint Pierre li
10 dist que ce estoit mervaille qu'il demaunda qui l'out touché quar tout le people pressa
sus luy e le tormenta. E il dist qu'il sout bien que auqun l'out touché, quar il out sentu
une vertu issir de soy pur garir auqun. E il estut e agarda qui ce fuist. E la feme, quant
ele vit qu'ele ne se poeit tapir, vint tremblaunt e chei a ses piez e counta devaunt tout le
poeple coment li estoit avenu. E Jhesu li dist qu'ele alast en bone pees quar sa fei l'out
15 garie. E com il estuit, vindrent les serjaunz le prince e li disoient qe sa fille estoit morte
e qu'il ne travailast Jhesu. E Jhesu, quant il oi ceo, li dist qu'il ne se dotast mes qu'il
creust soulement qu'il la peust sauver e ele serroit sauvee. E quant Jhesu vint a la
meison le prince, si trova estiveurs e le poeple ploraunt e pleignaunt. E il lour dist qu'il
ne plorassent, quar ele n'estoit pas morte mes dormi; e il l'escharnirent, e il les chasa
20 touz hors. E prist le piere e la mere la pucele e seint Pierre e seint Johan e seint Jake
son ffrere e entra la ou la pucele jeust. E la prist par la mayn e en criaunt dist: 'Pucele,
levez!', e ele leva tauntost e ala avaunt. E il comanda que hom la donast a manger, quar

ele estoit de douzze aunz. E il defendi qu'il ne le deissent a nul home, e nepurquant la fame ala par toute la countroie.

22 Coment Jhesu gari deus aveogles e un meu. E com Jhesu ala d'yluek, vindrent deus homes aveogles e li crierent mercy com a Crist. E quant il vint a l'ostel, vindrent il devaunt li. E Jhesu lour demaunda si il creussent qu'il les peust garir, e il disoient 'Oyl'. E Jhesu lour dist q'ensi com il creurent, ensinc feust, e virent tauntost. E il lour defendi
5 estreitement qu'il nel deissent a nul home. E il alerent e le counterent par tout le pais. E sitost com ceus estoient issuz, si estoit presenté un demoniac mu. E sitost com il out enchacé le diable, parla le mu. E le poeple en out grant mervaille e disoient que unques mes ceo n'estoit veu en Israel. Mes les phariseus disoient qu'il enchaça les diables par pouoyr de lour prince Belzebub.

23 Coment il estoit despit en son pays. Puis ala Jhesu en son pais vers Nazareth o ses deciples e precha en les synagoges. E il avoient grant mervaille de son sen e de ses oeveres, e comencerent a parler de li e disoient: 'Donc n'est cesti Jhesu le charpenter fiz Marie? E les hommes e les femes de son lignage, dont ne sont il ici entre nous?' E
5 ensi le despisoient il entre eus. E Jhesu lour dist que prophete n'est en nul luy sanz honour fors en son pais demeigne e entre ses parenz e ses acointes. E taunt estoient il mescreaunz qu'il ne poeit garir iluk si poy noun, e ceo par toucher de ses mayns. E il se moustra com si il en eust mervaille.

24 Coment il esleut les dozze apostres. Puis ala Jhesu prechaunt par tote Galilee, e taunt de people li suy de totes les terres environ e tauntz li porterent des malades qu'il ne poeient touz avenir a luy. E il ala el mount Thabor pur orer, e tote nuyt i demora en oreison. E l'endemayn apela iluques meimes a soi ses deciples e esleust les
5 douzze apostres. E seint Jake e seint Johan apela il 'Boaneges', que dist ataunt com 'fiz de tonoyre'. E quant il out esleu les dozze e les out nomé apostres, lour livera il les comaundemenz de la novele ley, e ne mie par manere de destresce, mes par manere de promesse. E dist: 'Beneurez sount les espiriteus povres, quar lour est le regne du ciel. Beneurez sont les debonaires, quar il averont la terre. Beneurez sont ceus qui plourent,
10 quar il serront confortez. Beneurez sount ceus qi desirent dreiture sicom viaunde ou boivre, quar il serront saulez. Beneurez soient les merciables, quar il averont mercy. Beneurez sount ceus qe unt le quer net, quar il verront Dieu. Beneurez sont ceus que sount peisibles, quar il serrunt apelez fiz Dieu. Beneurez sount ceus qui seoffrent persecucion pur droiture, quar lour est le regne Dieu'. Puys torna il sa parole as
15 apostres e lor aprist queus il devoient estre, e lor dist q'il covynt qu'il fussent plus parfiz que les mestres e les phariseus de la veile ley, quar il estoient la lumere du mounde que devoient touz les autres guyer e governer. E quant il out apris les ovres de parfeccion q'il devoient fere, e la pure entente q'il devoient aver en lour fez, e coment il devoient eschure les faus prophetes qe les vendroient espier, descendi Jhesu o eus au
20 people qui l'atendi en une pleine.

25 Coment il gari touz au descendre en la pleine. E quant il vint au poeple, presserent touz sour li pur oir le e pur estre gari de lor maladies, quar une vertue issi de li e gari touz ceus que le toucherent. E il comensa donc a recorder ses comaundemenz

e le sermon q'il out fet a ses apostres brevement. E lor dist qu'il estoveroit qe il fussent
5 de greinure parfeccion que ceus de la veile ley, e qu'il amassent lor enemis e fussent
pacient en touz e en toutes, e feisent a chescun sicom il vousisent que hom feist a eus.
E lor dist sourquetout qu'il estoveroit q'il fussent teus en touz poinz que les
mescreaunz ne preissent mal ensaumple de eus, e qu'il en oevre lor monstrasent lor
crestienté, non pas en parole soulement. A la fin lor dist que ceus qe feissent ce qu'il
10 oissent de li ne serroient jamés vencuz, nyent plus que la maison que est bien fundé se
lest chair pur les venz ne pur les ewes. Mes cele que ad faus fundement ne puet soffrir
les tempestes, enz se lest chair o grant ffrois.

26 Coment il gari le leprous. Quaunt Jhesu avoit fini son sermon, descendi e vint o
le people vers Chapharnaum. Este vous vint un leprous, e l'aorra e chei a terre devant
li e dist: 'Sire, si vous volez, vous me poez netter'. E Jhesu le toucha e dist: 'Jeo le voil,
soiez net', e il estoit tantost tout seyn. E Jhesu le defendi qu'il ne le deit a nul home
5 qu'il l'ust gary, mes alast offrir au prestre l'offrendre que la lei comaunda que ceus
dusent offrir que dussent estre denuncié gariz e nettez. E il s'en ala e counta par tout le
pais que Jhesu l'out gari. E fist que taunt de poeple vint a Jhesu qu'il ne poeit mes
entrer en la cyté a veue de gent, mes covint qu'il se tenist dehors en desert pur la grant
foule. E unquore s'en vindrent il a li de totes parz, mes il ala sovent de eus en desert
10 pur orer.

27 Coment il gari le serjaunt le centurion. A une foith entra il en Chapharnaum, e
vint un cheventeyn de cent chivalers qui estoit paien que out un serjaunt qu'estoit
paraletik. E pria les plus honurables des Guys de la cité qu'il priassent Jhesu qu'il sanast
son serjaunt, quar il l'out trescher. E il vindrent a Jhesu e li prierent peniblement qu'il
5 venist e sanast son serjant, e li disoient qu'il estoit digne qu'il le feit, quar il ama les
Gyus e lor out edefié une sinagoge. E Jhesu dist q'il le ferroit volenters, e ala o eus
volenters cele part. E quant il vint pres de la maison, envoia le conestable de ses amis a
li e li maunda qu'il ne se travailast pas de venir la, quar il n'estoit pas digne qu'il entrast
en sa maison ne de parler meimes o li, mes qu'il deit soulement que le serjaunt fust
10 gari. Quar il out, ce dist il, desouz sei chivalers, e touz firent ce qu'il lour dist, e ses
serjaunz ausi. E il creust que ausi s'en irroit la maladie e vendroit la saunté si Jhesu le
comandast. E Jhesu, quant il oi ceo, se returna e dist a ceus que le suirent: 'Jeo n'ai pas
trové tele foy en les Gyus com en cest payen. E jeo vous di que moutz des payens
vendront de loynz en regne Dieu e serront o les patriarches en repos, e les Gyus
15 serront gettez en peyne pardurable'. Donc maunda Jhesu au conestable par ceus qu'il
out envoié a li que ensi fust com il out creu, e il returnerent e troverent le serjaunt gari.

28 Coment Jhesu envoya les xii apostres precher. Puis ala Jhesu par totes les
citez e par touz les chasteus prechaunt e garisaunt les malades. E taunt de poeple le suy
qu'il guyrent ausi com berbiz asteynz par les voies. Dont apela il ses douzze apostres e
lor dona pouoyr d'enchacer les diables e de garir de totes les maladies, e les envoia deus
5 e deus partout. E lor dist qu'il alasent entre les Gyus soulement e prechassent que Crist
estoit pres, e saunz nul lower sanassent touz les malades. E lor dist qu'il n'ussent or ne
argent ne nule peccunie ne qu'il ne portassent par voie pain ne escrippe ne deus cotes
ne soulers ne baston fors soulement semeles desouz lour piez e une verge en lor meyn.

Mes quant il venissent a cité ou a chastel, demaundassent qui fust digne de resceivre
les, e la alassent e offrissent pees a la meigné; e la demurassent juskes il vousisent
departir de cele countree e mangasent e beusent tel com hom meist devaunt eus. E si
hom lor refusast, dont lor dist il qu'il alassent hors de la cité ou du chastel e escousisent
la poudre de lor piez en tesmoine que nule rien n'avoient resceu de lour. E dist que
Sodome e Gomorre averoient plus suef jugement ke ceus que les refusasent. Puys les
garni Jhesu des peines e des persecucions qu'il suffroient pur li, e lor dist qu'il fussent
sages com serpenz e simples com colombs. A la fin les conforta il e lor dist que qui
eust finale perseverance, cil serroit sauf, e que ceus que les receveroient averoient ausi
bon louer com s'il receussent li meymes ou Dieu soun Piere. Quant il lor out apris ce
que fere devoient e les out si doucement conforté, il s'en alerent par le pais e
precherent penaunce e enchacerent les diables e oynctrent les malades de oyle e les
sanerent.

29   Coment Jhesu resuscita le fiz la veve. E Jhesu ala a une cité que out noun
Naym, e ses deciples aloient o li, e mout graunt people. E com il aprocha a la porte de
la cité, vint un cors encountre li, e le poeple de la cité suaunt le cors. Ore estoit ceo fiz
une veve que n'out for ke li soul, e ala ploraunte e pleinaunt son fiz. E Jhesu, quant il la
vit, en out grant pité e li dist qu'ele ne plorast. E ala e toucha la bere, e ceus qe le
porterent resturent. E Jhesu dist al mort qu'il levast, e il leva sus tantost e comensa a
parler. E il le prist e le dona a sa mere. E tut le poeple estoit enbay e loia Dieu. E ceste
fame ala en toute Judee, en tout environ le realme. E les deciples Johan le Baptistre
vindrent com il estoit en prison e li counterent ceo e toutes les autres merveilles qe
Jhesu fist pur fere saver certeynement qu'il fust Crist.

30   Coment seint Johan Baptistre envoya a Jhesu. E Johan apela deus de ses
deciples e les envoia a Jhesu qe eus meimes pussent oir e veer qu'il fust Crist. E lor dist
qu'il alasent a Jhesu Crist de la sowe part e li demaundassent si il moustroit sei meimes
Crist, ou home attendroit autre. E quant il vindrent a Jhesu, il disoient que Johan le
Baptistre les out enveié e demaunda si il monstroit sei meimes Crist, ou il dussent
attendre autre. E Jhesu meimes l'oure gari mout de langours e playez, e dona veue a
moutz de aveogles e enchasa moutz des diables. E dist as messagers qu'il alassent e
deisent a Johan ceo qu'il avoient veu e oy. 'Dites li', dist il, 'que les avegles voient e les
clops vont, les leprous sont nettez, les sourz oient, les morz relevent, les povres sont
eslu a precher le Evangeile! E beneuré est qe n'est mespaié de mei'. E quant les
messagers Johan estoient alez, dist Jhesu al people de Johan qu'il n'estoit pas semblable
au rosel que se meut o chescun vent, ne il n'estoit pas norri en delices com gent du
secle, ne il n'estoit pas soulement prophete, eynz estoit plus que prophete, quar il estoit
l'angle que Dieu premist que vendroit apparailer la voie devaunt Crist. E a la fin dist il
que nul plus haut n'estoit unques devaunt li né de mere. E tout le poeple e les
pupplicans qe estoient baptizé de li, quant il oirent que Jhesu le presa taunt, loyerent
Dieu. Mes les mestres e les phariseus que n'estoient pas baptizé de li despisoient ceo
que Jhesu dist. Donc dist Jhesu qu'il estoit ausi de eus com des enfaunz qe ne voloient
rire ne plorer o lor compaignons. 'Johan Baptistre', ceo dist il, 'ne mangue nul payn ne

20 ne boyt nul vin, e vous dites qu'il est beveour. E jeo manjeue e boif, e vous dites qe jeo suy gloutoun e beveour, ami de pupplicans e de peccheors'.

31 Coment Jhesu converti la Magdaleyne. Donque pria un phariseu qu'il mangast ou li, e il entra sa maison e s'asist a manger. E une feme que out set diables dedenz li e estoit nomé peccheresse en la cité, quant ele oi dire que Jhesu i manga, prist une boiste d'oignement e ala ester derere li decoste ses piez. E arosa ses piez de ses lermes e les
5 tert de ses cheveuz e les beisa e les oynt de l'oignement. E quant le phariseu vit qu'il les suffri ensi toucher de la peccheresse, pensa en son quer que si il fust verrai prophete, il ust su ke la feme fust si peccheresse e n'ust pas suffert qu'ele l'ust touché. Donc dist Jhesu qu'il i out une chose a dire, e li pria cum a mestre que le deist. Donc li dist Jhesu que un creaunceour out deus dettours: 'L'un li devoit cink centz deners e l'autre
10 cinquante. Ore n'avoient il dont rendre, e il pardona la dette a amedeus. Ore demaund jeo, qui l'ama plus?' 'Jeo quid', dist il, 'que celi a qui il pardona plus'. Donc li dist Jhesu qu'il out dreit jugé. E se turna a la feme e li comensa a dire: 'Simon, veez ceste feme. Jeo entrai vostre maison e vous ne me donastes point d'ewe a mes piez, mes ele arosa mes piez de ses lermes e les tert de ses cheveus. Vous ne besastes point ma bouche, e
15 ele ne cessa pus qu'ele entra de beser mes piez. Vous ne unzistes pas moun chef de oile, e ele oynt mes piez de oignement, pur laquele chose jeo vous di que mout des pecchez li sount pardoné. E pur ceo eym ele mout, quar a ki meyns est pardoné, meyns eym'. Donc dist Jhesu a la feme que ses pechez li estoient pardonez. E ceus que i mangerent comencerent a penser: 'Qui est cesti qui pardonne pecchez?' E Jhesu li dist
20 qu'ele s'en alast en pais, quar sa foy l'out sauvé. E ele se mist o les autres dames que Jhesu out gari de lor maladies que le suirent e li troverent a despendre de lour chateus—Johan que estoit feme Cuze le seneschal Herodes e Susanne e moutz des autres—e sui Jhesu par les chasteus e par les citez ou il precha.

32 Coment Jhesu eslust les settante deus deciples. Pus eslust Jhesu setaunte deus autres e les envoia deus e deus devaunt sei partout la ou il voleit venir. E lor dist qu'il alassent joustement e qu'il ne portassent sachel n'escreppe ne chauceure, mes nonciassent pees partout la ou il entrassent, e manjassent e beusent ceo que l'um lur
5 donast, e sanassent les malades qu'il trovassent, ne autre guerdon ne preissent, mes lour dist que Crist fust pres d'eus. E si nule cité les refusast, donc dist il qu'il escousissent la poudre de lor piez e lor deisent que neys lour poudre ne resceiveroient il pas pus qu'il ne resceusent lour prechement, e nepurquant ceo lor dussent il dire qe Crist fust pres. E seusent il que Sodome averoit plus suef jugement que cele cité au
10 jour de Jugement. 'Quar qui vous oyt', dist Jhesu, 'oyt mey. E qui vous despit, despit moy. E qui despit moy, despit Celi qui envoia moy'. Donc comensa Jhesu a blamer les citez, la ou il out fet mout de miracles, que ne voleient fere penaunce: Corozaym e Bethsaida e Chapharnaum. E dist que si taunt de merveyles ussent esté fetes entre les paiens, il ussent fet penaunce, e pur ceo averoient il plus de jugement qe les paiens.

33 Coment Jhesu resceut ses deciples quant il revyndrent a ly. Tost aprés returnerent les setaunte deus deciples a Jhesu o graunt joie e disoient qe les diables lor estoient obeisaunt en son noun. E Jhesu lor dist qu'il averoient poour de cauker sour serpenz e sour escorpions e sour touz les diables en son noun, e riens ne lour nuyeroit.

5 Mes gardassent soi qu'il n'ussent veine glorie, quar, ceo dist: 'Jeo vi Sathan sicom ffoudre chair du ciel pur son orgoil. De ceo dount que les diables vous sunt suget, n'eyez nule joie, mes de ceo seiez joious que vous estes elu par noun a la glorie du ciel'. Meimes l'oure comensa Jhesu esjoier en Seint Esperit e rendi gré e mercys a Dieu son Pere qu'il out eleu les simples e les umbles a monstrer lour si graunt choses, e nyent les
10 sages ne les hautz hommes. Pus dist il qe touz ceus qe fussent travaillez e chargez venissent a ly e il les conforteroit. Pus se returna il a ses deciples e lor dist qu'il estoient beneurez qu'il poeyent ver ses evres e oir sa doctrine, quar mout des prophetes e roys l'avoient desiré, e ne lor estoit pas otroyé.

34 Coment Jhesu respondi au mestre qui demanda quel fust le plus haut comaundement. Donques leva sus un mestre de la lei e demaunda Jhesu quei il deust fere qu'il peust aver la vie pardurable. E Jhesu demaunda quei la lei comandast que home deust fere, e il dist qe ele comaunda homme amer Dieu de tout son quer e de
5 toute s'alme e de toute sa force e de toute sa penseie, e son preome com soi meimes. E Jhesu li dist qu'il feist ensi e il averoit la vie pardurable. E il donc demaunda qi fust son proeme, e Jhesu li moustra que chescun homme. E li dist une parole de un homme que ala de Jerusalem en Jerico qi estoit pris de larons e despoillé e plaié juskes a la mort. E un prestre e ausi un diacre que le virent le lesserent gesir, mes un Samariteyn que paien
10 fu out pité de li e le mena a la herbergerie sur sa beste e lava ses plaies d'oile e de vin e le servy la nuyt. E l'endemain baila il deus deners a l'herberjour e li pria qu'il preist garde de li jusques a sa revenue e il rendroit quanqu'il averoit plus despendu. Ore demaunda Jhesu du mestre: 'Quel de ces trois feust le proeme le plaié, ou le prestre ou le diacre ou le Samariteyn?' E il dist que celi que out pité de li. E Jhesu li dist qu'il alast
15 e feist ensi, ceo est a dire que il feist a chescun homme com a son preome.

35 Coment seynte Marthe herberga Jhesu. Puis vint Jhesu en un chastel e entra la mayson Marthe la seor Marie Magdaleyne. E ele se pena mout de mettre a ayse e de servir le a talent, sicom ele soloit. Mes Marie la lessa tout a convenir e ala seoir decoste les piez Jhesu e oi ses paroles. Este vous vint Marthe e estut devaunt Jhesu e li dist:
5 'Sire, n'en pernez vous garde que ma suer me lest soule servir? Dites li donc qu'ele leve sus e m'eyt!' E Jhesu respoundi: 'Marthe, Marthe, vous estes curiouse e troublee vers moudes choses, ore ne est mester fors une chose. Marie ad choisie la meilloure partie, que ne li serra pas tollette'.

36 Coment Jhesu aprist ses deciples orer. Aprés avint que Jhesu estoit en oreison, e quant il out fet, li pria un de ses deciples qu'il lor apreist orer sicom Johan le Baptistre aprist ses deciples. E Jhesu lour dist qu'il deissent en lour oreyson lour Pater nostre, e ceo ententivement. Quar ausi com home qui fust couché e venist son ami e li priast du
5 payn pur sourvenue d'aucun hoste, e batist a l'us e criast e nel lessast dormir ne ses enfaunz reposer—tout nel feist il pas par amité mes pur soi deliverer—leveroit il sus e li dorroit plus qu'il demaundast, ausi dist Jhesu: 'Qi prie ententivement serra oy de Dieu. Quar si hommes qui unt enfaunz, tout soient eus meimes mauvays, lour donnent del bien e ne les contrarient mie, pluys donra le Piere celestial bon esperit a ceus qui le
10 prient'.

37 Coment Jhesu escusa ses deciples de ce q'il pristrent les espis en sabat. En cel tens avynt que Jhesu ala un jour de feste parmi les blez. E ses deciples avoient feim e alerent devaunt, e pristrent des espiz e froterent entre lor mains e mangerent les greyns. E vindrent les phariseus e les repristrent e les accuserent a Jhesu qu'il avoient ce fet en sabat. E Jhesu lur demaunda si il n'avoient leu coment David manga le pain benoit que nul home ne devoit manger fors les prestres quant il n'out autre. 'E d'autre part', dist il, 'les prestres que servent au temple eoverent en sabat e sont escusez par la dignité du temple. E il i a ici tiel qui est plus digne que le temple, mes si vous entendissez l'Escripture que dist que Dieu eyme plus mercy que vengeaunce, vous ne ussez mie dampné les innocenz. Quar le sabat est fet por home, e nyent home pur le sabat, e je neis suy Seignur de sabat'.

38 Coment Jhesu gary la mayn parlatik. En un autre sabat, com Jhesu precha en une sinagoge, estoit devant li un homme qui main destre fust paraletik. E les phariseus e les mestres espierent s'il vousist garir nul home au sabat, pur acuser le. E les autres li demaunderent si hom deust autre garir en sabat. E Jhesu comaunda l'omme qu'il alast ester enmi l'eyr, e il feist ensi. E Jhesu lour demaunda si home deust fere bien ou mal en sabat, e il se teurent. E Jhesu lour dist qu'il n'i out cil d'eus qui ne levast sa berbiz en sabat si ele fust chue en une fosse, e mout plus tost dust home socoure a un home que a une owaille. 'Donc je di', dist il, 'qu'il lest fere bien au sabat'. Donques les agarda il ausi cum irreement pur la tristour qu'il out qu'il estoient si avegles. E dist a l'omme qu'il estendist sa main, e il l'estendi e tantost estoit ausi seine com l'autre.

39 Coment Jhesu fui e gari ceus ke le suirent. Donques s'en alerent les phariseus e les herodiens e purparlerent coment il peussent destrure Jhesu. E Jhesu ala o ses deciples ausi com fuaunt a la mer, e mout de people de totes terres environ li siwy. E il gari touz les malades, e puys ala seoir en une nef en la mer por la presse. E il esturent sus la rive, e il lor precha. E pus les pria il qu'il ne deissent q'il fust. E les demoniacs la ou il les virent vindrent e cheirent a genuz devaunt li e disoient qu'il estoit Fiz Dieu. E il lour defendi qu'il nel demonstrassent, e mout les manasa si il feissent.

40 Coment Jhesu gari le demoniac aveogle e mu e respondi as mestres. Puis vint Jhesu a une maison, e le people li sivi e presserent taunt sus li qu'il ne ses deciples ne poeient manger. E ses deciples le tindrent a devé qu'il estoit si penible entour le people pur garir les malades, e alerent hors por tenir le e menerent le enz. E Jhesu ne lessa point pur ce, mes se prist a un demoniac que estoit aveogle e meu, e enchasa le diable, e il comensa tantost a veoir e a parler. E le people dist que bien parust qu'il estoit Crist, mes les phariseus e les mestres que furent venuz de Jerusalem disoient qu'il enchasa les mendres diables par la vertue lour prince Belzebud. E Jhesu donques les apela ensemble e les convenqui par cynq raisons que ceo ne poeit estre. Donc demaunderent il qu'il lour mostrast aukun signe en firmament e par ceo provast son poer. E Jhesu, quant il vist que le people i acorust, lor dist qu'il n'averoient nul autre signe fors que le signe Johné le prophete, quar ausi com Joné estoit trois jours e treis nuyz en ventre la balaigne e pus sauvé por signifier que le people de Ninivé serroit sauf si il le creussent, ausi serroit Jhesu seveli en terre e pus releveroit pur signifier que touz

15 ceus que creroient en li serroient resuscitez. Puys lor dist Jhesu que le people de Ninivé les dampneroit au jour de Jugement pur ce q'il crurent al prechement Joné que nule mervaille ne monstra, e il ne voleient crere qu'il tant fist de miracles. E ausi feroit la reyne de Saba qu'estoit payene pur ce qu'ele vint de si loynz pur oir la sapience Salamon, e il ne voloient crere li que lor aprist la lei Dieu enmy lor pais demeine plus
20 sagement que feist Salamon. E lor dist que ausi lor avendroit com a l'omme de qui fust enchascé un diable e il ne se amendast, e venist celi e preist set diables piours qu'il n'estoit, e revenist e meist en cel omme o tote sa compaignie. E com Jhesu dist cestes choses si doucement e si sagement, une femme enmy tout le people cria o haute voiz e dist: 'Beneuré est le ventre que vous porta e les mameles que vous sochastes'. E Jhesu
25 li respoundi: 'Mes certes beneurez sount que oient la parole Dieu e la gardent'. Este vous cum Jhesu parla au people si peniblement, vint sa mere o ses cosins e voloit a li parler e ne poeit avenir a li pur la presse, mes li maunda qu'il venist a li. E Jhesu respondi a celi qui l'apela que touz ceus que oirent sa parole e la firent ama il com sa mere e ses parenz.

41 Coment Jhesu respoundi au phariseu a manger qe li blama. Donc pria un phariseu Jhesu qu'il mangast o li, e il li otrea. Este vous com il s'asist, pensa le phariseu qu'il out trespassé pur ce qu'il ne se lava mie, solunc lor custume, devaunt q'il mangast. E Jhesu comensa donc a reprendre lé phariseus de lour ypocrisies e les mestres de lour
5 mauvois ensaumples, e lour dist que la plus greve vengeaunce que unques fust prise puys la mort Abel prendroit Dieus de eus.

42 Coment Jhesu aprist ses deciples fuir avarice par acheson de deus freres. Aprés ce avint qu'il i out trop graunt presse de people entour Jhesu. E il comensa apertement garnir ses deciples qu'il se gardassent de la ypocrisie des phariseus, e les garni ausi qu'il fussent baud e estables en les persecucions qu'il lour feroient. E vint un
5 du people e pria Jhesu qu'il deist a son frere qu'il li donast sa part de lor heritage. E Jhesu li respoundi: 'Homme, qui m'establist juge ou departeur sur vous?' Donc dist Jhesu a ses deciples qu'il se gardassent d'avarice, quar 'Nule plenté', ce dist, 'ne puet tenir la vie l'aver'. E lor dist pur ensaumple que un riche home aver out un an mout de blé e se purpensa ou il peust mettre son blé. E pensa q'il depiceroit ses graunges e les
10 feroit greinures e la mettroit il touz ses biens e se repossereit e mangeroit e beveroit e feroit feste plusors aunz. E Dieu li dist meime l'oure: 'Ffol, ceste nuyt vous demaunderont les diables vostre alme, e qui avera ceo que vous avez apparaillé?' 'Issi est', dit Jhesu, 'a venir a celi qui fet tresor a soi meimes e n'est pas riche en Dieu'. Donc comensa Jhesu aprendre ses deciples qu'il ne fussent curious entour lour viaunde ne
15 entour lour vesture, mes fussent aumoners e s'atornassent encountre le jugement. E pus returna au people e les amonesta qu'il jugassent le tens de la venue Crist sicom il jugerent quel tens fust a venir par la tempreure de l'eyr. 'Si vous veiez', dist il, 'une nue lever devers l'occident, vous dites qu'il plovera, e ensi avyent. E si vous veiez le vent torner vers le su, vous dites qu'il serra chaud, e ensi avyent. E purquei ne jugez vous les
20 mervailles que vous ore voiez, que unques teuz choses n'avindrent? Ore creez', dist il, 'que Crist soit venu, ou vengeaunce serra prise de vous!'

43 Coment Jhesu amonesta le people a penaunce par acheson des Galileis qe Pilat' occist. Meimes l'oure vindrent une gent a Jhesu, e li disoient qe Pilate out occis une masse des Galileis qui estoient alez o un faus prophete en le mount de Garizin. E li offrirent la lour offrendes, e il lour promist qu'il mounteroit au ciel devaunt eus. E sourvint Pilate e lé occist ensemblement o li. Donqe lour dist Jhesu que ceus Galileis n'estoient pas les piours du pais, tout eusent il tele mort, mes que Dieu l'out suffert d'eus pur garnir les autres qu'il s'amendassent, quar sinoun il periroient touz ensemble, e noun pas eus soulement, mes le people de Jerusalem. Quar ausi pur eus garnir souffri Dieu dis e wit homes estre agravantez en Siloa a Jerusalem d'une tour pur amender touz les autres. Donc lour dist Jhesu une parable de un home que out un figer en sa vigne que ne porta nul fruit, e comaunda au vigneron qu'il le coupast. E il li pria qu'il le soffrisist cel an, e il coutefieroit ententivement cel an. E si il feist fruit, taunt bien; sinoun l'an siwant l'ostereit.

44 Coment Jhesu gari la feme courbe. Aprés avint a un samadi qe Jhesu Crist precha en une sinagoge. E garist une femme que avoit esté dis e ut aunz si courbe qe ele ne se poeit redrescer. Le mestre du sinagoge avoit desdeing que Jhesu l'avoit gari par sabat, e dist au people qu'il venissent les sis jours a Jhesu pur estre gari e nyent au sabat. Dount dist Jhesu: 'Ypocrites', dist il, 'qui est cil de vous que ne face deslier ses bestes e abeverir au sabat? E ne fu il plus graunt mester a deslier ceste gentile femme au sabat que li diables ad lié dis e ut aunz?' E quant il out si bien dist, avoient ses adversaires mout grant hounte. E tout le people out grant joie de totes les choses qu'il fist si gloriousement.

45 Coment Jhesu precha par parables en la nef. Puis vint Jhesu a la mer, e vint si grant presse entour li qu'il ala seoir en une nef. E lour precha par parables, e lour dist qu'il estoit ausi de li com de un home qui seme sa semence, une partie coste la voie ou sour pierrouse terre ou en les espines, e un' autre partie en bone terre. E pus dist il qu'il estoit ausi de li com de un homme que sema bon forment en son chaump. E taunt com la gent dormirent, vint son enemy e soursema neele. E pus dist qu'il estoit ausi de ceus que l'oirent com del blé que crest nuyt e jour jeskes vigne a oust e ne se puet mie sudeinement multeplier. E puis dist il qu'il estoit ausi d'eus com del grein de senevé que crest mervalle haut, tout soyt il petit quant il est semé. E pus dist il qu'il estoit ausi d'eus com del levain que, tout soit il petit, enegrist toute fornee. Dount vindrent ses deciples e li prierent qu'il lour espounsist cestes parables. E il les espount totes e dist qu'il estoient benoiz qu'il avoient grace d'entendre sa doctrine que le people n'estoient pas digne d'entendre. E pus lour dist il une parable du tresor muscé en chaump, e une autre de la preciouse margarite, e la tierce de la seine. E lour demaunda si il entendirent, e il disoient que oyl. E il dist que pur ceo chescun sage mestre resembla le peisaunt que porte hors de son tresor veilles choses e noveles, solonc la seisoun.

46 Coment Jhesu vint autre foiz en son pais e il le despisoient. Puis ala Jhesus en son pais e precha en la sinagoge ensi qu'il s'enmerveillerent e disoient entre eus: 'Dount n'este vous le fiz Josep le charpenter? Dount n'est Marie sa mere? Dount ne sount Jake, Joseh, Symon e Jude ses ffreres? E ses suers, ne sont eles ici ové nous?

5 Dount li est avenu qu'il est si sages e si pussant?' E Jhesu dist que nul prophete n'est honuré en son pais taunt com aillours. E poi des miracles i fist pur lour mescreaunce.

47 Coment les Juys le pursuirent pur ceo q'il garist le paraletik au sabat. Aprés ceo ala Jhesu a une feste a Jerusalem. Ore estoit a Jerusalem une cisterne que avoit cink porches, la ou jurent les malades de toutes maladies e atendirent que l'angle meust l'eue, com fere soloit sovent. E qi unque venist primes a l'eue pus q'ele feust meuue
5 de l'angre, il fust gari, quel mal qu'il eust. Ore estoit ja un homme que out jeu trente e ut aunz malade. E Jhesu vint la en le sabat e vist q'il out longement jeu, e li demaunda s'il voleit estre garri. E il respoundi qu'il n'out nul homme que le portast a l'eue quant ele fust troublee, quar tote foiz avaunt qu'il peust venir a l'eue, vint auqun autre avaunt li. Dount li dist Jhesu q'il levast sus e portast a l'ostel son lit. E il fu tantost gari e leva
10 sus e porta son lit vers l'ostel. Dount li disoient les Juys qui quidoient qu'il eust esté gari en l'eue qu'il ne devoit mie son lit porter por le sabat; e il respoundi que celi que l'out gari li dist qu'il enportast son lit. E il demaunderent qui ce fust, e il ne sout dire ky. Pus le trova Jhesu au temple e li dist qu'il ne pecchast mes, que pis ne li avenist. E il ala e counta as Juis que ce estoit Jhesu que l'out gari, por ce dount pursuirent les Juys
15 Jhesu qu'il fist teuz choses en sabat. Dount lour fist Jhesu un long sermoun e monstra qu'il poeit bien fere teus choses en sabat.

Ici comence la quarte meditacion par mescredi

48 Coment Jhesu ala priveement en desert quant il oi dire qe Johan le Baptistre estoit decolé. Puis avynt que Herodes fist la ffeste de son noel o touz les hauz homes de Galileie. E la fille Erodias sa femme ore tonbba devaunt le rey enmi le
5 people. E tant se paia le rei qu'il jurra qu'il la dorroit ce qu'ele demaunderoit, tout demaundast ele la moité de son realme. La mere li loa qu'ele ne demaundast rien fors la teste Johan le Baptistre, e ele en haste demaunda la teste Johan le Baptistre en un' esquele. E le roi devynt tristes, mes pur la feste e pur les hauz hommes ne la voleit il pas fere tristes, mes fist porter la teste Johan le Baptistre en un' esquele, e ele lé dona a
10 sa mere. Dount vindrent ses deciples e ensevelerent son cors, e vindrent a Jhesu e li counterent. E les apostres meime l'oure vindrent e li counterent coment il avoient oevré e preché. E Jhesu lour dist qu'il venissent o li priveement en desert e se reposassent un petit, quar il estoit nuyt. E il ne poeient aver espace de manger pur la presse del people. E il les prist trestouz o li en une nef e ala outre l'ewe en un privé lu
15 en desert, e mounta en une montaigne e sist la o ses deciples.

49 Coment Jhesu pout les .v. mile hommes. Este vous quant Jhesu estoit alé o ses deciples en desert, le people espiout quele part il aloient, e tout le pais i corust e porterent les malades ovés eus. E Jhesu descendi de la montaigne e out pité de eus, quar il geurent com owailles par les voies. E il les conforta de sa douce parole e gari
5 touz les malades. E quant vint vers le vespre, vindrent ses deciples e li disoient qu'il lessast le people quere soi a manger de jour. E Jhesu lor dist qu'il lour donassent a manger, e il disoient q'il n'avoient de quei. E quant Jhesu vist qu'il i avoient mout plus venuz, donc dist il a seint Phelipe: 'Ou purrom nous achater pain a pestre ceste gent?' E ceo dist il pur assaier le, quar il savoit qu'il feroit. Donc dist Phelip que deus cenz

10 darrez de payn ne suffiroit pas a departir entre eus par petitez. E Jhesu demaunda quant des pains il ussent, e seint Andreu dist qu'il out un enfaunt que out cink pains de orge e deus peissons, mes ceo ne serroit riens entre taunt de gent. Donqe comaunda Jhesu qe um li portast le payn e les peissons e que il feisent le people partir sei par centeynes e cinquanteines e seer sur le erbe, e il firent ensi. E Jhesu regarda vers le ciel
15 e rendi graces a son Piere, e benooyt les pains e les peissons, e les depessa e les livera a ses deciples, e il les donerent au people. E quant il avoient mangé quantqu'il voloient, donque comaunda Jhesu q'il quillissent lour relef. E il emplirent douzze corbails du relef. **La quinte feytz en la tierce simaine.** E tauntost comaunda Jhesu ses deciples qu'il alassent trestouz a la nef e retornassent a Bethsaida tant com il se deliverast du
20 people, e il s'en alerent. E le people, quant il s'avertirent que Jhesu les out peu si plentivousement de si pou, disoient qu'il estoit verrai prophete, quar il virent bien qu'il estoient cink mile hommes estre les femes e les enfaunz. E il donque se purparlerent qu'il le ferroient rey a force, mes Jhesu fuy taunt dementers en la montaigne soul pur orer. Ore avint que ses deciples estoient suspris de tresgrant tempeste e ne poeient
25 passer en nule manere. E Jhesu, quant vint vers le jour, s'en vint alaunt sur les undes vers eus e fist semblaunt cum si il les voleit passer. E il le sourvirent touz e avoient si grant pour qu'il comencerent a crier, e disoient que ce estoit fantesme. E Jhesu tantost parla o eus e lour dist qu'il estoit e qu'il ne ussent pour. Donc dist seint Pierre: 'Sire, si vous l'estes, comaundez qe je vigne a vous sur le ewe'. E Jhesu li dist qu'il venist, e il
30 saili hors de la nef e ala sus les undes vers Jhesu. E vint une treforte bueffe du vent, e il se dota e tauntost comensa a plunger; e il cria a Jhesu qu'il le sauvast. E Jhesu tendi tantost sa meyn e l'aert, e li demanda tantost purquei il avoit pour. E le mena ou li en la nef, e tauntost cessa tote la tempeste. E la nef estoit tantost a la terre, la ou il voloient aler. L'endemain s'averti le people que Jhesu out peu qu'il n'i out nule nef fors cele que
35 Jhesu out mené e qu'il n'estoit mie entré ou ses deciples. E entrerent autres nefs que vindrent de Tabaire par iluques, e vindrent a Chapharnaum quere Jhesu. E quant il l'avoient trové, si le demaunderent il coment il fust venu. E Jhesu lour dist qu'il ne quistrent pas pur son sermon, mes pur ce qu'il lor devoit doner a manger, e lour dist q'il queissent la viaunde que jamés ne puriroit. E il li respoundirent que lour auncestres
40 avoient manne en desert quant Moyses les mena hors de Egipte. E Jhesu lour dist que Moyses ne lour dona pas manne, mes Dieu son Piere, e il lour feroit plus s'il vousisent crere en li: il lour dorroit son cors demeigne e son saunk, e si il lé mangassent e beusent, il averoient vie pardurable. E saunz sa char manger e beivre son saunc n'averoient il ja la vie pardurable. E quant il lour avoit mout parlé de ceo, comencerent
45 il a groucer e a demaunder entre eus coment il peut sa char e son saunc doner a manger e a beivre a ceus qui creroient en li. E plusors de ses deciples le lesserent e s'en alerent. Donc dist Jhesu a ses douzze apostres: 'Volez vous aler de moy?' E seint Piere li respoundi: 'Sire, a qui autre irrom nous? Vous avez si verrai' e si douce parole. Vous promettez vie pardurable. E tut n'entendom nous pas ce que vous dites, bien savoms
50 que vous estes Jhesu le Fiz Dieu'. Donc dist Jhesu que un de eus dozze estoit diable, e ce dist il de Judas que le tray.

50 Coment Jhesu gary touz ceus qui le toucherent en Genasar. En cel tens ala Jhesu en la terre de Genasar, e tauntost le conustrent la gent du pais e corurent par tout le reaume e porterent touz les malades a ly e le prierent qu'il pussent au meyns toucher les frenges de son mauntel. E quantqe le toucherent estoient gariz.

51 Coment Jhesu respoundi as mestres qui respristrent ses deciples pur ce qu'il ne se laverent. Puis revint Jhesu en Galiley, e vindrent les mestres qu'estoient venuz de Jerusalem e virent ces deciples manger avaunt qu'il ussent lavé lour meyns, solom la custume des Gyus que soleient sovent laver lor mains avaunt qu'il
5 mangassent. E demaunderent Jhesu purquei ses deciples ne gardassent lé custumes de lour eignez, e Jhesu lour demaunda purquei il ne gardassent les comaundemenz Dieu, quar Dieu comaunda qe hom dust eyder piere e mere. E il disoient qu'il valust meuz que home vouast ses chateus au temple que hom les donast a pere ou a mere, e autres choses plusors firent il countre la lei Dieu par lour establisement. Donque apela Jhesu
10 a sei le people e lor dist que les viaundes qui entrent la bouche ne soilent pas l'omme, mes les mauveises paroles que issent de la bouche soilent l'omme. Puis quant il vint a son hostel, li disoient ses deciples que les phariseus estoient escandalisez de ses paroles, e il dist qu'il n'estoveroit chaloir, quar il estoient aveoglez e dustres des aveoglez. E seint Piere li pria qu'il deit apertement a ses deciples sa entente. E Jhesu dist que ce que
15 entre la bouche n'entre pas le quer, e pur ceo ne soile pas l'alme, mes du quer par la bouche issent mauveises pensees, homicides, avoutoyres, ffornicacions, larcines, ffaus tesmoignes, blasphemies, avarices, ffelonies, tricheries, joliftez, envie, orgoill e ffolie. E cestes choses soilent l'alme, mes manger o meins deslavez ne soile pas l'ame.

52 Coment Jhesu gari la fille la Cananee. Puis ala Jhesu priveement vers Sur e vers Setes, e vint une feme paiene de cel pais e li pria qu'il enchasast le diable hors de sa fille, e Jhesu ne li respoundi nul mot. Donc vindrent ses deciples e li prierent qu'il la lessast partir, quar ele cria aprés eus, e Jhesu dist qu'il n'estoit pas envoié fors a Gyus.
5 E il ala avaunt tout priveement e entra en une maison. E vint la feme e chei a ses piez e li cria merci. E il li dist qu'il n'estoit pas ben de prendre le payn que les enfaunz deussent manger e doner as chiens. E cele respoundi: 'Nespurquant les chiens manguent de la mie que chet de la table le seignur e des mayns ses enfaunz'. Donc dist Jhesu: 'Ha, femme, mout est graunt vostre foy. Sicom vous volez, ensi soit. Par ceste
10 parole, alez; li diable issi de vostre fille'. E quant ele vint a son ostel, trova ele sa fille gisaunt sus son lit, e li diable estoit issu.

53 Coment Jhesu gari le sourd e meu a la mer de Galilee. Puis vint Jhesu coste la mer de Galilee e on li mena un home sourd e mu. E il li prierent q'il le touchat. E il le prist e l'amena hors du people e mist ses doys en ses orailles e tocha la langue de sa salive e esgarda sus vers le ciel e gyent parfound, e dist: 'Soiez curez!', e il comensa
5 tantost a parler droit, e il oy. E Jhesu comaunda qu'il ne le deissent a nul home. Mes taunt pluys le peoplerent il, e tant plus s'amerveilerent. E Jhesu mounta une montaigne e s'asist. E le people le sivi e porterent ovés eus les mus e les aveogles e les clops e les feobles e mout d'autres malades e les getirent a ses piez, e les garist touz.

54 Coment il pout les quatre mil hommes. En cel tens que le people demurra la ové Jhesu e n'avoient qe manger, apela il ses deciples e lor dist qu'il avoit pité du people, quar il avoient esté treis jours ové li e n'avoient que manger; e jeuns, ce dist il,

ne les voleit lesser partir qu'il ne defaillissent par voie, quar les uns estoient venuz de
loynz. Dont disoient ses deciples qu'il n'avoient dont pestre les, ne aver poeyent taunt
de pains en desert. E Jhesu lour demaunda quanz payns il avoient, e il disoient que set.
E il comanda le people aler seoir sus la terre, e prist les pains e rendi graces a son Piere,
e les benoyt e les depicea e les bailla a ses deciples, e il les departirent au people. E un
poi de peisson avoient il, e ceus beneist il e lour fist doner. E il mangerent qu'il estoient
tout saoul e quillerent set corballs pleines de relef. Ore estoient il quatre mile homes
estre les femes e les enfaunz. Donc les lessa Jhesu partir.

55 Coment Jhesu respondi as phariseus en Magedam. Donc mounta Jhesu en une nef e ala en la countreie de Magidor, e vindrent les phariseus e li prierent qu'il lour monstrast auqun signe en ciel. E Jhesu lor respoundi o graunt gemissement que les signes de beau tens e de tempeste savoient il conoistre, mes les signes de la venue Crist ne voloient il pas conoistre, e pur ceo n'averoient il nul autre signe mes que de Joné le prophete.

56 L'oblie de prendre payn e coment Jhesu conforta ses deciples aprés. E ses deciples oblierent a prendre payn ovés eus en la nef, e Jhesu lour dist qu'il enchivissent le levayn des phariseus e des saducés e des herodés. E il penserent que Jhesu le deist pur ceo qu'il avoient oblié a prendre payn ovés eus. E Jhesu lour reprist de lour petite foy e lor dist qu'il lor sovenist combyen de relef il avoient eu primes de .v. payns e puis de .vii., e combyen gent en furent peu. Donc entendirent il que Jhesu ne le dist pas por ceo, mes qu'il dussent eschuire la doctrine des phariseus e des autres.

57 Coment Jhesu escopi es euz un aveogle e le sana. Puis vint Jhesu a Bethsaida, e il li amenerent un aveogle e li prierent qu'il le touchast. E il le prist par la meyn e l'amena hors de la vile, e escopi en ses eoz e les tocha de ses mains e li demaunda si il veoit riens. E il dist qu'il veoit hommes aler e sembloient arbres. E Jhesu autre foith tocha ses oyz, e il vist toutes choses clerement. E Jhesu li dist qu'il alast a sa maison, e si il entrast en la vile, qu'il ne le deist a nul homme.

58 Coment Herodes se dota de Jhesu. En cel tens oi Herodes les eovres Jhesu, e se dota pur ceo qu'il oi dire que ceo estoit Johan le Baptistre qu'estoit relevé de mort, e il meimes le pensa ausi. Mes auqun' autre gent disoient que ceo estoit auquns des aunciens prophetes qu'estoient resuscitez, e pur ceo desirra il mout a veoyr Jhesu.

59 Coment Jhesu se porta a la feste dé Loges la ou il delivera la femme e alumina un aveogle. Donc aprocha la ffeste des Loges, e Jhesu estoit en Galilee. E ses cosins li disoient que si il feist les mervailles de part Dieu, qu'il fist qu'il alast en Jerusalem a la feste qe ses deciples pussent veoir ses oevres, quar neis ses cosins ne crurent pas en li. Donc dist Jhesu qu'il n'irroit pas a la feste donques, quar le tens de li moustrer n'estoit pas venue lores, mes qu'il alassent, quar lour saison estoit tout jours, quar le mounde les ama e hai ly pur ce qu'il dist mal de li. Donc alerent ses cosins a la feste. E il demurra jesques il fussent alez, e pus ala aprés priveement. E le people que estoient venuz a la feste demaunderent mout aprés li; e les uns disoient qu'il estoit bon, e les autres qu'il traist le people. Este vous quant la feste estoit plenere, vint Jhesu en temple e precha au people. E il avoient grant mervaille coment il sout la lei, sicom il n'out apris lettres. Donc dist Jhesu qe sa doctrine n'estoit pas de sei meymes, mes de Dieu que l'envoia. E lor reprova qu'il li voleient tuer, e lor moustra qu'il avoient tort, quar il firent la circumsicion en sabat. E disoient qu'il mesfist quant il garist un homme en sabat. Donc disoient les uns qu'il estoit Crist, e les autres que ce estoit mervailles que les princes ne le pristrent pus qu'il le quiderent a occire, e il estoit present. E pus **le samadi en la tyerce simaine** que Jhesu out mout delaié au people, oirent les princes e les phariseus que le people estoit mout mu de son prechement. E s'asemblerent e envoierent serjaunz pur prendre e mener a eus pur juger. E vindrent les serjaunz pur prendre Jhesu, mes sitost com il avoient oi sa parole, ne li poeient il mal voloir. Enz returnerent a lor seignurs, e il lour demaunderent porquei il ne ussent mené, e il respondirent q'onque home ne parla com Jhesu parla. 'Coment', disoient il, 'este vous donque traiz? Pensez que nul prince ne nul phariseus ne creit en li, fors que cel people qu'est maudit!' Donc lor dist Nicodemus, qu'estoit venu avaunt a Jhesu e qui fui un d'eus, qe la ley ne dampna nul homme saunz jugement. E il li demaunderent par corouz si il fust Galileus, e li disoient que nul prophete ne poeit d'ilukes venir. E ensi returnerent il a lor ostel. E l'endemain, com Jhesu sist matyn au temple e precha au people, vindrent les mestres e les phariseus e menerent une feme enmi le people qu'estoit donques prise en avouterie. E li disoient ceo, e li demaunderent quei il en dussent fere, quar Moises comanda que on deust tieles lapider. E ce firent il pur ce que si il deist: 'Lapidez la!', il l'eussent escrié com cruel, e le people que le tynt si pitous l'ust moyns amé; e si il deist: 'Lessez la quite!', il l'eussent pris com celi que eust fet contre la lei Dieu. Donc quant Jhesu les vist venir, s'abessa il e portreit en la terre que la femme n'eust hounte. E il esturent e li demaunderent anguissousement quei il fere dussent de la feme. E Jhesu se redressa e les garda ferniclement e lor dist que lequel d'eus que fust saunz pecché, getast en li la primere piere. E tantost s'abessa autre foith e purtreit en la terre, e il tantost s'en alerent hors un e un, e les eynez primers. E quant Jhesu savoit qu'il estoient touz alé, donqe se redressa il e dist mout doucement a la femme: 'Ffemme, ou sunt ceus que vous acuserent? Ne vous dampna nul homme?' 'Noun, sire', dist cele, 'nul homme'. Donc dist Jhesu: 'Ne jeo ne vous dampnerai mye. Alez, ne pecchez mes!' Donc lor comensa Jhesu a prover qu'il estoit Fiz Dieu e qu'il estoient fiz au Diable e non pas fiz Abraham. E taunt les taria qu'il le voleient lapider, e Jhesu se mussa e ala hors du temple. **La quarte fferié en la quarte simaigne.** E com il passa, vist il un home de sa nessaunce aveogle seoyr. E ses deciples le demanderent lequel ce estoit, pur ses pecchez ou pur les pecchez ses auncestres qu'il estoit aveoglez. E Jhesu dist: 'Ne pur l'un ne por l'autre, mes pur moustrer le pouer Dieu en li'. Donc escopi il sus la terre e fist tay de sa salive e oynt les euz l'aveogle, e li dist qu'il s'en alast laver a l'ewe de Syloe, e il ala e se lava e revint veaunt. Ore donques les veisins que l'avoient veu mendivaunt e aveogle ne le conustrent pas por ceo qu'il vit, mes il lor counta coment Jhesu l'out sané. E pur ceo que ceo estoit en sabat, le menerent les veisins as phariseus. E il li demaunderent la manere e li disoient que Jhesu n'estoit pas de par Dieu pur ceo qu'il out ce fet en sabat. E il lor respondi si baudement e si bien que de fin iré, l'enchacerent il. E Jhesu oy dire qu'i l'avoient enchacé e l'aloit quere. E quant il l'out trové, li demanda Jhesu si il crust en Fiz Dieu. E il li demanda que ce fust, e il dist qu'il estoit. E il tantost chei a ses piez e l'aora e dist qu'il creust en li. Ore avoient les

Gyus a lor oes jugé que qi que fu conoissaunt que Jhesu fu Crist, qu'il fust mis hors de la sinagoge. E Jhesu comensa adonc a moustrer qu'il estoit verraie lumere du mounde e verrai passtour e que les phariseus e les princes estoient aveogles e larons e murdrissours.

60 Coment Jhesu garny primes ses apostres de sa Passion. Aprés avint com Jhesu ala orant par la voie e ses deciples alerent ové li qu'il lor demanda que la gent deisent qu'il fust. E il disoient que les uns quidoient qu'il fust Johan le Baptistre, e les autres Elye, e auqunz quidoient qu'il fust Jeremie ou auqun prophete. E il demaunda
5 qu'il disoient qu'il fust. Donc respoundi seint Pierre qu'il estoit Crist le Fiz Dieu vif. Donc dist Jhesu qu'il estoit la pierre sour quei il fondereit sa Eglise e qu'il li doureit pouer en ciel, en terre e en enfer. Donc comensa Jhesu a monstrer a ses deciples qu'il li covendroit aler en Jerusalem e estre dampnez des eynez e dé mestres e des princes du people e estre occis e relever au tyerz jour. Donc seint Pierre le comensa a reprendre
10 qu'il out ce dist, e dit que ce ne li avendroit ja. E Jhesu li dist, 'Adversaires, fuiiez moi! Vous me grevez, quar vous ne pernez pas garde a Dieu, mes de la gent'. E dist a touz qui le vousist seure qu'il desneyast soi meymes e prist chescun jour sa croiz e venist aprés li. E il lour dist qu'il i avoit teuz en la place que ne morroit ja jeskes ataunt qu'il le veissent tel com il vendroit glorifier.

61 Coment Jhesu se transfigura e pus gari le lunatik. Uit jours aprés prist Jhesu seint Pierre e seint Johan e ala en une mout haute montaigne priveement pur orer. E taunt com il ora, devint sa face lusaunt com solail, e ses dras devindrent blauncs com neifs e resplendisaunt. E vindrent Moises e Elye, e li disoient coment il serroit pené en
5 Jerusalem. Donc dist seint Pierre a Jhesu: 'Sire, il est bon qe nous menons ici. Si vous plest, faisoms nous treis tentes—un a vous, un a Moises, un a Ely'. E ce dist il de poour, quar il ne sout que dire. Este vous une clere nue vint outre eus, e une voiz hors de la nue lor dist: 'Cist est mes chers Fiz de qui jeo sui bien paiez. Oiez le!' E il cheirent a terre e avoient mout graunt pour. E Jhesu les leva e lor dist qu'il ne eussent pour, e il
10 esgarderent e ne virent fors que soul Jhesu. E com il descendirent, il lour comaunda qu'il ne le deissent a nul home ce qu'il avoient veu juskes ataunt qu'il fust de mort relevez. Donc demaunderent il si Elies ne vendroit pas avaunt le Jugement, e Jhesu lor dist que si feroit e qu'il reparailleroit tout l'estat du people, mes ausi feroient il de Elie com de Johan le Baptistre e de li. L'endemayn com Jhesu descendi de la montaigne,
15 vint taunt graunt people countre li. E il vint e trova les mestres desputaunt ové ses deciples devaunt le people. E tantost com il le virent, corurent countre li e le saluerent o grant poour, e il lor demanda de quei il desputassent. E vint un homme avaunt e dist q'il out amené son fiz qu'estoit lunatik a ses deciples, e il ne le poeient garir. E Jhesu li dist qu'il le menast a li, e le demanda combien il out eu la maladie. E il dist que
20 d'enfaunce, e sovent l'avoit l'esperit gitté en feu e en ewe pur tuer le. 'Mes si vous poez', dist il, 'eydez nous!' 'Si vous poez crere', dist Jhesu, 'je le porrai bien'. E il cria en ploraunt: 'Sire, je crey, mes eydez ma mescreaunce!' E tantost com l'enfant aprocha Jhesu, cheit il com il soleit, e estoit si hydousement demené que mout disoient qu'il estoit mort. E Jhesu comanda l'esperit a issir, e il issi tantost. E Jhesu leva l'enfaunt e le
25 bayla a son pere. E quant Jhesu vint a son hostel, li demaunderent ses deciples purquei

il ne le poeyent enchacer, e Jhesu lor dist qe pur lor petite foy. E lor dist que si il eusent parfite foy, il purroient toutes choses, mes cele manere d'esperit, ce dist, n'estoit enchacé mes que par oreison e par jeune.

62 Coment Jhesu garny autre foiz ses deciples de sa Passion. Puis ala Jhesu priveement en Galilee, e autre foith garni ses deciples de sa Passion e de sa Resureccion. E lor dist qu'il lor souvenist quant a ceo avendroit qu'il lour avoit dit avaunt. E il devindrent dolaunt e tristres, quar il ne savoient si ce fu a decertes ou qu'il
5 parla par parable, ne il n'oseient demaunder li s'entente.

63 Coment Jhesu rendi le truage e aprist ses deciples humilité e charité. Aprés vint Jhesu a Chapharnaum, e vindrent ceus que quillerent le truage a l'emperour de Rome e demaunderent de seint Pierre si Jhesu ne rendi poynt de truage, e il dist que oyl. E quant seint Pierre vint a l'ostel, vint tantost Jhesu e li demaunda lequel li roy
5 pristrent truage, de lor fiz ou d'estranges, e il dist que d'estraunges. 'Donc sont les fiz francs', dist Jhesu. 'Mes que nous les corousoms, alez', dist il, 'a la mer e metez i vostre eym! E en la bouche du primer peyson que vendra, troverez vous un dener que vaudra les deus truages. Donez le pur moy e pur vous!' E meyme l'oure demaunda Jhesu a ses deciples qu'il ussent parlé par la voie. Ore avoient il desputé par voie lequel de eus fust
10 greignur, e il vindrent donques a li e le demaunderent ce meymes. E Jhesu vist lor quers e apela un enfaunt entre eus decoste soy. E l'embracea e lor dist que si il ne se convertissent e devenissent ausi humble com enfaunt, il n'entroient ja le regne du ciel. 'Quar ki se humillie com cest enfaunt, il est greignur. E qui rescoit un tel enfaunt en mon noun, il rescoit mei. E le mendre de vous', dist il, 'est le greignur'. Donc
15 respoundi seint Johan e dist qu'il eurent veu un home chascer diables en noun Jhesu que noun sivi pas, e il li avoit defendu. E Jhesu lor dist qu'il ne li defendident pas, quar nul homme que feist miracles en son noun ne poeit meime l'oure mesdire de li, e qui ne fust countre eus fust pur eus; e qui esclandrisast un enfaunt que creust en li, il li vaudroit myeuz estre noyez. Donc lor aprist Jhesu qu'il devoient reprendre ceus que
20 lor mesfeissent priveement e pardoner lour si il priassent pardoun; e si il ne vousisent amender, moustrer lour trepas a lor prelat. E si il ne fusent obeissaunt a lor prelat, lessassent deslores lor compaignie. E quantque Seint' Eglise ajugeroit, serroit estable devaunt li. 'Quar la ou sont', dist il, 'deus ou treis en mon noun, la sui jeo entre eus'. Donc demaunda seint Pere quant foiz il deveroit pardoner si om li demaundast
25 pardoun, si il dust pardoner set foiz. E Jhesu respondi: 'Nom pas soulement set foiz, mes settaunte foiz set foiz'. Dont lor dist Jhesu la parable du rey que repela sa dette sour son serjaunt pur ce qu'il ne voleit pas fere a son compaignon com il avoit fet a li, e dist que ausi feroit son Pere a eus si il ne pardonassent a lour preome.

64 Coment les Samariteins li deneerent hostel, e coment les phariseus le garnirent de Herodes. Puis ala Jhesu hors de Galileye vers Jerusalem pur suffrir sa Passion. E quant il vint par Samarie, envoia il messages pur prier qu'il le resceussent, e il ne voleyent pur ce qu'il ala a Jerusalem. Donc dist seint Jake e seint Johan: 'Sire,
5 volez vous que feu descende du cyel e les arde?' E Jhesu se returna e les reprist, e lor dist qu'il ne savoient coment il se devoient porter doucement, quar il n'estoit pas venuz pur prendre venjance de la gent, mes pur eus sauver. E il alerent donc en une autre

vile. E com il ala par voie, li demaunda un homme si pou de gent serroient sauvez. E il respoundi que mout de ceo people serroit pery, e mout des paiens de toutes les parties
10 du mounde serroient sauvez, e serroient les primers les dreyns, e les dereins les primers. Donque vindrent les phariseus a Jhesu e li disoient qu'il s'en alast, quar Herodes le quist pur tuer. E Jhesu respoundi: 'Alez e dites a ce gopill que jeo enchaceray les diables e sauverai les malades ui e demayn e le tyerz jour! E puis serray fini, quar il n'aveyent pas que prophete meorge hors de Jerusalem'.

65 Coment Jhesu gari le ydropik e precha a manger de humilité e de charité. Ore avint un jour de sabat que Jhesu entra en la maison un prince phariseus pur manger. E un home ydropik i estoit devaunt li, e il espierent si il garist nul home en sabat. E Jhesu demaunda des mestres e des phariseus si um deust bien fere en sabat, e
5 il se teurent. E Jhesu le toucha e le sana, e lor demaunda lequel d'eus ne treroit tantost sus son beof ou son ane si il fust chu en un fossé au sabat, e il ne poeyent respoundre. Donc aprist Jhesu les ostes que quant il fuissent apelez a feste, qu'il n'alussent pas le plus haut sege. E aprist ausi son oste que quant il feist feste, qu'il apela les malaisez qe ne le pussent gueres doner, e Dieus le rendroit en l'autre secle. Dont dist un des ostes
10 qe mout serroit beneuré que purroit manger en regne Dieu, e Jhesu respoundi e monstra que mouz i purroient manger qui vorroient venir. E dist donques un parable de un hauz home que fist un graunt feste. E quant tout estoit prest, donques s'escuserent touz les convoiez, auquns pur ce qu'il voleit veoir sa ville, auquns pur ce qu'il voloit esprover ses buefs, auquns pur ceo qu'il avoit pris feme. E li hauz homme
15 se corousa e dist que nul d'eus ne gousteroyt ses viaundes, e fist apeler les poveres e les malades en lor lui, e empli sa maison.

66 Coment Jhesu parla par voie countre charnel affeccion. Puis ala Jhesu avaunt vers Jerusalem, e mout de people li sivi. E il se returna e lour dist que qi que vousist venir a li, il covendroit lesser toutes charneles amours e prendre sa croiz e venir aprés li si il vousist estre ses deciples. E lor dist ausi que ausi com celi que veut fere une haute
5 tour se purpense primes s'il la puet chevir, e ausi com un rey que n'ad fors ke dis mile homes se purpense coment il pusse arester a un autre que vient countre li a vint mile homes, ausi dist il: 'Qui veut estre mes deciples, il covyent qu'il se purpense mout estreit e lesse quantqe destourbe la moy amur'.

67 Coment Jhesu respondi a ceus qui groucerent des peccheors. Aprés ce vindrent pupplicans e pecchours e s'aprocherent a Jhesu pur oir le. E les phariseus e les mestres en groucerent e disoient qu'il les resceut e neis manga ové eus. E il lor dist donques treis parables e lour moustra qu'il devoit ce fere, quar plus de joie ad le
5 pastour de un' owaille que estoit forvoié, quant il la treofe, que de cent autres. E plus de joie ad la feme de un dener qu'ele out perdue, qu'ele out trové, que de dis autres. E plus out joye un home de son fiz qu'estoit alez en estraunge terres e avoit gasté son avoir en lecherie quant il revynt a l'ostel vif, tout revenist il nu e deschauz, que de son autre fiz que n'out unques fet chose que ses peres li defendist. Ausi dist Jhesu: 'Plus
10 sont joious les angles Dieu de un peccheour que se repent que de cent dreitureus que n'ount mester de penaunce'.

68 Coment Jhesu aprist ses deciples estre piteus e reprist les phariseus.
Donques aprist Jhesu ses deciples estre pitous, e lor dist un ensample de un serjaunt que son seignur voloit tolir la garde de la vile qu'i li out baillé pur ce qu'il oi dire qu'il out gasté ses biens. E li serjaunt se fist amis taunt cum il pout e relessa les dettes son
5 seignur. E le seignur l'oi dire e le loua pur ce qu'il out fet sagement, quar la gent du secle sont plus sages en lor estat que les autres endreit Deus. Ore oierent les phariseus qui estoient avers coment il aprist ses deciples fere aumones e despire ce secle, e li ristrent en eschar pur ce que Dieu promist ayse e honur en terre a ceus qui gardassent sa lei. Donc lor reprova Jhesu lor ypocrisie, e lor dist que la temporele promesse de la
10 lei ne durra for que au tens Johan le Baptistre, quar de cel' houre en avaunt promist Dieus le ciel a ses servaunz. E qui le voudra aver, il covyent qu'il le conquerge a force. Donc lor monstra Jhesu que neis en la veille ley hai Dieus avarice e ama penance, e lor dist un ensaumple que un riche homme estoit que se vesti si bel e si swef com il poeit e manga chescun jour deliciousement. E estoit un leprous que geust a sa porte plein de
15 puriture que coveitoit les myes que cheirent de sa table. E nul homme ne li dona, enz vindrent les chiens e lescherent ses plaies. Este vous morust le leprous, e estoit porté des angles e mis o Abraham. Aprés morust li riches hom e estoit seveli en enfer. E autaunt com il estoit divers en ce siecle, estoit il divers en l'autre.

69 Coment Jhesu aprist ses deciples qu'il eschuissent esclaundre. Puis aprist Jhesu ses deciples autre foiz qu'il eschuissent esclaundre e qu'il reprisent ceus qu'il veissent meffere e pardonassent a ceus que priassent pardoun tant de foiz com il se repentissent. Donc le prierent les apostres q'il ennoitast lor foy, e il lor respoundi que
5 s'il ussent parfite foi, il feroient ceo qu'il vousisent. E lor aprist sour tote rien qu'il tenissent pou de lor fez. 'Quar qui cruest', dist il, 'qu'il die a son serf sitost com il vyent de son labor, "Alez manger!" Enz li dist on qu'il attorne primes la viaunde son seignur, e pus qu'il avera servi son seignur, seste il e mangue. E on ne li mercie ja quant il ad tout ce fet. Ausi vous', dist Jhesu, 'quant vous avez tout ce fet que vous est comaundé,
10 dites, "Nous sumes non digne serf. Nous avoms fet ce qe nous devioms fere de dette"'.

70 Coment Jhesu gari les .x. lepreus. Aprés ce vint Jhesu entrant une vile, e dis leprous vindrent countre li criaunz merci de loynz. E Jhesu lor dist qu'il s'alassent monstrer au prestres que les pussent denuncier nettez. E tant com il alerent, devindrent il tout nettez. E un de eus qu'estoit Samariteyne, sitost com il vit qu'il estoit
5 net, returna il e loa Dieu. E vint e chei au piez Jhesu e li mercia. E Jhesu li dist: 'Donc ne sount touz les dis nettez, e ou sont les neof? Il n'i out nul qui returnast e loast Dieu fors cest alien?' E Jhesu li dist qu'il levast e s'en alast, quar sa foi l'out sauvé.

71 Coment Jhesu respondi as phariseus qui demaunderent quant Crist vendroit. Puis vindrent les phariseus e demaunderent de Jhesu quant vendroit Crist. E Jhesu lor respoundi que le regne Crist ne vendroit mie par espies, quar tout le mounde saveroit quant il vendroit. 'Nepurquant', dist il, 'Crist est entre vous'. Donc dist il a ses
5 deciples que le tens vendroit qu'il desiroient un jour suveanon ver le en terre, e il ne le verroient pas. Mes nepurquant il vendroit, ce dist, autre foiz si apertement que tout le

mounde le verroit, mes avaunt ce li covendroit estre refusé du people e suffrir diverse peynes. Donc lor dist il quel' serroit cele venue e lor aprist coment il se devoient encountre cele venue, que serroit si hidouse, atturner par oreison e par humilité. E lor dist qu'il covent tout tens orer, e lour mist ensaumple de un mauveys juge qu'estoit en une cité que delaia le dreit une veve longement. Taunt li pria cele que au drein li fist il dreit pur sei deliverer de li. 'E mout plus', ce dist, 'fera Dieu la requeste ses esluz si il li prient jour e nuyt'. Pus dist Jhesu cest saumple de une gent qui fioient en lor biens e despisoient les autres. Un phariseu e un pupplican alerent orer en temple. Le phariseu estut e mercia Dieu que n'estoit pas semblable as peccheors, e nomément au pupplican, e reconta ses bienfez. Le pupplican estut loinz e ne voleit neis regarder vers le ciel, mes bati son piz e pria Dieu merci com peccheurs. 'E sachet', dist Jhesu, 'que le pubplican estoit oiez e le phariseus refusé. Quar qui se hauce, il serra humilié, e qui se humilie, il serra haucez'.

72 Coment Jhesu respoundi as phariseus ki demanderent si hom pust lesser sa feme en nule manere. Donc vindrent les phariseus a Jhesu e li demaunderent si homme pust en nule manere lesser sa femme, e Jhesu lor demaunda que Moises en dist. E il disoient que Moises dist qui vousist sa feme lesser, il li deveroit escrivre l'encheson e lesser la. E Jhesu lour dist que ce estoit pur lor cruauté que Moises le soffri qu'il ne les tuassent. Mes de l'oure que Dieus out fourmé home e feme defendi il que homme ne lessat sa feme, neis pur pere ne pur mere. E pus autre foiz a lor hostel li demaunderent ses deciples de ce, e il lor dist que homme ne poeit sa femme lesser sinoun por fornicacion, e donc ne poeit il prendre autre. Dunc distrent ses deciples que si il fust ensi, ne feroit pas prendre feme. E Jhesu lor dist que auqune gent sont chaste par nature, e auquns par art, e auquns de lor bone volunté pur Dieu. E ce ne poeient touz estre, mes qui que le peust estre, fust.

73 Coment Jhesu beneist les enfaunz e les enbraça. Donc vint hom e offri enfaunz a Jhesu qu'il les dust tocher e beneyr; e ceus deciples reboterent ceus que les offrirent. E Jhesu, quant il ce vist, s'ennuia e les apela e lor dist qu'il lessassent les enfaunz venir a li: 'Quar a ceus', dist il, 'est le regne Dieu, e qi n'est tiel com enfaunt, il n'i entra mye'. Donc les enbrasa il e les beney e s'en ala.

74 Coment Jhesu respondi au prince qui demanda coment il pust estre sauf e pus a seint Pierre. Este vous com Jhesu ala par voie, vint un prince riche e jeofne. E s'agenoilla devaunt li e demaunda quei il dust fere pur aver la vie pardurable. E Jhesu li dist que si il vousist la vie pardurable avoir, qu'il gardast les comaundemenz Dieu. E il demaunda queus, e Jhesu li noma les comaundemenz de la veile lei. E il dist qu'il les out gardez toute sa vie e li demaunda que li fausist unquore. E Jhesu li regarda aimablement e li dist que si il vousist estre parfet, qu'il alast e vendist quantqu'il avoit, e donast a povres, e venist aprés li. E li dist qu'il averoit tot en tresor en ciel. E quant li riches hom oi ceo, s'en ala il tristes, quar il out mout des possessions. E Jhesu dist a ses deciples que a poigne entreroit uns riches hom en ciel, e il estoient esbai a sa parole. Donc lor dist il que ceus qui se fiassent en lor richesces n'i purreient entrer nient plus que un chameaus par l'oill de un' auguille. Donc s'enmerveillerent il plus e disoient: 'Qui puet donques estre sauf?' Donc dist Jhesu: 'Endroit de home ne poet ce estre,

mes Dieu le poet justifier'. Donc li demaunda seint Pierre quel serroit lor guerdon qui
avoient toutes choses lessez pur li sivre, e Jhesu li respondi que il serroit ové li e
jugeroit tout Israel a jour de Juyse: 'E touz ceus', dist il, 'qui lessent ore lor parenz e lor
amis e lor possessions pur moi, il resceiveront cent taunt en ceo secle ové les
persecucions qu'il sofferunt, e en l'autre siecle vie pardurable. Mes mout serrunt
primers qui pierent dareyns, e mout dareyns qui perent primereyns'. Donc lour dist
Jhesu a ceo un parable de un home que amena overours en sa vigne e paia ceus plus
tost ke vindrent plus tart, e ataunt lor dona.

75 Coment Jhesu garni la tyerce foyth ses deciples de sa Passion e coment il respondi a seint Jak' e seynt Johan. Aprés ce, com il ala avaunt vers Jerusalem, estoient cil qui le suerent mout effraiez e mout pourous, quar il fui ja espiez. E il ala devaunt eus e prist priveement lé dozze apostres, e lor dist que sitost com il vendroit a Jerusalem, serroit empli l'Escripture e toute la prophecie que fu de sa Passion e de sa Resurexion. E lor dist tote la manere, mes il ne l'atendirent pas, quar il ne les volust pas trop contrister. Donc vint la mere seint Jake e seint Johan e li pria qu'il pussent seoir l'un a destre e l'autre a senestre plus pres de li en son regne. E Jhesu lor respondi qu'il ne savoient que il prierent. E lor demaunda si il poeient beivre de son boivre e estre baigné en son bayng, e il disoient que oil. Donc dist Jhesu que de son boivre serroient il enbevrez e en son baing baignez, mes seoir a sa destre ou a sa senestre, ce poeit il pas otrier a eus pur cosinage mes a ceus a qui son Piere l'out destiné. Este vous les diz apostres avoient desdeing que les deus freres avoient fet ceste requeste, e Jhesu les apela a soi e lor dist qu'il ne serroit pas ensint entre eus com entre les seculerre gent. Quar quiquonques vousist estre greignor entre eus, il serroit serf a touz, sicom il meimes out esté entre eus com lor servant e vint neis doner sa vie pur reindre son people.

76 Coment Jhesu gari un aveogle a l'entré de Jherico. Este vous com Jhesu aprocha a Jerico, sist un aveogle costiaunt la voie, e demaunda le people que fu la presse qui passa, e il disoient que ceo estoit Jhesu de Nazareth qui i passa. E il cria tantost a Jhesu qu'il eust mercy de li, e ceus qu'alerent devaunt comaunderent qu'il se tust, e il cria plus. E Jhesu restut e demaunda qu'il voleit, e il dist qu'il poeit veoir. E Jhesu li dist qu'il veist, e il vist tauntost e ala avaunt ou li, e tout le people loua Dieu.

77 Coment Jhesu turna ches Zacheu e la dist la parable dé diz besaunz. Pus en turna Jhesu en Jerico. Este vous un riche home qui out noun Zacheu qu'estoit chef baillif du pais le desirra veoir e ne poeit pur la presse, quar il estoit petiz. E il coruit devaunt e mounta un cikamour pur veoir le avaunt qu'il alast du pais. E Jhesu, quant il vint endroit li, regarda sus e l'avisa. E li dist qu'il descendist hastivement e le herbigast, e il descendi tantost e le resceut a joie. E touz qui virent groucerent e disoient que Jhesu fu torné chef un peccheour. Donc vint Zacheu e estoit devaunt Jhesu e dist qu'il doroit la moité de ses chasteus as povres, e de l'autre moité rendroit il quatre pur un si il eust de nuli ryens pris a tort. Donc dist Jhesu que tote sa menee fussent celi jour sauvee pur ce que l'oste estoit justifiez, e pur ce dist il qu'il estoit venuz pur quere e pur sauver ceus qu'estoient periz. Pus lor dist il un parable dé dis besaunz que un hauz hom bailla a ses serjaunz, e lor comaunda qu'il marchaundassent tant com il ala en un

loingten pais prendre a soi un reaume. E ce dist il pur ce qu'il quiderent qu'il se moustreroit rois sitost com il vendroit a Jerusalem. E il lor dona byen a entendre que
15 les Juis ne le receveroient pas, e qu'il serroit par ce destruit, e qu'il vendroit au jour de Jugement moustrer sei roy e rendre a chescun solunc ce qu'il avera deservi.

78 **Coment Jhesu gari deus aveogles a l'issue de Jherico.** Puis ala Jhesu hors de Jerico. E deus aveogles sistrent pres de la voie e oirent dire que Jhesu i passa, e li crierent mercy. E le people lor dist q'il se teussent, e il crierent mout le plus. E Jhesu restuit e lor demaunda que il voleient, e il disoient qu'il peussent veoir. E il tocha lor
5 euz, e il virent tantost. E li uns de ceus avoit noun Barthmeu.

79 **Coment Jhesu respondi a Guys a la feste de la dedicacion du temple.** Ore avynt a la ffeste de la dedicacion du temple qu'estoit en iver que Jhesu vint en temple en Jerusalem. E vindrent les Juys a li e li demaunderent anguissousement qu'il lor deist apertement si il fust Crist. E Jhesu respoundi que par ses eovres poeient il bien veor
5 qu'il fust: 'Mes vous', ce dist, 'ne creez pas en moi, quar vous n'estes pas de mes owailes. Mes owailles obeissent a moi e me siwent, e jeo lor doing vie pardurable. E nul homme ne les poroit tolir de moun Pere a qui je les bailleray, quar mon Piere e moi sumes tout un'. Donc pristrent il pieres por lapider Jhesu, e Jhesu respoundi e dist: 'Mout de byen vous ai fet, purquei me volez vous lapider?' E il disoient que pur nul
10 byenfet, mes pur ce qu'il mesdit de Dieu, quar il dist que Dieu son Piere e li estoient tout une chose. Donc lor moustra il que Dieus apele apertement ses eliz dieus en sa seinte Escripture. E il lesserent donques le lapider e le voleient prendre. E il issi hors de lor mayns e ala outre le fflem Jordan, la ou seint Johan le Baptistre soleit meindre. E mist la ové ses deciples, e plusors vindrent a ly e creurent en li.

80 **Coment Jhesu resuscita Lazere e coment les evesques e les phariseus firent pur ceo concil countre li.** E com Jhesu estoit entré le fflem Jordan en tapinage, avynt qe un suen amy que out noun Lazere qu'estoit ffrere seinte Marthe e seinte Marie Madaleyne, que Jhesu ama mout especiaument, enmaladi e langui en Betaigne a un liwe
5 de Jerusalem. E les suers maunderent a Jhesu le deshait son amy, e Jhesu respoundi que ce estoit pur l'onur Dieu, nom pas pur ce qu'il dust morir arément. Pus aprés que Jhesu avoit la demoré deus jours, dist il a ses deciples qu'il voleit returner en Judee. E il li disoient que ce estoit merveylle, sicom les Juis le voloient un pou devaunt avoir lapidé. Donc lor dist Jhesu qu'il ne lor covendroit mie qu'il eussent paour pur suire le,
10 quar il les pout toutz tens sauver. Quar il estoit, ce dist, com le solaill par qui clarté homme se puet toutes les oures du jour garder qu'il ne se blesce. Donc lor dist il que Lazere lor ami dormi, que ce fu signe de gareison. Donc lor dist Jhesu apertement qu'il estoit mort, e dist que il li estoit bel qu'il n'i fui pas que il n'eussent esté tempté de la foy si il eussent veu morir son ami en sa presence. 'Mes aloms', dist il, 'a li!' Donc dist
15 seint Thomas as autres deciples: 'Alom nous morir o nostre Mestre'. Quar Jhesu, ce li fui vis, ala de gré entre ses morteaus enemis. Donc vint Jhesu a Besteyne le quart jour que Lazere estoit seveliz, e atendi dehors la vile e maunda Marthe. E ele vint e chei a ses piez e dist si il eust esté la, ne ust pas son ffrere esté mort. 'Mes je sai bien', dist ele, 'qu'onquore vous dorra Dieus quanque vous li demaunderez'. Donc dist Jhesu qu'il
20 releveroit, e ele dist que ceo sout ele byen qu'il releveroit au Jugement. Donc

demaunda Jhesu si ele crust qu'il fu resureccion e vie, e ele dist q'ele creust qu'il estoit Jhesu Crist Fiz Dieu. Donc dist Jhesu qu'ele s'en alast quere sa suer, e ele s'en ala e dist priveement a sa suer que Jhesu estoit venuz e l'out maundé. Donc s'en ala tantost Marie. E grant people des Juis de Jerusalem qu'estoient pur conforter les de la mort lor
25 frere la sui, e quiderent qu'ele alast plorer a la toumbe. E quant Marie vint a Jhesu, tantost chei a ses piez ploraunte e dist si il eust esté la, son frere n'eust pas esté mort. Jhesu, quant il la vist plorer e les Juis qu'estoient venuz ové li, comensa a fremir. E lerma e demaunda ou il l'eusent seveli, e il le menerent cele part. Donc distrent les uns qu'il paruit qu'il l'out mout amé; e les autres disoient que mervailles estoit qu'il ne poeit
30 tenir la vie son ami, qu'a uns estraunges qu'estoit nez aveogles dona la veue. Este vous donc Jhesu fremissaunt vint a monement. Ore estoit il mis en une fosse, e une pierre estoit mise desus. Donc comaunda Jhesu qu'il remuassent la pierre, e respoundi Marthe qu'il puoit ja, quar il out jeu quatre jours. E Jhesu li dist que si sa foi ne li fausist, ele verroit mervailles. Donc remuerent il la pierre, e Jhesu leva ses eoz vers le
35 ciel e mercia son Piere q'il out oi sa proiere. E pus o haute voiz cria e dist: 'Lazere, venez hors!' E tantost s'en issi liez piez e mains de bendes, e sa face estoit liez de un suaire. Donc comanda Jhesu qu'il le deliassent e lessasent aler. Este vous que mout que ce virent crustrent en Jhesu, e les autres alerent as phariseus e lor counterent ce qe Jhesu out fet. Donc s'asemblerent les evesques e disoient que si il lessasent Jhesu si
40 fraunchement fere ses mervailles, tout le people crerroit en li, e vendroient les Romayns e les destrueroient com ceus que eussent resceu novel seignur saunz eus. Donc dist un d'eus que out noun Caifas e estoit evesqe cel an qu'il ne savoient nul bien quant il ne penserent, ce dist, que meuz lor fust que un homme fust occis pur le people que tout le people fu peri. De cel jour donques penserent il qu'il voloient tuer Jhesu, e
45 comaunderent si nul homme seust ou fust Jhesu, qu'il lor venist dire qu'il le peusent prendre. Donc s'en ala Jhesu en tapinage en une cité que out noun Effram, qu'estoit ausi com en desert.

Ci comence la quinte meditacion par le jeodi

81 Coment Jhesu vint a Jerusalem par Betaigne e estoit resceu o gloriouse procession. Puis aprocha la feste de pak, e vint le people de toute la terre a Jerusalem pur soi attorner countre la feste. E sicom il esteurent en temple, demaunderent coment
5 ce estoit que Jhesu n'estoit venuz a la feste. E Jhesu donques, le sime jour devant la pake, vint a Betayne, la ou il out resussité Lazere. E il li firent un soper, e Marthe servy, e Lazere estoit un des mangeaunz. Este vous Marie sa suer prist une livre de tresprecious oignement e oint le chef e les piez Jhesu taunt com il sist au manger, e toute la maison estoit pleine de l'odour. Donques dist Judas Scariot: 'Purquei est cest
10 oignement perdu? Il poeit estre vendu por plus que quatre deners e estre donez as povres'. E escharnist la dame par desdeing. E ce ne dist il pas pur ce qu'il estoit aumoners, mes pur ce qu'il estoit laron e out bourses e porta ceo que on mist. Donc dist Jhesu qu'ele out ceo fet pur l'onur de sa sepulture, e dist qu'ele out mout bien fet, quar povres purroit ele touz jours avoir, mes son cors n'averoit ele pas toute foiz: 'E
15 ele fet', dist il, 'ce qu'ele puet, e pur ceo serra ce fet counté en l'Evangele par tout le mounde en memoire de li'. Ore oirent mout de gent dire que Jhesu estoit la, e vindrent non pas soulement pur Jhesu, mes pur veoir Lazere que il out resuscité. Donques

penserent les eveskes qu'il tueroient Lazere, quar mout par encheison de li creurent en
Jhesu. L'endemain, com il aprocha Jerusalem e vint a Bephage, dount dist il a deus de
20 ses deciples qu'il alassent a la vile qu'estoit devaunt eus e l'amenassent un' anesse e son
poleyn, e si nul homme les lor deneast, qu'il deissent que lor seignur en eust afere e on
lor lerreit. E il alerent e troverent tout ensi com Jhesu lor out dist. E on lor demaunda
qu'il voleient des bestes, e il respoundirent sicom Jhesu lour out comaundé, e il les
lesserent. E vindrent a Jhesu ové les anes, e il mistrent sour le poleyn lor dras e
25 assistrent Jhesu desus. E les uns mistrent lor dras en la voie, e les autres foilles e
branches. E quant Jhesu vint au descent du mound d'Olivete, comensa tout le people a
loer Dieu pur les mervailles qu'il avoient veu qu'il out fet. E comencerent a chaunter e
a crier e jeir que ce estoit Crist, lor naturel Rei que Dieus lor out premis de la ligné
David. Este vous le grant people que estoient venuz a la feste, quant il oirent dire que
30 Jhesu vint a Jerusalem, s'en issi countre li e pristrent braunches en lor mayn e aloient
chauntaunt e loaunt Dieu tout ensi com cil qui suoient Jhesu. E quant les phariseus
virent que on li fist e dist si grant honur e qu'il le soffri, si vindrent e li disoient qu'il les
desturbast. E Jhesu respoundi que si il se teussent, les pierres crieroient. Este vous
quant Jhesu vint pres de la cité e la sourvist, se comensa a plorer. E dist qe si ele seust
35 ce qu'il savoit, ele plorroit, quar ele serroit asegié e destrute du tout pur ce qu'ele n'out
conue le tens que Dieus l'out visité. E com Jhesu entra en la cité, tout le people estoit
esbai e demaunderent qui ceo fust, e la gent disoient que ce estoit Jhesu le prophete de
Nazareth. E donqes disoient ceus qe avoient veu coment Jhesu avoit resuscité Lazre
qu'il estoit bien digne de grant honur. E les phariseus disoient entre eus par envie que
40 pur nyent l'avoient il desdist, quar il n'avoit riens espleité: 'Quar veez', disoient il, 'tot le
people le suist'.

**82 Coment Jhesu se porta le jour dé Pames en temple e coment il respondi as
princes e as mestres qi l'opposerent des enfaunz.** E Jhesu chivaucha parmi la cité
jusqes au temple. E trova en temple marchaunz des offrendes, e il les chasça hors touz
e reversa les tables de ceus que chanjoient la monoie e les chaieres de ceus que
5 vendirent les coloms. E lor dist que Dieus dist qe sa maison serroit maison d'oreison, e
il l'avoient fet rescet de larouns. E il ne soffri neis que om portast nul vessel parmi le
temple qui ne fust seintefiez as sacrifices. E les princes du people e les mestres e les
evesqes, quaunt il cel virent, penserent coment il le peussent prendre e dampner, mes il
n'oserent pur le people qui tant l'ama e taunt l'oi volenters. Este vous vindrent les
10 aveogles e les clopz a li, e il les gari. E les enfaunz de la cité alerent chauntaunt devant
li com devaunt lor Rei naturel e verrai Crist de la ligné David. Donques vindrent les
evesques e les phariseus e li disoient que lor estoit avis qu'il ne dust pas ce soffrir qu'il
n'eust gloire. E il respoundi que David le profete, com il bien savoient, dist que Dieus
ferroit la loange de son Crist de la bouche des enfaunz pur confoundre ses enemis. E
15 donqes demurra Jhesu jeun en temple jusques al vespre. E donqes regarda il entour luy
si nul le vousist prier a herberger. E quant nul ne le fist, donqes s'en parti il ové ses
apostres en Betaigne chief Lazere e lor aprist la crestienté.

83 Coment Jhesu maudist au ffiger com il returna vers Jerusalem. L'endemain
matin returna Jhesu en Jerusalem. E com il vint par voie, out il feym, e ala a un figer

quere si il poeit trover nul fruit. E quant il vint, si ne trova si foille noun. E il le maudist tantost e dist que jamés frut ne portereit, e tantost sechi le figer, e sechi jesqes
5 as racines, e les deciples en avoient grant mervaille. E seint Piere li moustra l'endemain, com il alerent vers Jerusalem, coment le figer estoit sechi. E Jhesu lor dist que si il eussent parfecte foi e charité q'il feroient ensi, ne mie soulement de un figer, mes de une montaigne remuer.

84 Coment Jhesu sist e garda le temple e respondi a ceus qui l'opposerent de son pouir. Jhesu donques, quant il vint a Jerusalem, sist e regarda le temple de marchaundises e de totes autres secularitez. E sist e precha au people, e vindrent les archeprestres e les mestres e les aignez a li, e li demaunderent qui l'out doné le pouer
5 de fere tele chose com il fist en temple. E Jhesu lor respondi que si il responissent a un soul mot, qe il lour diroit qui li ust le pouer doné: 'Dites moi si Johan le Baptistre estoit de part Dieu ou noun'. Penserent il: 'Si nous dions qu'il estoit de part Dieu, il nous demaunderoit purquei nous ne le crumes. E si nous dioms qu'il n'estoit pas de part Dieu, le people nous lapidera'. E respondirent qu'il ne savoient. Donques lor dist Jhesu
10 qu'il ne lor dirroit nient plus qui li out doné cel pouer, qu'il li respoundirent a sa demaunde.

85 Coment Jhesu conclust les mestres e les phariseus par treis parables. Puis lor dist Jhesu treis parables e lour moustra qu'il estoient dampnable par lor respouns demeigne. La primere est d'un home qe out deus fiz, e l'un dist qu'il voleit fere le comaundement son piere e ne le fist pas, e l'autre dist qu'il ne voleit ryens fere e
5 nespurquant le fist. Un' autre parable lor dist Jhesu de un homme que plaunta une viegne, e l'alowa a une gent que tuerent ceus qu'il envoia quere des frus, e neis son fiz demeine. Pus lor dist coment il estoit figurez par une pierre que touz les massons qui firent le temple Salamon engetoient en voie jesques au cocher la dereine piere. E donques la mistrent au somet d'une cornere acomplir deus murs, e la estoit ele si
10 avenaunte que touz s'enmervillerent. Pus lor dist Jhesu la tierce parable de un roi que tint les neoces son fiz, e ceus q'il out prié as noces se tencerent e tuerent ses serjaunz quant il les vindrent somondre. E quant les prestres e les mestres e les fariseus oierent que ces parables turnerent sour eus, si voloient prendre Jhesu, mes il n'oserent por le people, quar tout le people le tynt verrai prophete e de le matin jusques au vespre
15 l'oirent volenters.

86 Coment Jhesu respondi as phareseus e as herodiens del truage. Donques alerent les phariseus e se conseillerent as chivalers Herodes que eus prendroient Jhesu com feloun e treitre si il deist que um ne dust doner truage as Romains. E si il deist qe om le devoit doner, il l'escrieroit e le melleroit au people. Ore donqes vindrent il e li
5 envoierent lor deciples que ne estoient pas acointé ové les bailifs, e le comencerent primes a losenger e li disoient qu'il savoient bien qu'il dist verité a touz, e li prierent qu'il lor deist si il dussent doner le truage a Cesar ou noun. E Jhesu savoit tantost lor entente e lor dist qu'il li moustrasent la monoie que um lor demaunda, e il li moustrerent un dener. E il lor demaunda a qui estoit l'ome e la superscripcion, e il
10 disoient a Cesar. E il lor dist qu'il rendisent a Cesar ce que suen estoit e a Dieu ceo que suen estoit. E il s'en alerent confus.

87 **Coment Jhesu respondi a saduceus.** Le jour meimes vindrent a Jhesu les saducés que dient qe nule resureccion ne serra du cors. E li demaunderent de une feme que out eu set freres a baron solunc la veille lei qui feme ele serroit quant la resureccion generale vendroit. Donque lor dist Jhesu qu'il errerent pur ce qu'il n'entendirent pas les
5 Escriptures, quar en l'autre siecle n'averoient il pas femes sicom en ce siecle, mes serroient ausi com les angles Dieu. Donc lor moustra il par la lei meimes que generale resureccion serroit, quar Dieus dist qu'il est le Dieu Abraham e Isac e Jacob, dont piert qu'il sunt unquore, quar Dieus de ceus que sont mort ne purroit il pas etre.

88 **Coment Jhesu respondi au mestre dé plus haut comandement de la ley.** Quant Jhesu out si bien respondu as saducés qu'il ne savoient plus que demaunder, leva sus un mestre e pur assaier Jhesu li demaunda que furent lé plus hauz comaundementz de la lei. E Jhesu respondi: "'Amer Dieu de tout son quer e de toute
5 sa vie e de toute sa pensee e de toute sa force'". E 'amer seon preome com li meimes' estoit, ce dist, le secound, e en ces deus comandemenz pendi toute la lei e la profecie. Donqes dist le phariseus pur voir qu'il avoit bien dist, e Jhesu li dist qu'il n'estoit pas loinz del regne Dieu pur ce qu'il asenti a la verité.

89 **Coment Jhesu demaunda des phariseus qui fiz Crist deust estre.** Puis demaunda Jhesu de touz les phariseus la ou il estoient asemblez eu temple de quel lignage vendroit Crist, e il respondirent qe de David. Donc lor demaunda il coment David l'apelast son Seignur eu sauter si il ne fu pas avant li. E nul d'eus ne li poeit
5 respoundre ne li osa rien demaunder de cel jour en avaunt.

90 **Coment il precha al people e a ses deciples de la ypocrisie des phariseus.** Donques dist Jhesu au people e a ses deciples qu'il feisent ce qe les mestres e les phariseus lor deissent, mes qu'il ne suissent mie lor fez. E lor dist qu'il estoient ypocristes en plusors maneres, quar il estoient durs as autres e suef a eus meimes e
5 desirerent estre onorez e par lor giles atrestrent douns de veves e offrendes de la simple gent. E dist qu'il resemblerent les tombes qe sunt dobbez dehors e puauntes dedenz. E lor dist qu'il estoient cruaus ausi com de lignage, quar lor auncestres occistrent les prophetes Dieu e ausi feroient il les prophetes e les mestres qu'il lor envereit, e pur ce dist il que sa venjaunce de tout le saunk qu'il avoient espaundu pus le
10 tens Abel serroit prise de eus de cel' houre en avaunt. Donc dist Jhesu pleignaunt la cité: 'Jerusalem, que tuez les prophetes e lapidez ceus que sunt a vous envoiez, mout ai sovent volu requiller vostre people sicom fet la geline ses poucins souz ses eles, e vous ne voliez. Ore serriez donqes desoremés deserté, quar jeo vous di que vous ne me verrez jamés aprés ceste pak, taunt com vous crerrez en moi'.

91 **Coment Jhesu prisa l'offrende de la povre veve.** E com Jhesu sist e regarda coment la gent offrerent, vindrent mout des riches homes e offrirent mout. E vint une trespovre veove que offri un feodering. E Jhesu apela ses deciples e lor dist que cele povre veove out plus offert que touz les autres, quar touz les autres avoient mout
5 offert pur ce qu'il avoient mout, mes cele out offert quantqu'ele out, trestout son vivre.

92 Coment Jhesu respondi quant les payens voloient parler a ly de la voiz celestiale. Este vous vindrent paiens qu'estoient venuz a la feste a seint Phelippe, e disoient qu'il voloient volentiers veoir Jhesu. E seint Phelippe le dist a seint Andreu, donc alerent il ensemble e le disoient a Jhesu. E Jhesu donques respondi que l'oure
5 estoit venuz q'il serroit honurez des paiens. Quar ausi, ce dist, estoit de li com de forment que, pus q'il est semé, ja ne se multiplie jesques il seit ausi com amorti. 'Mes si il est amorti en terre, donques se multiplie il bien e porte mout de fruit. E ausi com il est de moi, est il des miens. Que eime sa vie en ce secle countre moi, il la perdera; e qui la het pur moi, il la trovera. Qui me sert, siwe moi! E la ou jeo serrai serront mi
10 servaunt. Qui me sert, mon Pere le onora'. Pus dist Jhesu q'il estoit mout troublez e pria son Pere qu'il le sauvast de cel' oure en avaunt. E dist: 'Piere, onorez vostre noun!' Donc vint une voiz du ciel e dist, 'Je l'ai onoré, e l'onorai autre foiz'. Donc distrent les uns qe ce estoit tonaires, e les autres disoient que un angre out o li parlé. Donc dist Jhesu que la voiz n'estoit pas venu pur li, mes pur eus. E dist que si il fust crucifiez, il
15 treroit tout le mounde a soi. Donc respondi le people que la lei dist que Crist viveroit sanz fin, e demaunda coment il deist qu'il serroit crucifiez si il fust Crist. Donc lor dist Jhesu qu'il avoient lores pou de lumere en eus e qu'il alassent taunt com il eussent lumere. Donqes creustrent plusors des princes en Jhesu, mes il ne se oserent monstrer pur les phariseus qu'il ne fussent mis hors de la sinagoge, quar il amerent la gloire de la
20 gent plus que Dieu. Donqes dist Jhesu: 'Qui creit en mei, il creit en Celi qi m'envoia. E qui me despit, je ne le dampnerai pas ore, mes ma doctrine le jugera au Jugement'. Quant Jhesu out ce dist, donc ala il e se musca d'eus.

93 Coment Jhesu garni ses deciples priveement de la destruccion du temple e lor aprist coment il se dussent atturner contre le Jugement en quatre parables. E com Jhesu issi du temple, vindrent ses deciples e li moustrerent com il fu fort e riche. E il lour dist qu'il serroit si destruit qu'il n'i averoit pas lessé une pierre sus autre. E pus
5 com il sist sus le mount Olivete countre le temple, li demaunderent seint Pierre e seint Jake e seint Johan e seint Andreu quant ce serroit e quel signe vendroit devaunt la destruccion e devaunt le Jugement. Dont lor dist Jhesu que mout faus prophetes vendroient, e pestilence e feim e terremeote e tempeste, e qu'il serroit traiz e pris e occis e la crestianetez prechez par tot le mounde. Depus lor dist il les signes que
10 vendroient avaunt qu'il vigne al Jugement. E dist: 'Le solaill devendra oscur e la lune retrera sa lumere, e parra que les esteilles chescent del ciel. E les vertues del ciel serront muez, e la gent en terre seccheront de poour pur la cressour de la mer e des floz. E donques parra le signe de la Croiz en firmament. Dounc me verront il venir du ciel o graunt pouer e graunt glorie. E donques enveierai je mes angles o graunt soun e o
15 graunt cri, e quillerent les eslius de tot le mounde. Quant vous verrez donques', dist il, 'cestes choses comencer, seiez heitez quar donques aproche vostre savacion. Mes le jour ne l'oure ne sevent pas les angles, enz serront la gent souspris ausi com au tens Noé. E pur ce ne chargez pas voz cuers de glotonie ne de iveresce ne de curiosité du siecle, mes veillez e orrez toutevoie que vous seiez digne d'estre devaunt moi'. Pus lor
20 dist Jhesu quatre parables. La premere, des serjaunz que attendent lor seignur en veillaunt ja si tart ne vigne. L'autre, d'un homme que se dota d'un laron com il

veilleroit e se gardereit. La tierce, des dis puceles que devoient aler countre l'espous e l'espouse, e furent les cink forcloses pur ceo qu'eles n'estoient pas prestes countre l'espous. La quarte, d'un homme qu'ala loinz en pelrinage e bailla son avoir a ses
25 serjaunz—a un, cink besaunz; a un autre, deus; au tierz, un soul besaunt. E a son revenir, reguerdona hautement les deus que avoient son avoir dobblé, e le tierz fist mettre en prison pur ce qu'il n'out riens gaigné. Pus lor dist Jhesu la fourme du Jugement e dist que quant il vendroit au Jugement en sa magesté, donc serroit toute gent asemblé devaunt li. E il les resceveroit ausi com fet le pastour les owailles des
30 chevres, e les ouaillez mettroit au destre e les chevres a senestre. E ceus a destre, pur les eovres de pité qu'il li firent en les seons, apeleroit il al regne son Piere. E ceus a senestre, pur ce qu'il ne li firent les eovres de pité en les suens, chaceroit il o les diables en peigne pardurable.

94 Coment Judas purparla la trayson en concil le mekerdy. Quant Jhesu out toute cestes choses dist a ses deciples, donque lor dist que a la pake—que serroit le tierz jour aprés—serroit il baillé a crucifier. Donc s'asemblerent les princes des prestres e les eignez du people en la court l'eveske qe out noun Caiphé pur ce que Jhesu out dit
5 le mardi prochein qu'il ne le verroient mes jesques il creussent en li. E issi s'en estoit alé, e se concillerent coment il pussent trair Jhesu e tuer le. Ore disoient il que ceo ne serroit pas a fere tant com la feste durast que le people n'en grousceast ou le defendist. Donc oi Judas dire coment il estoient assemblez, e ala a eus e demanda quei il li dorroient s'il lor baillast Jhesu priveement. E li premistrent trente deners, e il lor
10 premist. E de cel' houre en avaunt espia il coment il le peust trair e bailler a eus saunz le people, quar touz les treis jours avaunt out Jhesu esté seignaunt le people tout le jour en temple, du matin jusques au vespre. E de nuyt ala il en Betaigne en le mount Olivete, e li peoples au matyn toutevoies vint countre li en temple por oir le. Ensi donques se tapi Jhesu le mekerdi e le jeodi.

Ici comence la sime meditacion par venderdi

95 Coment Jhesu se porta en sa Passion de l'oure de complye jesques a oure de matynes. E jeodi au vespre comensa la feste de pake, e devoit chescune maynee sacrifier un aignel. Donque vindrent les deciples a Jhesu e li demaunderent ou il voleit
5 tenir sa pake e ou il deussent attorner l'aignel. E Jhesu dist a seint Pierre e a seint Johan qu'il alassent a la cité e siwissent un homme qu'il encountroient portaunt un pot d'eue. E la ou il entrast, la demaundassent l'ostel a li e a ses deciples, e il lor ferroit tantost otrie. E il alerent e troverent issi com Jhesu lor avoit dist. E attornerent l'aignel en un grant soler que l'oste lor livera tout prest e apparaillé. Quant vint le vespre, vint Jhesu o
10 ses deciples e s'asist a soper, e dist qu'il out mout desirré soper o eus e tenir cele pake avaunt qu'il fust pené. Pus com il manga, prist il le hanap o vin e rendi graces a son Pere; e beut e lor dona e lor dist qu'il le partissent entre eus. Pus lor dist que un d'eus li traiereit, e comencerent a demaunder chescun endreit sei si il le fust, e Jhesu respoundi que si estoit un d'eus que manja a s'esquiele, e dist que myeuz li fust qu'il ne fust
15 unques né. Pus les cumina Jhesu de son cors e de son sank e lor dist qu'il sacrassent pain e vin en remembraunce de li. Donc comencerent il a estriver lequel d'eus fust plus haut, e Jhesu lor dist qu'il ne serroit pas ensi entre eus com entre la gent seculere. Quar

l'eygné, ce dist, serroit ausi com le plus jeofne, e le souvereyn ausi com serjaunt, sicom il out esté entre eus ausi com lor serjaunt. E sicom il avoient esté ové li en ses temptaciouns, ausi, ce dist, serroient il ové li en regne son Pierre. Donc dist Jhesu a seint Pierre que li Diables out demaundé de Dieu son Piere qu'il le peust tempter e escoure com um escout forment quant um le vente, nes il out prié pur li especiaument que sa fei ne fausist: 'E vous', dist il, 'auqune foiz vous returnez e confortez voz freres'. Donc dist seint Pere qu'il estoit prest d'aler ové li en prison e a la mort. E Jhesu le respoundi que le cok ne chaunteroit pas la nuyt meimes avant qu'i l'eust treis foiz renoié. Donc lour demaunda Jhesu si riens lor eust failli quant il les envoia sanz sachel e saunz escrippe e saunz chauceure, e il disoient que riens. E il lor dist qui que eust lores sachel ou escrippe, qu'il les vendist e achatast un' espee; e qui n'eust, vendist sa cote, quar l'Escripture de sa Passion, ce dist, covendroit estre parempli. E il respondirent qu'il avoient la deus espees, e il dist que ce estoit assez. Pus leva Jhesu e osta ses dras e se ceynt d'un lincel e mist ewe en un bazin e comencea a laver e a terdre lour piez. E quant il vint a seint Pierre, si li dist qu'il ne laveroit jamés ses piez, e Jhesu dist que si il ne les lavast, il n'averoit nule part o li. Donc dist seint Pierre qu'il ne lavast mie soulement ses piez, mes sé mayns e sa teste. Donc dist Jhesu: 'Qui qu'est baigné, il n'ad mester de laver riens fors ses piez, mes vous estes nez e ne mie touz'. Donc quant Jhesu out lavez ses piez, reprist il ses dras e ala autre foiz seoir a soper. E lour dist qu'il avoit ce fet pur doner lor ensample qu'il feissent ensi l'un a l'autre. Donc devint Jhesu troublé e dist que un d'eus le traieroit. E il egarderent chescun autre e penserent qui ceo poeit estre. Este vous seint Johan l'Evangeliste meime l'oure s'esclina en son devaunt, e seint Pierre li fist signe qu'il demaundast qui ce fust. E il donques se reclina sus la poitrine Jhesu e li demaunda qui ce fust, e Jhesu dist que celi qu'il donroit une soupe de pain. E prist une soupe e dona a Judas, e tantost entra li Diable en li. E Jhesu li dist qu'il feist tost ce q'il fist, e ce ne savoit nul homme purquei il le dist. Les uns quiderent pur ce qu'il out deners que Jhesu li deist qu'il lor achatast ce qu'il eussent mester a la feste e qu'il donast auqune chose as povres. Sitost com il out resceu le morcel, issi il tantost. Donc dist Jhesu qu'il estoit honorez, e ce pareit par tens: 'E ausi com je dis as Juis qu'il ne querroient e ne purroient pas a moi venir, ausi, mes fiz, di jeo ore a vous. Mes un novel commaundement vous doint je que vous amez chescun autre: sicom jeo vous ai amez, que vous amissez chescun autre. En ce conoistront la gent que vous estes mes deciples si vous amez chescun autre'. Donc li demanda seint Pierre ou il irreit, e Jhesu li respoundi qu'il ne li poient pas lores suire, mes il le sueroient autre foiz. Donc demanda il purquei il ne le poeit donque suire e dist qu'il mettroit sa vie pur li. E Jhesu li dist qu'il le renoieroit treis foiz avaunt que le cok chantast. Donc comensa Jhesu a conforter les, e lores respoundi il a quantqu'il voloient demaunder. E les garni des persecucions qu'il soffreroient pur li, e lor premist qu'il vendroit autre foiz a eus. E lor premist le Seint Esperit qi lor dorroit pouoir, savoir e confort en totes les choses qu'il averoient mester. Pus lor dist Jhesu que l'oure estoit venuz qu'il le lerroient tout soul e s'enfueroient. Pus leva il sus ses oez au ciel e les recomaunda a Dieu son Piere, e pria pur eus e pur tous ceus qui creroient par lor prechement en li qe touz fussent un en li, e les menast a la gloire la ou il serroit qu'il le peussent veoir e conoistre saunz fin.

96 Coment Jhesu se porta de l'oure de matynes jusqes au matyn. Quant il avoient dist lor graces, isserent il e alerent hors de la cité eu mount Olivete. E Jhesu lor dist que la nuit meimes le guerpiroient il touz, quar ensi estoit avaunt escrit en la prophecie. Mes pus qu'il serroit de mort resuscité, vendroit il, ce dist, avaunt eus en
5 Galilee, e la le verroient il. Donc respondi seint Pierre qe jamés ne le lerroit e si touz les autres le feissent. E Jhesu le redist qu'il le renoieroit treis foiz la nuyt avaunt ke le koc chantast deus foiz. E il respondi qe non feroit, neis si il li convensist morir oveqe li, e ausi disoient touz les autres. Donc vint Jhesu o ses deciples contre le doit de Cedron en une vile que out noun Jessemany. E entra la en un cortill, la ou il soloit sovent
10 assembler o ses deciples. E Judas savoit bien le lu e la coustume. Donc dist Jhesu a ses deciples qu'il attendissent la tant qu'il orast, e prist seint Pierre e seint Jake e seint Johan e s'en ala. E comensa a devenir triste e pourous, e lor dist qu'il estoit trist' jusques a la mort, e qu'il attendissent la e veillassent o li e orassent, qu'il n'entrassent en temptacion. E il ala sodeinement e hastivement d'eus le get d'une pierre e chey a
15 genoiz a terre, e pria son Piere qu'il, si li pleust, li tousist la Passion. Este vous vint un angre du ciel pur conforter le, e il en l'anguisse ora plus longement; e sa suour corust en terre com goute de sank. E quant il revynt a ses deciples, si les trova dormaunt pur tristesce. E il lor dist qu'il veillassent e orassent qu'il n'entrassent en temptacion. E pus returna il autre foiz e pria son Piere qu'il feist sa volenté. E a son revenir les trova il
20 autre foiz dormanz, e il ne savoient qu'il li peussent respondre. E il les lessa donc e returna e ora sicom il avoit avaunt primerement fet. E pus revint e lor dist qu'il avoient assez donques dormi e qu'il levassent e venissent o li. E lor dist que traitor estoit pres: este vous vint Judas o un' eschele de chivalers paiens e o serjaunz que les princes e les mestres e les phariseus li avoient baillez o armes e o lanternes e o tortiz pur prendre
25 Jhesu. E lor dist qu'il preissent celi qu'il baiseroit. E Jhesu donques ala countre eus e lor demaunda qu'il queissent, e il disoient Jhesu de Nazareth. E il lor dist q'il l'estoit, e il alerent arere e chairent a terre. E Jhesu ala autre foiz a eus e demaunda q'il queissent, e il disoient Jhesu de Nazareth. E il dist qu'il lor out dist qu'il l'estoit, e si il queissent li, qu'il lessasent les autres aler. Ore estoit Judas o eus, e vint a Jhesu e le baisa. E Jhesu li
30 dist: 'Amis, a quei este vous venu? Me traissez vous, Judas, par baiser?' Donc vint le conestable e les chivalers e les serjaunz as Juis e pristrent Jhesu e le tindrent, e les deciples demaunderent si les devoient ferir des espeies. E seint Pere tret sa espee e feri un serjaunt l'evesque que out noun Malcus, e copa s'oraille destre. E Jhesu dist qu'il attendissent oncore, e dist a seint Piere qu'il remeist s'espeie, quar qui feroit mes
35 d'espee, il morreit: 'Ne quidez vous', dist il, 'que jeo pusse prier moun Piere, e il m'envoierait ores plus de dozze lignez d'angres? Mes il covyent que les Escriptures soient paremplez'. Donc toucha Jhesu l'oraille au serjaunt e le gari. Donc lierent les chivalers e les serjaunz Jhesu, e les deciples s'enfuirent touz. Mes un juvenceal le sui afublé de un drap linge senglement; e il le tindrent, e il lessa le drap e s'enfui. Jhesu
40 donques lor reprova com il estoient venuz pur prendre le o armes e de nuyt, com si il fust laron. E il donques menerent Jhesu en l'ostel Anné qui fille Cayphés l'evesque out esposé cel an, e seint Pierre e seint Johan le suirent de loinz aprés pur veoir la fin. E quant il vindrent en l'ostel Anné, seint Johan entra com celi qu'estoit conu de la menee; e seint Piere estuit de loinz. Pus pria seint Johan l'ussere qu'ele lessast entrer seint Pere.

45 Este vous les serjaunz firent un fu enmi la court e sistrent e s'eschauferent, quar il
fesoit froit; e avint que seint Pere s'asist o eus a feu. E vint l'ussere e li dist qu'il out
esté ové Jhesu. E il le denia devaunt eus touz e dist qu'il ne le conoist pas. E leva sus e
s'en voloit aler hors, e le cok chanta. E vint une autre ancele e l'avisa e dist a ceus
qu'estoient qu'il out esté o Jhesu. E vint un serjaunt e li dist qu'il out esté deciple Jhesu,
50 e les autres disoient que ceo estoit bien voirs. E il comensa a jurer qu'il n'estoit pas des
suens. Pus aprés un' oure dist un pur voirs qu'il estoit deciple Jhesu, e byen pareust,
quar il estoit, ce dist, Galileus, e les autres disoient que sa parole le prova bien. Donc li
dist le cosin celi qi oraille il out coupé qu'il l'out veu en curtill ou Jhesu estoit pris.
Donc comensa il a maudire touz les suens e jurer qu'il ne l'out point conu. Este vous
55 cum la parole estoit en sa bouche, chaunta le cok. E Jhesu turna vers li e l'egarda, e il li
sovient de ce que Jhesu l'out dist qu'il devoit ensi avenir. E les autres le lesserent, e
tauntost il ala hors de la court e plorra mout amerement. Este vous com Jhesu estoit
devaunt Anné, cil li demaunda de ses deciples e de sa doctrine. E il respoundi que sa
doctrine n'estoit pas com de feolonie e de privité mes en apert ou temple ou il precha a
60 tout le people. Un de ses serjaunz li dona une beoffe e li demanda si il deust ensi parler
a l'evesque. E Jhesu li dist que si il eust mesdist, qu'il li deist de quei; e si il n'eust, qu'il
ne le batist. Donques quistrent il faus tesmoignages countre Jhesu, qu'il le peussent
mettre a la mort. E vindrent les uns e disoient qu'il out dit qu'il destrueroit le temple
Dieu e le refroit em treis jours, e les autres disoient autrement e ne s'acorderent point.
65 E plusors autres faus tesmoinages vindrent, mes il ne se poeint acorder. Donc leva sus
l'evesque e demaunda Jhesu purquei il ne respondi riens. Donc le conjura il de part
Dieu qu'il lor deist s'il estoit Crist Fiz Dieu. E Jhesu respoundi qu'il estoit e qu'il le
verroient en la gloire Dieu venir juger le mounde. Donques decira l'evesqe ses dras e
dist que Jhesu out mesdist de Dieu e qu'il n'avoit mes mester de tesmoignage, quar il
70 avoient toz oi. E demaunda qu'il lor semblast, e il disoient touz qu'il estoit digne de
morir. Donc comencerent ceus qe tindrent Jhesu a escouper en son vis e escharnir le, e
coverirent ses euz e le ferirent desouz l'oie en col. E li disoient s'il fust Crist qu'il
devinast qui l'out fereu, e mout d'autres hountes li disoient il.

97 Coment Jhesu se porta du matyn jesqes a tierce. Puis envoia Anné Jhesu lié a
Caiphas l'evesque. E tantost le matin s'asemblerent la touz les prestres e les mestres e
les einez du people e se purparlerent coment il le peussent mettre a mort. E le
menerent en concil e le demanderent qu'il lor deist s'il fu Crist. E Jhesu lor dist: 'Si je
5 vous di que jeo le sui, vous ne le crerrez pas. E si je vous demang riens, vous ne me
respondrez pas ne ne me lerrez mes. Je serrai desoremés', dit il, 'a la destre Dieu'.
'Donc este vous', disoient eus, 'Fiz Dieu?' 'Ce dites vous', dist il. 'A quei', disoient il
donc, 'desirrom tesmoignes? Nous avoms oi nous meimes de sa bouche'. Donc
leverent il sus trestouz e le lierent e le menerent a Pilate qu'estoit baillif Cesar e juge de
10 people e estoit paien, e li bailerent il Jhesu. Mes il n'entrerent pas sa maison pur ce qu'il
se voloient garder netz qu'il peussent au vespre manger l'aignel paschal. Donc s'en issi
Pilate hors e demaunda de quei il acusasent Jhesu, e il disoient qu'il l'avoient trové
souduant le people e deffendant qe on ne donast truage a Cesar e disaunt qu'il estoit
Crist e Roi. Donc dist Pilat' qu'il le jugassent eus meimes sulunc lor lei, e il respondirent
15 qu'il ne devoient pas tuer nul home sanz li. Donc entra Pilat' la maison ou il dona les

jugemenz e fist apeler Jhesu. E Judas, quant il vist qe les Juis avoient jugé Jhesu a mort, reporta les trente deners que les prestres li avoient donez e lor offri e dist qu'il out pecché qu'il out trai si prodomme. E il li respondirent qu'il veist qu'il eust fet, q'a eus ne chalust, e il lor getta l'argent en temple. E s'en ala e se pendi, e son ventre creva e
20 ces beeaus s'espandirent. Donc pristrent les prestres les deners e disoient que o les autres offrendes ne firent il pas a mettre, mes par commun consail achaterent le chaump de un potier pur sevelir la les estraunges. Ce estoit avant tout ensi prophecié.

98 **Coment Jhesu se porta de tyerce jesqes a midy.** Ore estuit Jhesu devaunt Pilate, e il le demaunda si il fust Rei des Juis. E Jhesu li respoundi que ses regnes n'estoit pas de ce mounde, mes il vint pur porter tesmoignage de verité. E il donc li demaunda que fu verité. E tantost se torna e ala hors as Juis e lor dist qu'il ne trova
5 nul' achaison en Jhesu paront il le peust dampner, e il derichef l'acuserent de mout des choses. Mes Jhesu ne lor respondi riens ne a eus ne a Pilate, si qu'il en out graunt mervaille. E il donqes disoient qu'il out troblé tout le people de Galilee jusques a Jerusalem. E quant Pilate oi qu'il estoit de Galilee, si l'envoia a Herodes qu'estoit prince de Galilé e qu'estoit donqes en Jerusalem. E quant Herodes vist Jhesu, si en out
10 mout grant joie, quar il out mout desirré a veoir de ses miracles. E li demanda mout de choses, mes Jhesu ne le respoundi nul mot. Donc le despit Herodes, e son ost, e le vesti d'un drap blanc com fol e l'en revoia arere a Pilate. E par ce estoient acordez Herode e Pilate, quar avaunt estoient il enemis. Donc assembla Pilate les princes e les mestres e le people e lor dist que puis qu'il ne Herodes ne poient acheson trover de
15 dampner Jhesu, il l'enchaceroit e le lerroit aler. Este vous vint le people e pria Pilate qu'il lor deliverast un dampné sicom il soleit chescun an pur l'onur de la feste. E il lor demanda lequel il vousisent meuz, ou Jhesu ou Barnaban qui estoit laron e que pur traison e larcine qu'il out fet en la cité estoit il mis en prison. E le people pur amonestement des princes e des mestres esluit Barnaban. Donc lor demaunda Pilate
20 qu'il dust fere de Jhesu, quar il ne trova nul' acheison de dampner le. E il crierent touz en haut qu'il le crucifiast, e ne cesserent de crier. Donc prist Pilate Jhesu e le fist flaeler. E les chivalers le vestirent de purpre e l'afublerent de un mantel d'escarlette e mistrent une gerlaunde de espines sus son chef en luy de coroune e un rosel en sa main. E agenullerent devaunt li e le saluerent com roi e escracherent enmi son vis e le ferirent
25 desouz l'oie, e pristrent le rosel e le ferirent sus la teste. Donc l'amena Pilate tout ensi hors vestu e corouné as Juis e lor dist: 'Veez ci vostre roi!' Donc crierent touz a une voiz qu'il le crucifiast. E il lor dist qu'il le preissent e meissent en croiz, quar il ne trova nul' acheison. Donc distrent il qe solonc lor lei devoit il estre tuez pur ce qu'il se fist Fiz Dieu. Quant Pilate oi ceo, donc se douta il plus. E entra autre foiz a Jhesu e li
30 demanda dount il fu, e Jhesu ne li respondi riens: 'Coment', dist Pilate, 'ne parlez vous pas a moi? Ne savez vous pas que j'ai pouoir de lesser vous quite ou de crucifier vous?' Donc li dist Jhesu qu'il n'ust nul pouoir si ne li fust doné de plus haut, donc li voloit il lesser quite. E les Juis li disoient que si il le lessast, il ne serroit mie amis Cesar, quar il s'estoit fet roi countre Cesar. Donc amena Pilate Jhesu hors e sist en un lu commun
35 pur juger le. E dist as Juis: 'Veez ci vostre rei!' Donc crierent il touz qu'il le crucifiast. E il lor disoit qu'il devoit crucifier lor rei, e il disoient qu'il n'avoient nul rei que Cesar. Este vous com il sist, envoia sa femme a li, e li maunda qu'il ne s'entremeist mes de

Jhesu, quar ele out esté mout travaillé par avision le jour meimes pur li. E il prist donques eue e lava ses mains devaunt tout le people, e dist: 'Je su net de ceo dreiturel,
40 ceo veez vous'. E il respoundirent touz: 'Que son sank soit sus nous e sus noz enfaunz!' Donc lor lessa Pilate Barnaban e bailla Jhesu flaolé qu'il le crucifiassent a lor volunté. E les chivalers paiens le pristrent e l'emenerent dedenz en la court, e assemblerent a li toute l'eschiele que estoit de cink centz chivalers e le mistrent en guisse du rei ausi com avaunt. E le gabberent e agenoillerent devant li e le saluerent par
45 eschar com roi, e escracherent enmi son vis e le ferirent sus la teste du rosel. Puis despoillerent il Jhesu de la purpre e le vestirent de ses dras. E le mistrent sa croiz sus ses espaules e l'amenerent hors de la cité, e deus autres qu'estoient dampnez o li. Este vous com il alerent, vint un homme estraunge trespassaunt que out non Simon, e il li firent a force porter la croiz aprés Jhesu. Ore li sivi mout grant people, e nomément de
50 femes que le plorerent e weimenterent pur li. E Jhesu returna e dist qu'il ne plorassent pas por li, mes pur la vengaunce qe le people out deservi e qui vendroit sus eus.

99 Coment Jhesu se porta de midi jusqes a noune. Quant il vindrent al mount de Calvarie, donc despoillerent il Jhesu e le mistrent en la croiz e le cloufichirent. E il pria son Piere qu'il lor pardonast, e il le donerent a boivre vin mellé de mirre e d'eisill. E il le gousta, mes il n'en voloit boivre. Donc pendirent il l'un laron a destre e l'autre a
5 senestre Jhesu. Mes sus la croiz Jhesu fist Pilate mettre une table escrite de ebreu, de greu e de latin qu'il estoit Jhesu de Nazareth, Roi des Juys. Cele escripture leurent plusors Juis, que le luy estoit pres de la cité, e disoient a Pilate qu'il i meist que Jhesu out dit qu'il estoit Rei des Juis e ne mie qu'il le fust. E Pilate respoundi que ce qu'il out escrit serroit estable. Donc pristrent les chivalers e partirent les dras Jhesu en quatre
10 parties e mistrent sort. Mes de sa cote distrent il pur ce qu'ele estoit toute cosue qu'il ne la voleient decirer mes mettre sort qui l'averoit toute entiere; pus sistrent il e le garderent. Este vous sa mere e seint Johan e Marie Cleophe e Marie Madaleyne alerent e esturent coste la croiz Jhesu. Ore donques quant Jhesu vist sa mere e le deciple qu'il taunt ama ester la, si dist a sa mere: 'Douz deciple, feme, veez la vostre fiz!' Pus dist au
15 deciple: 'Veez la vostre mere!' E de cel' houre en avaunt la receut li deciples com mere e la tint com sa mere. Puis estuit le people e attendirent que li avendroit. E alerent les uns devant Jhesu e hochirent lor teste vers li e l'escharnirent e li disoient qu'il se sauvast si il feust Fiz Dieu e descendist de la croiz. E li reproverent qu'il out dit q'il poeit destrure e reedifier le temple Dieu en treis jours. E les princes e les prestres e les
20 mestres e les eynez ausi le gabberent entre eus e disoient qu'il out les autres sauvez, mes sei meimes ne poeit il sauver: 'Se il est', disoient il, 'Crist Roi de Israel, descende ore de la croiz, e nous crerom en li! Il se fia de Dieu, ore le sauve si il veut! quar il dist qu'il estoit son Fiz'. Ausi neis les chivalers l'escharnirent e li disoient que si il fust Roi des Juys, qu'il se sauvast. E ce meimes li dist un des larons, e il li dist si il feust Crist,
25 qu'il se sauvast e eus. E l'autre le reprist e dist qu'il ne douta pas Dieu, e dist qu'il avoient la hountouse mort deservi, mes Jhesu n'out riens meffet; e donc pria il Jhesu qu'il souvenist de li quant il venist en son regne. E Jhesu li dist pur voirs qu'il serroit le jour meimes o li en Paradis. Este vous de haute midi jusques a noune retreit le solail sa clarté, e vindrent tenebres sour toute la terre.

100 Coment Jhesu se porta de noune jusqes a vespre. Entour oure de noune cria Jhesu o haute voiz em plouraunt: 'Eli, Eli!', e dist cel saume du sauter: Deus, Deus meus, respice in me. Donc disoient les uns que esturent la q'il apela Elie. Jhesu donc, quant il out toutes les Escriptures qu'estoient de sa Passion parempliz fors cele que dist
5 qu'il l'abeveroient d'eysill, dist il qu'il avoit soif. E tantost corust un e prist une esponge e moilla en eisil e lia de ysope a un rosel e li tendi a la bouche. E les autres li disoient qu'il attendist savoir moun si Elie veusist venir pur deliverer le. Jhesu donc, quant il out gousté l'eisill, dist que tout estoit chevi. E cria autre foith o grant voiz e dist: 'Pere, en voz mains baill jeo mon esperit!' E en disaunt ce enclina il sa teste e rendi l'esperit.
10 Este vous meime l'oure la cortine que pendi en temple devaunt le haut hauter decira en deus meitees, e la terre se muet, e les pieres fendirent, e les sepulcres overirent. Donc dist un conestable de cent chivalers que estut une part pur garder Jhesu que por voirs Jhesu esteit droiturel e Fiz Dieu; e out mout grant poour, e touz ses chivalers ausi, quar il virent bien qu'il morust de gré. E toute la gent qu'esturent e abouterent e virent
15 toutes cestes mervailles batirent lor piz com coupables e retornerent en la cité. Ore esturent touz ses acointes de loinz, e les femes que l'avoient sui e servi de Galilee en Jerusalem, e virent totes les choses.

101 Coment Jhesu estoit treit aprés sa mort. Puis vindrent les Juis pur ce qu'il ne voleient pas que les crucifiez pendisent si pres de la cité en sabat de pak, e prierent Pilate qu'il feist bruser lor quises e les feist avaler. Donc vindrent les chivalers e depescerent les quises as larons que pendirent o Jhesu, mes les quisses Jhesu ne
5 depescerent il pas pur ce qu'il le troverent ja mort estendu. Mes un des chivalers le feri d'une launce en coste, e meintenaunt issit saunk e eue solunc l'Escripture. Pus com il estoit ja vespre, vint un noble e riche baron bon e dreiturel qui out dis chivalers a sa banere que n'out pas consentu au consaill ne as fez des Juis, quar il estoit le deciple Jhesu, mes privé pur poour. E entra hardiement en haste pur le sabbat a Pilate e li pria
10 qu'il li donast le cors Jhesu. Ore out Pilate mervaille si Jhesu fust si tost mort e maunda a le conestable qui le garda e demaunda si Jhesu feust mort, e il li dist que oill, pur voirs. Donc dona Pilate a Joseph le cors Jhesu, e Joseph vint donc pur avaler le cors Jhesu. Este vous vint mestre Nicodemus, qu'estoit avant venuz de nuyt a Jhesu, e porta entour cent livres de mirre e de aloes mellez. E Joseph fist achater un cheinsil net e
15 novel e osta le cors Jhesu e le lia lenz e en autres linceaus o aromatz, sicom les Juis soleient sevelir. Ore estoit decoste le luy la ou Jhesu estoit crucifié, en un cortill, e en cel cortill un sepulcre novel cavé en la roche en qui unques n'estoit homme mis, mes Joseph l'out fet a son oes demeine. La donc pur le sabbat, pur ce qu'il estoit pres, mistrent il le cors Jhesu e roulerent une grant pierre pardevaunt l'entré du sepulcre.
20 Ore estoit il mout tart, e nepurquant les femes avoient sui e veu tot coment il estoit seveli, mes donc se returnerent eles en la cité. E tant com eles oserent overer pur le sabat, alerent e achaterent aromatz e attornerent lor oignemenz pur venir e oingdre le cors Jhesu, mes en sabat ne firent eles ryens. Este vous l'autre jour vindrent les prestres e les phariseus a Pilate e disoient qu'il lor membra que Jhesu out dit qu'il releveroit de
25 mort le tierz jour. E li prierent qu'il feist garder le sepulcre jesques au tierz jour que ses deciples ne venissent e l'emblassent e deissent al people qu'il feust relevé. E il respondi

qu'il avoient garde e lor dist qu'il alassent eus meymes e le gardassent au meuz qu'il peussent. E il alerent donc e garnirent le sepulcre de gardeins e mercherent la pierre que jeust a l'entree.

Ici comence la setime meditacion par samadi

102 **Coment Jhesu releva de mort e resuscita plusors autres seynz.** L'endemain du sabat, sitost com hom poeit overer, alerent les Maries e achaterent aromatz pur venir e enoindre le cors Jhesu. E mout matin vindrent eles vers le sepulcre o lor
5 oignementz. Este vous Jhesu esteit ja relevé de mort, e out des seinz qu'estoient amortiz plusors resuscité que vindrent en la cité e apparurent a plusors. E vint donc une terremoete mout grant, quar un angle descendi de ciel e remua la pierre du sepulcre e il sist sus la pierre. Ore estoit sa regardeure sicom foudre e sa vesture blanche com neif. E les gardeins, sitost com il virent, estoient espauntez de poour e
10 cheirent a terre com mortz. Ore avoient les femmes, com eles alerent vers le sepulcre, demandé l'une de l'autre coment eles peussent remuer la pierre de l'entree. Este vous com eles agarderent laendroit, si virent la pierre remuee.

103 **Coment Jhesu apparust a la Magdaleyne.** E la Magdaleyne, sitost com ele vist la pierre remuee, corust arere e conta a seint Piere e a seint Johan qe le cors Jhesu estoit amporté. Donc leverent il sus e corurent au sepulcre. E seint Johan vint plus tost au sepulcre, mes il n'entra pas; mes il s'enclina e vit les linceaus soulement dont Jhesu
5 estoit envolupé gisir la. E quant seint Pierre vint, s'enclina e entra e vist les linceaus e le suaire qu'estoit entur le chief Jhesu gisir envolupé une part. Donc entra seint Johan e vit tout ausi e creust que le cors fust empurté, quar il ne savoient pas l'Escripture qu'il covint que Jhesu relevast de mort. E ensi returnerent il a l'ostel. Este vous les autres femmes vindrent vers le sepulcre e entrerent le cortill e virent un angle seaunt a destre
10 le sepulcre vestu d'une cheinse blanche, e avoient graunt poour. E il lor dist qu'eles ne se dotassent, mes seusent de voirs que Jhesu estoit relevé sicom il lor out premis. E comanda qu'eles alassent dire a seint Pierre e as autres deciples qu'il estoit relevé. E deus angles lour appareurent e esturent decoste eles e lor disoient qu'il lor sovenist coment Jhesu les garni qu'il li covint soffrir Passion en croiz e morir e relever le tierz
15 jour; e donc lor sovint bien des diz Jhesu, e abeserent la chere. E alerent hors o graunt poour e o graunt joie pur noncier as apostres les bones noveles. E tant com ces angles aparurent issi, estoit la Magdaleine autre part, e pus vint au sepulcre e estut e plora. E s'enclina e esgarda en sepulcre e vist deus angles en blanche vesture seaunz un a chief e un autre a piez. E il li demaunderent purquei ele plorast, e ele respoundi que son
20 Seignur estoit emporté e ele ne sout ou il estoit mis. Este vous leverent les angles countre Jhesu qui vint e estuit derere la Magdaleyne. E ele se returna e vist Jhesu e quida qu'il fust cortiller. Donc li demanda Jhesu purquei ele plorast e qui ele queist, e ele respoundi: 'Sire, vous l'avez emporté. Dites moi ou vous l'avez mis, e je le prendrai e l'emporterai!' A ce se turna ele vers les angles ausi com queraunt confort. E Jhesu
25 l'apela e dist: 'Marie'. E ele conuyst sa voiz e se returna e chei a ses piez e dist: 'A, beau Mestre!' Donc li dist Jhesu qu'ele alast e deist a ses freres q'il mountereit a son Pierre e a lor Pere, a son Dieu e a lor Dieu.

104 **Coment Jhesu apparust as autres dames.** Este vous com les autres dames alerent vers les apostres por dire lour ce que les angles lor avoient dist, la Magdaleyne vint e ala o eles. E vint Jhesu e les salua, e eles chairent a ses piez. E l'aorerent e le tindrent e beiserent ses piez. Donc lor dist Jhesu qu'eles n'eussent poour, mes alassent
5 dire a ses ffreres qu'il alassent en Galilee countre li, e la le verroient il.

105 **Coment les chivalers estoient corumpuz.** E taunt com les femes alerent as apostres, vindrent les uns des gardeyns du sepulcre en la cité e counterent as princes des prestres tout ce qu'il avoient veu. E il s'asemblerent tantost o les eynez du people e pristrent lor consail coment il pussent fere que la Resureccion Jhesu ne fust crewe. E
5 donerent mout d'avoir as chivalers qu'il deissent que les deciples Jhesu fussent venuz e eussent emporté son cors tant com il dormirent, e premistrent qu'il feroient lor pes vers Pilate, tout se corousast il a eus. E les chivalers pristrent l'avoir e disoient sicom il estoient apris. E ensi firent il entendaunt le people de cel jour en avaunt.

106 **Coment les dames nuncierent as apostres la Resureccion Jhesu.** Quant les dames vindrent as apostres e lor disoient qu'il avoient veu les angles e qu'il disoient que Jhesu estoit relevé, si demanderent il coment eles eussent veu. E pur ce qu'eles counterent diversement solonc ce qu'eles avoient veu—les unes un angle, les autres
5 deus, les unes estaunz, les autres seaunz—si ne les crurent il point, enz tindrent lor paroles a truiffles. Donc vint la Magdaleyne o les autres Maries q'avoient veu Jhesu e trova les apostres ploranz e weimentanz, e lor dist ce que Jhesu lor out maundé.

107 **Coment Jhesu apparust a seynt Pierre.** E seynt Pierre, quant il oi qu'eles avoient veu Jhesu, leva sus e corust vers le sepulcre. Este vous vint Jhesu e li apparust. E il returna e dist as autres apostres e a ceus q'estoient o eus qu'il out veu Jhesu, e q'il esteit de mort relevé pur voirs.

108 **Coment Jhesu apparust a Cleophe e a son compaignun.** Ore avint que au matyn—le jour meymes aprés ce que les femes estoient revenuz as apostres qe avoient veu les angles, e seint Pierre e seint Johan estoient revenuz du sepulcre—que deus des deciples Jhesu alerent hors de Jerusalem jusques a un chastel qu'estoit d'iluques une
5 liue e demie que out noun Emaus, e alerent parlant de totes les choses qu'estoient avenues de Jhesu. Este vous tant com il alerent parlaunt e pleignaunt, si les vint Jhesu atteignaunt e ala avaunt o eus, mes il ne li poeient pas conoistre. E il lor demanda quei il alassent parlaunt e purquei il furent si tristes. Donc respondi l'un que out noun Cleophas, e dist que merveille fui qu'il soul ne savoit ce qu'estoit avenu a cele feste en
10 Jerusalem. E Jhesu lor demanda quei ce fust. Il disoient de Jhesu de Nazarez qu'estoit si prodome e si puissant en dist e en fet devaunt Dieu e devaunt tot le people, coment les prestres e les princes l'avoient dampné e crucifié: 'E nus esperoms qu'il fust Crist, e ore est ui le tierz jour que ce estoit fet. Mes unes femes des noz nous unt espounté qu'estoient ui matin a son sepulcre e ne troverent pas son cors, mes dient qu'il virent
15 angles, e dient qu'il est en vie! E uns des noz i alerent e troverent ensi com les femes disoient, mes li ne troverent il pas!' Donc dist Jhesu: 'O, vous fous e tardiz a crere ce que les prophetes dient: "Ne covint il que Crist soffrist Passion e ensi entrast sa

gloire?"' E comença donc a monstrer par la lei e par la prophecie qu'ensi devoit avenir. Puis aprés aprocherent il Emaus, e il dist qu'il irreit la nuyt plus loingz. E il li firent
20 force a demorer o eus e disoient qu'il estoit pres de vespre, e il entra o eus. Este vous com il sist a manger o eus, prist il pain e beneye e lor dona, e il tantost le conustrent, e il esvanoy de lor veue. E disoit l'un a l'autre: 'Donc n'art nostre quer dedenz nous tant com il parla o nous par voie e nous espount les Escriptures?' E il leverent sus meiloure pas e returnerent en Jerusalem, e troverent lé unze apostres e ceus qu'estoient o eus qi
25 disoient que Jhesu estoit relevé pur voirs e estoit apareu a seint Piere. E il counterent ce que lor estoit avenu par voie e coment il avoient coneu Jhesu au payn qu'il depesca, mes seint Thomas ne les autres auquns ne le creurent pas. E atant ala hors seint Thomas, e les autres sistrent e parlerent de cestes choses.

109 Coment Jhesu apparust as dis apostres le jour meymes. Este vous cum il estoit ja vespre e les portes estoient fermees la ou les deciples estoient assemblez pur la poour des Juis e sistrent e parlerent coment Jhesu estoit moustrez as uns, vint il e estut entre eus, e dist: 'Pes seit o vous! Je le sui, ne eyez poour!' E il furent affraiez e
5 quiderent que ce fust un esperit qu'il virent. E Jhesu les conforta mout doucement e lor monstra ses mains e ses piez e son coste, e lor dist qu'il mainassent e veisent qu'il out char e os sicom les esperiz n'ount pas. E il unquore ne poeient crere pur joie qu'il le feust, e pur la grant mervaille. Donc lor demanda Jhesu si il avoient que manger, e il li offrirent une piece de peisson rosti e un ré de mel. E il prist e manga devant eus e lor
10 dona son relef. Donc lor dist il autre foiz: 'Pes seit o vous! Sicom mon Piere envoia mei, ausi envoi je vous'. Quant il out ce dist, donc alena il e dist: 'Rescevez le Seint Esperit! Les pecchez que vous pardonez serront pardonez'. Pus lor recorda il les paroles qu'il lor dist en Galilee, qu'il li covendroit Passion soffrir e relever pur paremplir les prophecies. Pus lor dona il entendemenz des Escriptures e lor dist qu'il
15 convensist que penaunce fust prechee en son noun pur tout le mounde, mes primes en Jerusalem que on feist penaunce par ensample de sa Passion e qu'il serroient tesmoigne de ses ovres, de sa Passion e de sa Resureccion. Mes nepurquant qu'il se tenissent en pes en la cité jesques il lor envoiast le Seint Esperit du ciel, qu'il lour dorroit pouer de ceo fere. Ore n'estoit pas seint Thomas quant Jhesu lor appareust. E quant il vint a eus,
20 il li disoient coment Jhesu lor estoit appareu sicom est avaunt dit. E il respondi qu'il ne creroit jamés qu'il le feust, tot le veist il, si il ne veist les plaies en ses meins e meist ses deis en lu des clous e meist sa meyn en la plaie du coste.

110 Coment Jhesu apparust a seint Thomas e as autres l'utyme jour. Este vous l'utime jour estoient les apostres autre foiz enclos la ou il estoient avaunt pur poour des Juis, e Thomas estoit o eus. E vint Jhesu e estut entre eus e dist: 'Pees seit o vous!' Pus dist a Thomas qu'il meist son doi en lu des clous e sa meyn en son coste e qu'il ne fust
5 mes recreant. E quant il out ce fet, si dist: 'Vous estes moun Seignur e moun Dieu'. 'Voir', dist Jhesu, 'pur ce que vous l'avez esprové, Thomas, pur ce le creez vous. Mes beneuré sont ceus que unques ne l'esproverent e nepurquant creurent'. Moutz autres signes fist Jhesu devaunt ses deciples que ne sont pas escrit en l'Evangile, ensi qu'il se moustra auqune foiz au plus de cink cenz hommes ensemble.

111 **Coment Jhesu apparust as unze apostres en la montaigne en Galilee.** Puis dist Jhesu as unze apostres q'il alassent en Galilee en la montaigne, la ou il soleit precher, e il vendroit la a eus. Este vous quant il vindrent, lor apparust Jhesu. E les uns, quant il le virent, l'aorerent, e les autres se douterent. Donque s'aprocha Jhesu a eus e
5 lor dist que tout le pouer en ciel e en terre li estoit donez. E comaunda qu'il alassent precher par tout le mounde, a toute gent, e les baptisasent en noun du Pere e du Fiz e du Seint Esperit, e lor apreissent garder toutes les choses qu'il lor out apris. E lor premist qu'il serroit o eus touz jours, jesques a la fin du secle.

112 **Coment Jhesu apparust a la mer de Thabayre.** Puis apparust Jhesu a seint Pierre e a seint Thomas e a seint Nathaneel e a seint Jake e a seint Johan son frere e as deus autres deciples a la mer de Tabarie en ceste manere. Il alerent pecher e travillerent toute nuyt e ne pristrent ryens. L'endemain matyn estut Jhesu sus la rive e demaunda si
5 il eusent nul peison, e il disoient noun. Ore ne savoient il pas que ce estoit Jhesu. Donc lor dist il qu'il meissent la rei a destre de la nef e il troveroient. E il donc firent ensi, e tantost estoit la rei si pleine qu'il ne la poeient trere. Donc dist seint Johan a seint Pierre que ce estoit Jhesu. E seint Pierre tantost vesti sa cote, quar il estoit nu, e se escourta e se mist en la mer vers terre. E les autres demurerent en la nef e negerent
10 vers terre; e trestrent la rei o les peissons, quar il n'estoient fors entour deus cenz coutes de terre. E quant il vindrent a terre, si virent ilok poisson rostir sus brese e pain gisant decoste. Donc lor dist Jhesu qu'il portassent du poisson qu'il avoient donques pris. E seint Pierre ala e tret la rei a la terre pleine des granz poissons cent e cinquante treis, e nepurquant la rei n'estoit pas depescié, tout fussent il tanz e si graunz. Donc lor
15 dist Jhesu qu'il venissent manger. E il s'asistrent, e Jhesu vint e lor dona pain e puis de peisson, ne nul d'eus ne demanda qu'il feust, quar il savoient bien que ce estoit Jhesu lor Seignur. E quant il avoient mangé, demanda Jhesu de seint Piere si il l'amast plus que les autres l'amerent. E il respondi qu'il savoit bien qe il l'ama. E Jhesu li dist qu'il peust ses aigneaus. E autre foiz li demanda Jhesu si il l'amast, e il li respoundi qu'il
20 savoit bien que il l'ama. E Jhesu li dist qu'il peust ses aigneaus. La iii. foiz li demanda si il l'amast, e il donc estoit esbai pur qu'il li demanda la iii foiz si il l'amast. E respondi qu'il savoit toutes choses e il savoit bien qu'il l'ama. Donc li dist Jhesu qu'il peust ses owailles. E li dist que quant il estoit plus jeofnes, il se ceint e ala la ou il voloit; e quant il serroit veuz, il estendreit ses mains, e autre li ceindroit e le menroit la ou il ne vousist
25 pas aler. E ce dist il pur signifier qu'il serroit estendu e pené en croiz pur l'onur Deu. E quant Jhesu out ce dist, leva il sus e s'en ala, e dist a seint Piere qu'il le suist, e il leva sus e le sui. E avint qu'il se returna e vist seint Johan venir après, e demaunda de Jhesu quei seint Johan deust fere. E Jhesu dist qu'il voloit qu'il demorast ensi jesques a sa revenue. 'Que vous chaut?' dist il. 'Suez mei vous!' Donc comencerent les autres
30 deciples a dire entre eus qe seint Johan ne morroit pas. Mes Jhesu ne dist pas qu'il ne morroit point, mes qu'il voloit qu'il remeist jusque a sa revenue.

113 **Coment Jhesu apparust deus foiz le jour de l'Assencion.** Puis returnerent les deciples en Jerusalem e s'asemblerent en le soler ou Jhesu out fet sa Cene le quarantime jour après sa Resureccion. Com il sistrent au manger, lor appareust Jhesu e sist e manga o eus. E lor reprova qu'il n'avoient creu a ceus qui l'avoient veu de mort relevé. E lor dist qu'il alassent precher l'Evangile a tote gent. E lor dist que ceus qui creussent e fussent baptizez serroient sauf, e ceus qui ne creussent serroient dampnez. E ceus qe creussent, ce dist, enchaceroyent les diables en son noun; e parleroient les langages qu'il n'apristrent unqes; e emporteroient les serpenz sanz damage; e tout beussent il mortel beyvre, il ne lor nuyeroit pas. E si il tochassent les malades, il serroient gariz. Pus lor dist Jhesu qu'il attendissent en Jerusalem le confort que son Piere lor out premis. Quar Johan le Baptistre, ce dist, baptea en ewe, mes il serroient baptizez en Seint Esperit tost aprés cel jour. Donc lor dist Jhesu qu'il assemblassent touz les deciples qe mistrent as hosteaus environ, homes e femes, e alassent countre li eu mount d'Olivete. Quar les xi. apostres mistrent en cel graunt soler—la ou Jhesu out fet sa Cene—e les autres deciples e les femes mistrent en les hosteaus decoste en cele partie de la cité qu'estoit apelé mount Sion. E il tantost assemblerent les deciples Jhesu, homes e femes, e alerent hors de la cité en mount d'Olivete en Betaigne; e tantost lor aparust Jhesu. E il li demanderent si il voloit donques restorer le regne de Jerusalem e oster le rei alien e le seneschal Cesar, Pilate, e regner il meimes, ou mettre un autre de la lignee David. Donc lor respondi Jhesu qu'il n'apartint pas a eus savoir le tens que son Pere out ordiné a sa volenté: 'Mes vous resceverez', dist il, 'la vertue du Seint Esperit qi vendra en vous. E serrez avant qe ce avigne tesmoignes de mes diz e de mes fez e de ma Resureccion en Jerusalem e en Judee e en Samarie e jusques a la fin du mounde'. E quant Jhesu out ce dist, leva il sus ses mayns e les benoit. E tant com il les beneist, veaunt eus mounta il sus de terre e s'en ala vers le ciel; e il esturent e agarderent aprés li. E vint une nue e lor toli la veue de li. Este vous com il esteurent e agarderent aprés li vers le ciel, vindrent deus angles en blanche vesture e appareurent decoste eus e demaunderent purquei il eussent abousté vers le ciel. E lor disoient que ausi com il estoit mountez eu ciel, autresi vendroit il autre foiz descendaunt du ciel au Jugement. Donc aorerent il e creurent que Jhesu estoit alez a destre son Pere. E returnerent en Jerusalem o grant joie e entrerent le soler ou les apostres meintrent. E la estoient continuelment en oreison o la mere Jhesu e o les autres dames e o ses cosins jusqes le dime jour que le Seint Esperit lor vint entour oure de tyerce, que lor dona savoir e langage e hardiesce a precher la crestieneté. E donques alerent il au temple e estoient toute foiz en temple loant Dieu jusques il furent enchacez hors de gent de Judee. En le dime an aprés l'Asencion, quant seint Jake estoit decolé e seint Piere enprisoné, donc alerent il chescun sa part par le mounde e precherent as paiens e as Juis, e l'esperit Jhesu les guia e les conforta e conferma le sermon par miracle.

REJECTED READINGS AND VARIANTS

Key to abbreviations: *augm.* = augmented from *capitula*, *col.* = column, *corr.scr.* = corrected by scribe, *exp.* = expuncted, *suppl.* = supplied from *capitula*

P 1. *Jhesu de l*] end of line lacks 2. *L'estorie*]{fol. 34R} estorie 7. *des quatre*] des de quatre 17. *poeit*] poit **A** 1. *La primere*] a primere 4-9. Each sentence begins on a new line. **i** Each *capitulum* occupies a new line. **iii** 3. nazareth {fol. 34V} Coment 4. *mere de la*] mere e la 8. *avoit eu flux de saunk*] auoit seigue; cf. 21.4-5 16. *envoya*] ennoya 17. *settante deus*] cinquante douzze; cf. 33.2 18. *settante deus*] cinquante douzze; cf. 33.2 24. *devenu*] deue 25. *e ne pooit*] e ⁿᵉ pooit *corr. scr.* 26. *respundi au phariseu*] respundi a phariseu **iv** 7. *gari la fille*] gari sa fille 9. mile {fol. 35R} hommes 25. *respundi*] respundirent; cf. 71.1 29. *sauf e*] sauf i **v** 3. *opposerent*] purposerent 4. *vers*] de 12-13. destruccion {fol. 35V} du temple **1** 1. *solunk sa*] solunk k sa 5. *premis*] primis **2** 1. *En tens*] n tens 9. *conceiveroit e enfauntereyt un fiz que averoit a noun Johan*] conceiueroit un fiz i enfauntereyt que aueroit a noun {fol. 36R} Johan; cf. 2.28. 10. *averoit*] auerunt 13. *torneroit a Dieu e a la droite*] torueroit a dieu a la droite; cf. Lc 1.16-17 13-14. *prophetes e apparaileroit a Dieu*] prophetes appararlereit a dieu; cf. Lc 1.16-17 14. *poeit*] puet 23. *Nazareth a une pucele*] Nazareth une pucele 39. *sour totes femmes*] sour tote femmes 44. *partir*] partie 47. comaunda {fol. 36V} e quant **3** 1. *Title suppl.* 1. *En cele*] n cele 12. *qe Crist qe sauveroit*] qe crist sauueroit 23. treis {fol. 37R} philosofes **4** 1. *Title suppl.* 1. *Este*] ste 13. *la*] le **5** 1. *Title suppl.* 4. ala {fol. 37V} en **6** 1. *E quant*] Quant 14. *e a la gent*] e a ˡᵃ gent *corr. scr.* **7** 2. *out*] ou 7. *langustes*] lagustes 11. *purroit*] purra 17. e il {fol. 38R} lour dist 18. *s'en tenissent*] se tenissent 19. *Crist, e envoierent*] crist enuoierent 30. *feist*] fist **8** 9. *le*] se **9** 1. *desert*] dusert 4. auaunt {fol. 38V} moy 4. *vin jeo*] uint ieo **10** 1. *Le tierz*] E tierz 1. *convié*] conne 8. *out*] ou 9. *doné*] donc **11** 1. *Title augm.* 5. *e les chasa*] e chasa 8-9. le {fol. 39R} quer 9. *si le demaunderent*] se ˡᵉ demaunderent *corr. scr.* 12. *edefié en quarauntee*] edefi e quaraunte 20. *eschauça*] eschaunta **12** 1 *Title augm.* **13** 2. en Galilee {fol. 39V} pres ceo 5. *sa feme*] la feme 8. *Jhesu*] Jhesuc 12. *sist*] fist 32. *nul ne li*] nul ⁿᵉ li *corr. scr.* 32-33. *la sa cane*] la ˢᵃ cane *corr. scr.* 37. lust {fol. 40R} porte **14** 1. *Cana, Galilee, la*] cana ᵍᵃˡⁱˡᵉᵉ la *corr. scr.* 7. *demaunda*] demaund **15** 8. *Jake*] Jame **16** 1. ihesu a Nazareth {fol. 40V} la ou 11. *estre*] estoit 13. *le chacerent*] les chacerent **17** 1. *Donc*] Onc 7-8. *e lesserent lour piere*] e lour piere **18** 9. *la redrescea*] la ʳᵉdrescea *corr. scr.* 16. *E il lour*] e ⁱˡ lour *corr. scr.* 16. dist {fol. 41R} qili covynt **19** 1. *Puis*] uis 23. *cenz e seisaunte*] cenz ᵉ seisaunte *corr. scr.* **20** 2. e uint {fol. 41V} taunt 11. *pouer*] pouᵉʳ *corr. scr.* 12. *paraletik, pernez vostre lit e portez le a vostre ostel*] paraletik e portez le a uoster ostel 23. *junerent li*] iunerent e li 25. *le tens*] les tens **21** 9. E {fol. 42R} ihesu 13. *ne se poeit tapir*] ne poeit tapir 23-24. *la fame ala*] la femme ala; Mt 9.26 **24** 4. lende {fol. 42V} mayn **25** 1. *E quant*] quant **26** 7. ne {fol.

ESTOIRE DE L'EVANGILE

43R} poeit **27** 1. *Title augm.* 7. *le conestable*] les conestable **28** 1. *totes*] tote 3. *asteynz*] acteynz ? 9. *venissent a cité*] venissent au cite 15. lor dist {fol. 43V} quil **29** 1. *E Jhesu*] ihesu 4. *ala*] ela 7-8. *ceste fame*] ceste feme; cf. 18.6 10. *pur fere saver*] pur sauer **30** 1. *Title augm.* 1. *E Johan*] Johan 6. meimes l'oure] meimes lor 12. *vent, ne il*] uent ⁿe il *corr. scr.* 13. *il n'estoit*] il ⁿestoit *corr. scr.* 17. *baptizé*] baptiz 19. *ceo dist il*] ceo dist dieu 20. boyt {fol. 44R} nul 21. *beveour*] deue **31** 5-6. *qu'il les suffri*] quil la suffri 8. *qu'il i out*] quil ⁱ out *corr. scr.* **32** 1. *deus*] dozze; cf. 33.2 1-2. *deus autres*] dozze autres; cf. 33.2 6. *lour dist*] lour deit 10. *oyt mey.* E] oy mey {fol. 44V} E 11. *despit moy, despit Celi*] **33** 1. *Tost*] ost 5. *quar, ceo dist: 'Jeo*] quar ieo 11. *conforteroit*] confotteroit **34** 2. *Donques*] Onques 8. *ala de Jerusalem*] ala en ierusalem 12. *quanqu'il averoit plus*] quan quil plus **35** 2. se pena {fol. 45R} mout **36** 1. *Aprés*] pres **37** 1-2. *En cel*] N cel 7. *eoverent*] eoueren **38** 6. *levast sa*] lavast ses 9. si ave{fol. 45V}gles e **39** 1. *Title augm.* 1. *Donques*] onques 6. *ou il les*] ou ⁱˡ les *corr. scr.* **40** 1. *Title augm.* 1. *Puis*] uis 27. mes li {fol. 46R} maunda **42** 14. *aprendre*] aprende 21. *ou vengeaunce*] e uengeaunce **43** 8. pas eus {fol. 46V} soulement **44** 1. *Aprés*] pres 5. *que ne*] que na **45** 1. *Puis*] uis 9. *estoit*] est **46** 5. pussant {fol. 47R} E **47** 10. *qui*] quil **48** 3. *Puis*] uis 5. *qu'il la dorroit*] quil le dorroit **49** 2. corust {fol. 47V} e 9. *quar il savoit*] quar i sauoit 22. *cink mile*] sis mile; cf. iv.3, 49.1 24. *tresgrant*] tesgrant 26. *cum si il*] cum ˢⁱ il *corr. scr.* 26-27. *avoient si grant*] auoient grant 34. *s'averti le people*] sauerti ˡᵉ people *corr. scr.* 34. *out peu qu'il n'i out*] out eu qui niout 35. *autres*] autre 36. uindrent a {fol. 48R} chapharnaum **51** 3. *deciples manger avaunt*] deciples auaunt 17. blasphe{fol. 48V}mies 18. *cestes*] ceste **52** 1. *Puis*] uis **53** 1. *Puis*] uis 2. *on li mena*] o li mena 7. *ovés*] a 8. *autres*] autre **54** 1. *En cel*] N cel 10. *quatre mile homes*] quatre homes **55** 1. *Donc*] Onc 4. mes {fol. 49R} les **57** 1. *Bethsaida*] Betheida 4-5. *foith tocha ses*] foith ses **58** 1. *En cel*] N cel **59** 1-2. *Title augm.* 2. *Donc*] Onc 16. *quiderent*] quident 17. mout de{fol. 49V}laie 18. *estoit mout mu*] estoit ᵐᵒᵘᵗ mu *corr. scr.* 24. *Jhesu e qui fui*] ihesu quil fui 33. *portreit*] portereit 35. *d'eus que fust*] deus ᑫᵘᵉ fust *corr. scr.* 51. *pas de par*] pas ᵈᵉ par *corr. scr.* 53. ihesu {fol. 50R} oy dire 56. *mis*] mist 59. *murdrissours*] mustrissours **60** 9. *comensa*] comesa 12. *qui*] quil **61** 10. *E com il descendirent il lour comaunda*] E il descendi e lour comaunda 15. taunt graunt {fol. 50V} people **62** 1. *Puis*] uis 5. *n'oseient*] nosa **63** 1. *Aprés*] pres 4. *li roy*] li roys; cf. Mt 17.24 reges terrae 6-7. *vostre eym*] uoostre eym 7. *que vaudra*] que v vaudra *with first* v *exp.* 8. *demaunda*] comaunda 16. *defendu. E Jhesu*] defendu E ihesu lor dist quil ne li defendisent pas E il li auoit defendu E ihesu 17. poeit mei{fol. 51R}me loure **64** 2. *Puis*] uis **65** 1. *Title augm.* 8. *feste*] geste 9. rendroit {fol. 51V} en 12. *un hauz home que*] un feste que 13. *voleit veoir sa ville*] uoleient ueoir sa fille 14. *voloit esprover*] uoloient esprouer **67** 2. *phariseus*] pharseus **68** 9. *Donc lor reprova*] Donc loʳ reproua *corr. scr.* 12. ama penance {fol. 52R} e lor **69** 6. *cruest*] quest **71** 1-2. *Title augm.* 3. *lor*] li 6. *verroient*] uorroient 8. *quel*] queˡ 9. *serroit*] serra 13. *saumple de*] saumple a 15. estut {fol. 52V} e mercia 18-19. *se humilie, il*] se humille il **72** 2. *Donc*] Onc 4. *dist qui vousist*] dist quil uousist 5. *cruauté*] quaute **73** 1. *Donc*] Onc 3. *quant il*] quant i 3. *qu'il*] qui il 4. *le regne*] la regne **74** 2. *Esté*] ste 17. taunt {fol. 53R} en **75** 16. *com*] con **76** 1. *Title augm.* 4. *eust*] out **77** 1. *Title augm.* 1. *Pus*] us 5. *li, regarda*] li le regarda 13. qui{fol. 53V}derent **78** 1. *Puis*] uis **79** 2. *Ore*] re 11. *moustra*] ᵐoustra *corr. scr.* 14. *mist*] nient **80** 2. *E com*] Com 6. *arément*] aremenaunt 17. lazere {fol. 54R} estoit 20. *releveroit*] releverast 25. *plorer a*] plorer e ᵃ *corr. scr.* 27. *fremir*] frem¦r *corr. scr.* 30. *veue*] uie 46. *prendre*] pendre **81** 2-3. *Title augm.* 9. estoit plei{fol. 54V}ne de 11. *E escharnist la dame*] e eschiua sus la dame 23. *respoundirent*] respõmdirent 32-33. *il les desturbast*] il les desturba 33. *Estë*] Est 36-37. *people estoit esbai e*] people esbaie estoit e *with preferred order indicated* **82** 2. *l'opposerent*] sopposerent 6. neis {fol. 55R} que 13. *savoient, dist que*] sauoient que **83** 7. *parfecte*] parfcte **84** 1-2. *Title augm.* 2. *regarda le*] regarda e le 6. *Johan le Baptistre*] johan de baptistre 8. *purquei*] pur **85** 1. *Title augm.* 1. *Jhesu conclust*] ihesu ~~respoundi~~ conclust *corr. scr.* 10. touz senmer{fol. 55V}uillerent 10. *parable de un roi que*] parable que **86** 1. *Donques*] Onques 3. *que um ne dust*] que um dust 4. *le devoit*] li deuoit 5. *ne estoient*] ne li estoient **87** 1. *Le jour*] E iour 8. *que sont mort ne purroit il*] que ne purroient il; cf. Mt 22.32 **88** 2-3. *demaunder, leva sus un mestre e pur assaier Jhesu li demaunda que*] demaunder que; cf. Mt 22.34-36, Mc 12.28-34 7. *Jhesu li dist qu'il n'estoit pas*] ihesu lor dist quil n'estoient pas **89** 5. *rien*] riens *with* s *exp.* **90** 1. *Title augm.* 2. *Donques*] Onques 3. lor {fol. 56R} deissent **91** 2. *mout. E vint*] mout uint 3. *que offri un feodering*] que un feodering **92** 1-2. *Title appears on fol. 56R beneath col. A and again beneath col. B.* 10. *Qui me sert, mon Pere*] qui ᵐᵉ sert mon pere *corr. scr.* 11. *le*] se 17. *alassent*] alassant 19. *sinagoge*] sinage **93** 1-2. *Title augm.* 2-3. {fol. 56V} e com ihesu 10. *E dist: 'Le*] E dist quele 16. *cestes*] ces 28. *serroit*] serront **94** 2. *cestes*] ces 10. avaunt {fol. 57R} espia **95** 10. *soper o*] soper a 14. *que si estoit un d'eus*] que un deus 22. *com*] con 36. piez {fol. 57V} reprist 43. *feist tost ce q'il fist*] feist ce qil fist 46. *morce*] mortel 49. *ce conoistront*] ce il conoistront 56. *Esperit qi lor*] esperit qil lor 58. *qu'il le lerroient tout soul e s'enfueroient*] quil les lerroit tout soul e senfueroit; cf. Io 16.32 60. *ou il serroit*] ou ⁱˡ serroit *corr. scr.* **96** 3. *meimes le guerpiroient il*] meimes les guerpiroit il 14-15. chey {fol. 58R} a genoiz 33. *Malcus*] marcus 36. *m'envoierai*] menuoierai 44. *lessast*] lessa 47. *il le denia*] il lesdenia 56. deuoit ensi {fol. 58V} auenir 58. *cil*] e il 61. *Jhesu li dist que si il eust mesdit, qu'il li deist de quei*] ihesu li dist quil li deist de quei **97** 1. *Puis*] uis 4. *deist*] deⁱst *corr. scr.* 6. *ne ne me*] ne ⁿᵉ me *corr. scr.* 6. *desoremés*] des mes 11. *garder netz*] garder n netz *with first* n *exp.* 21. offrendes {fol. 59R} ne firent **98** 36. *disoit qu'il devoit*] disoit si il deuoit; cf. Io 19.15 37. sa femme {fol. 59V} a li 46. *purpre*] propre **99** 1. *Quant*] uant 7. *Pilate qu'il i meist*] pilate quist meist 11. *la voleient decirer*] lauoit decirer 16. *que li avendroit*] que nauendroit 18. *descendist*] descendi 25. dieu e {fol. 60R} dist **101** 6. *meintenaunt issit saunk*] meintenaunt ⁱˢˢⁱᵗ saunk *corr. scr.* 7. *bon e dreiturel*] bon ᵉ dreiturel *corr. scr.* 19. ihesu e rou{fol. 60V}lerent 28. *peusent*] feusent **102** 2. *L'endemain*] Endemain 3. *pur*] pur *with* p *written over another letter* 5-6. *e out des seinz qu'estoient amortiz plusors*] eout les seinz questoient conuz plusors **103** 8. *autres*] autre 10. *cheinse blanche*] cheise blanc 17. la magdaleine {fol. 61R} autre **104** 1. *apparust*] apoust 2. *dist, la*] dist E la **105** 3. *tantost o les*] tantost a les **106** 6. *autres*] autre **108** 1. *Title augm.* 1. *Ore*] re 4. a un {fol. 61V} chastel 15. *uns*] un 22. *E disoit*] O disoit 23-24. *meiloure pas e*] meiloure ᵖᵃˢ e *corr. scr.* **109** 1. *Estë*] ste 3. *Juis e sistrent*] Juis sistrent 5. *conforta mout*] conforta m mout *with first* m *exp.* 16. *il serroient*] il serroit 17. sa passion e {fol. 62R} de sa **111** 1. *Puis*] uis 6. *noun du Pere*] noun de pere **112** 19. ses aigneaus {fol. 62V} E autrefoiz 26. *dist a*] dist a *with* a *written over* e **113** 1. *Puis*] uis 5. *relevé*] relever 13. *femes, e alassent*] femes alassent 19. *il meimes*] i meimes 26. la ueue {fol. 63R} deli 28. *disoient*] disoit 30. *aorerent*] orerent

NOTES

The numbers in parentheses following quotations of the Pepysian Gospel harmony refer to pages in the edition by Goates.

iii 24-25. **de Belzebub e de Jona e de la reigne de Saba.** Beelzebub is another name for Satan. Jonah's three days and three nights in the belly of a fish (Io 2.1) prefigure Christ's burial and resurrection. The queen of the South (Sheba) 'came from the ends of the earth to hear Solomon' (*ECB* 1029). See 40.6-20 and Mt 12.22-42.

vi For a brief discussion of the canonical hours and their approximate modern equivalents, see Kibler, 196-197.

vii 6. **Coment douz Jhesu apparust a seint Pere**. The chapter title is interverted here with the previous one, concerning Jesus's appearance to Cleopas. Compare the corresponding chapters (***107*** and ***108***), where Christ appears first to Peter. This interversion is not noted in the critical edition of 2011. For a brief discussion of the canonical hours and their approximate modern equivalents, see Kibler, 196-197.

vii 8-9. **Coment Jhesu apparust a la mer de Thabayre**. The chapter title lacks in the *capitula*, an omission that is not noted in the critical edition of 2011.

2 12. **e ceo descendroit dé delices de cest secle,** 'and he would forego earthly delights', a paraphrase of Mc 1.15, 'et vinum et sicera non bibet'. *PGh* has 'and he schulde hym kepe fram þe lykinges of þis werld' (2).

3 23. The Magi are **philosofes** here and at 3.28 and **reys** at 4.2, 5.5 and 5.7.

4 15-16. **E il est ausi cum banere a qui home countredirra,** 'He is also a standard which man will deny'. Lc 2.34: 'et in signum cui contradicetur'. *PGh*: 'and many schollen risen þoruȝ him, and [b]e his baner, aȝeins whom men schullen hym countrepleden' (7).

7 33. **vint la clarté celestiale.** Of the corresponding reading in *PGh* (10), Petersen points out that *PGh* 'is the sole Western harmonized witness to mention the "light" at Jesus' baptism' (170).

8 7. **Pus le prist le Diable e l'amena.** Plooij lists *PGh*'s phrase 'toke & ledd' (Goates, 10) among his 'test-readings for the Diatessaron' (Plooij², 15).

8 10-11. **Dunc li prist li Diable, si l'amena.** Plooij includes *PGh*'s 'tok & brouȝth' (Goates, 10) among his 'test-readings for the Diatessaron' (Plooij², 15).

8 13-14. **Dieu defend que homme ne doit assaier si il le voile sauver.** Mc 4.7 and Lc 4.12: 'non temptabis Dominum Deum tuum'. *PGh*: 'God it defende þat man schulde hym assaye forto helpen ȝif he wolde be saued' (11).

11 8-9. **la gelousie de la maison Dieu mangeroit le quer Crist.** Io 2.17: 'zelus domus tuae comedit me'. *PGh*: 'Þe solace of þe house scholde hote Cristes flessh' (13).

15 15. **jusques il les apelast un' autre foiz.** Noting that in *PGh*, Peter, Andrew and John are called twice—here and in ***17***—Plooij includes this peculiarity among his 'test-readings for the Diatessaron' (Plooij², 14, 15). *PGh*: 'euer til Jesus hem cleped anoþer tyme' (Goates, 18).

17 5. **e les apela e lour dist qu'il le venisent suyre.** See the note for ***15*** 15. *PGh*: 'And Jesus hem cleped to hym and seide hem þat hij comen & foloweden hym'.

19 24. **les pors que pessoient en la montaigne.** Cf. Mc 5.11: 'erat autem ibi circa montem grex porcorum magnus pascens'. Goates labels (126) as a mistranslation the corresponding lines in *PGh*, 'Þat hij miȝtten passen þe mountaynes' (22).

21 6. **que out despendu en mires quantqu'ele out ne li estoit fors que le pis,** 'who had spent all she had on doctors but had only fared worse for it'.

23 7-8. **E il se moustra com si il en eust mervaille.** Mc 6.6: 'et mirabatur propter incredulitatem eorum'. *PGh*: 'And Jesus hym schewed so þat hij hadden alle merueile þere of' (26).

31 17-18. **E pur ceo eym ele mout, quar a ki meyns est pardoné, meyns eym.** Lc 7.47: 'remittentur ei peccata multa quoniam delexit multum cui autem minus dimittitur minus diligit'. Goates points out (126) the mistranslation here in *PGh*: 'And þerfore ich loue hire mychel; for whi to wham þat most is forȝiuen, most is loued' (33).

32 The commissioning of the Seventy-Two (Lc 10.1-16) repeats many of the instructions given to the Twelve in *28* (Mt 10.1, 5-15; Mc 6.7-11; Lc 9.1-5).

32 11. **E qui despit moy, despit Celi qui envoia moy.** Lc 10.16: 'qui autem me spernit spernit eum qui me misit'. Goates identifies (126) a mistranslation at this point in *PGh*: '& who so despiseþ me, he ne despiseþ bot þe deciple of hym þat me sent hider' (34).

32 14. **plus de jugement.** A harsher judgment is promised (Mt 11.24, 'quia terrae Sodomorum remissius erit in die iudicii quam tibi').

35 2. **Marie Magdaleyne.** In a sermon in 591, Gregory the Great had effectively combined in a single 'Mary' the identities of three distinct women described in the Gospels: Mary of Bethany, sister of Martha; the unnamed female sinner at the banquet of Simon the Pharisee; and Mary Magdalene who, exorcised of her demons, became a close follower of Christ. Medieval preachers and authors adopted this 'composite Mary' on Gregory's authority. See K.L. Jansen, *The Making of the Magdalen* (Princeton, 2000), 28-29, 32-35, 116n.

38 6. MS 'ses' for **sa** is a scribal slip probably occasioned by **berbiz**, which may be either pl. or sg. The emendation follows Mt 12.11: 'ovem unam' (cf. Lc 14.5); *PGh*: 'his schepe' (37).

40 9. **les convenqui par cync raisons.** *Abbreviatio*; a reference to Mt 12.25-29 and Mc 3.22-27; *PGh* uses similar language (39).

41 3. **il ne se lava mie . . . devaunt q'il mangast.** Lc 11.38: 'non baptizatus esset ante prandium'. Mistranslation in *PGh* through confusion of *laver* and *lever*: 'Jesus ne aros nouȝth tofore þat he ete' (40, 127).

42 7-8. **Nule plenté . . . ne puet tenir la vie l'aver.** Lc 12.15: 'non in abundantia cuiusquam vita eius est ex his quae possidet'. *PGh*: 'no plente ne may holde þe lyf of þe riche man' (40).

43 9. **dis e wit homes estre agravantez en Siloa.** The reference is to Lc 13.4. Siloam is a precinct of Jerusalem; Christ healed a blind man who washed at the pool of Siloam (Io 9.7; see 59.43-48).

NOTES

45 13-14. **une parable du tresor muscé en chaump, e une autre de la preciouse margarite, e la tierce de la seine.** *Abbreviatio*. For the parables of the Hidden Treasure, the Pearl, and the Net, see Mt 13.44-50. *PGh* names only the first two parables (43).

49 18. **La quinte feytz en la tierce simaine**, 'The fifth time in the third week'. The first of three chronological tags (see below, notes for ***59*** 16-17 and ***59*** 43). In *The Sarum Missal*, the Gospel reading for Midlent Sunday (i.e., the fourth Sunday of Lent, or Laetare) is Io 6:1-14, the miraculous feeding of the five thousand (*The Sarum Missal*, trans. A. Harford Pearson, 2nd ed. [London: Church Printing Company, 1884; www.archive.org], 90), which *Estoire* has just retold.

51 7-8. **il valust meuz que home vouast ses chateus au temple que hom les donast a pere ou a mere.** A paraphrase of Mc 7.11: 'si dixerit homo patri aut matri corban quod est donum quodcumque ex me tibi profuerit'. *PGh*: ' it were better to ȝiven her chateux in to þe temple þan forto ȝiven it fader oiþer moder' (49).

51 8-9. **e autres choses plusors firent il countre la lei Dieu.** *Abbreviatio*. See Mt 15.6-11.

52 1-2. **vers Sur e vers Setes**, 'towards Tyre and Sidon'. Mt 15.21: 'in partes Tyri et Sidonis'. *PGh*: 'toward Surrye and toward Gades' (50; see also 128).

53 2. **E il li prierent.** The subject, 'people' (= 'il'), is clarified in the next sentence. Mc 7.32: 'et deprecantur eum ut inponat illi manum'.

53 2-3. **E il le prist e l'amena.** Plooij includes *PGh*'s 'name & ledde' (Goates, 51) among his 'test-readings for the Diatessaron' (Plooij[2], 15).

53 7. **porterent ovés eus.** The emendation follows Mt 15.30, 'habentes secum', and ***49*** 3. *PGh*: 'brouȝth wiþ hem' (51).

55 2-6. A continuation of the discussion at ***42*** 15-20, in which Christ urges his listeners to be alert to signs of his coming in the same way that they predict changes of weather based on current conditions.

59 16. **il le quiderent a occire e il estoit present.** Io 7.25: 'hic est quem quaerunt interficere et ecce palam loquitur'. *PGh*: 'hij souȝtten hym forto slee & he was here in presence' (54).

59 16-17. **E pus le samadi en la tyerce simaine.** Apparently taken from Io 7.37 ('in novissimo autem die magno festivitatis'), this chronological note introduces a conference of chief priests and Pharisees initiated five verses earlier, at Io 7.32. In fact, the story of the adulterous woman, which begins at ***59*** 32, is based on Io 8.1-11, corresponding to the Gospel reading for the Saturday after Oculi, the third Sunday of Lent, in the Sarum Use (*The Sarum Missal*, 89). PGh omits. See also Notes ***49*** 18 and ***59*** 43.

59 43. **La quarte fferié en la quarte simaigne,** 'The fourth (feast-) day of the fourth week'. In the Use of Sarum, the Gospel reading for Wednesday of the fourth week of Lent is Io 9.1-38, the story of Christ's healing of the blind man, which begins here. See F.H. Dickinson, *Missale ad usum insignis et praeclarae ecclesiae Sarum* (1861-1883; rpt. Farnborough, 1969), cols. 221-222. *PGh* omits. See also the Notes for ***49*** 18 and ***59*** 16-17.

61 5-6. **Si vous plest, faisoms nous treis tentes.** The AN 'tentes' (= 'tabernacula', Mc 9.4) does not explain the perplexing mistranslation in *PGh* noted by Goates (57, 128).

61 13-14. **si feroit e qu'il reparailleroit tout l'estat du people, mes ausi feroient il de Elie com de Johan le Baptistre e de li.** Severe *abbreviatio* of Mt 17.11-13. *PGh*: 'He (=Helye) schal come and apparaile þe state of þe folk, bot also þai schulden done of hym as þai duden of John þe Baptist or of hym self (=Jesus)' (58; cf. 128).

61 28. **e par jeune.** Mt 17.20: 'et ieiunium'. Goates explains the mistranslation in *PGh* ['& þorouȝ me' (=Jesus), 58] in terms of a misreading of *jeun* as *Jesus* (128).

63 6. **Mes que nous les corousoms**, 'But lest we offend them'. Mt 17.26, 'ut autem non scandalizemus eos'. *PGh*: 'Ac þat we ne wraþþe hem nouȝth' (59).

63 8. **demaunda.** The emendation follows Mc 9.33: 'interrogabat'. *PGh*: 'asked' (59).

63 16. **que noun sivi pas,** 'not a follower of Jesus'. Mc 9.37 : 'qui non sequitur nos'.

63 22-23. **E quantque Seint' Eglise ajugeroit serroit estable devaunt li.** *Estoire* very loosely paraphrases Mt 18.17: 'et ecclesiam non audierit sit tibi sicut ethnicus et publicanus'. *PGh*: 'And al þat holy chirche wil juggen schal be stable and conferned toforne me' (60).

64 14. **il n'aveyent pas que prophete meorge hors de Jerusalem.** Lc 13.33: 'quia non capit prophetam perire extra Hierusalem'. Goates notes (129) a mistranslation of Lc 13.33 in *PGh*, 'For hij hadden nouȝth herd which prophete schuld die wiþoute Jerusalem' (61).

66 7-8. **il covyent qu'il se purpense mout estreit e lesse quantqe destourbe la moy amur.** Paraphrase of Lc 14.33: 'sic ergo omnis ex vobis qui non renuntiat omnibus quae possidet non potest meus esse discipulus'. *PGh*: 'he þat wil be my deciple, hym bihoueþ to biþenchen hym wel streitlich forto leten al þing þat destourbeþ my loue' (63).

67 4. **treis parables.** *Abbreviatio*. The author summarizes 'The Lost Sheep' (Lc 15.3-7), 'The Lost Coin' (Lc 15.8-10), and 'The Prodigal Son' (Lc 15.11-32).

68 5-6. **la gent du secle sont plus sages en lor estat que les autres endreit Deus.** Lc 16.8: 'quia filii huius saeculi prudentiores filiis lucis in generatione sua sunt'. *PGh*: 'For þe folk of þe werlde ... beþ wiser in her manere þan oþer men ben towardes hem' (64).

72 10. **ne feroit pas prendre feme,** 'it was better not to marry'.

74 14. **mes Dieu le poet justifier.** In *PGh* ('ac God hym myȝth chastisen', 68), Goates identifies (129) a mistranslation of Mt 19.26, 'apud Deum autem omnia possibilia sunt'.

74 20. **un parable de un home que amena overours en sa vigne.** *Abbreviatio*. The author summarizes 'Laborers in the Vineyard' (Mt 20.1-16).

76 The New Testament sources of this chapter are identical to those for **78** below. The phrasing of the two chapters is also sometimes nearly identical.

77 10. **pur ce que l'oste estoit justifiez.** Lc 19.9 : 'eo quod et ipse filius sit Abrahae'. Goates sees (130) a mistranslation in *PGh*: 'for þat he hadde chastised hem & was riȝthful' (70-71). Both *Estoire* and *PGh* take liberties.

77 11-13. **un parable dé dis besaunz.** *Abbreviatio.* An allusion to 'The Ten Talents' (Lc 19.12-24). See also the note for ***93***.

79 11-12. **Donc lor moustra ... dieus en sa seinte Escripture,** 'Then he showed them that, in his Holy Scripture, God clearly calls his elect "gods"' (Io 10.34-35a).

80 3-4. **seinte Marie Madaleyne.** See the note for ***35*** 2.

80 42. **il ne savoient nul bien** ... A paraphrase of the speech of Caiphas, Io 11.49-50.

84 2-3. **le temple de marchaundises.** This term arises from Io 2.14, 'Et invenit in templo vendentes boves et oves et columbas et nummularios sedentes'. *PGh*: 'þe temple of markandises' (78).

84 5-6. **si il responissent a un soul mot.** The sense is, 'if they would answer Jesus' question to them' (see ***84*** 11, **demaunde,** 'question' or 'riddle').

85 2. **lor dist Jhesu treis parables.** The three parables—'The Two Sons' (Mt 21.28-30), 'The Vineyard' (Mt 21.33-39), and 'The Marriage Feast' (Mt 22.1-14; cf. Lc 14.16-24)—are followed by a quotation of 'The Rejected Stone', 'lapis quem reprobaverunt aedificantes factus est in caput anguli' (Ps 117.22).

86 3. **que um ne dust doner truage.** This emendation, which follows *PGh* (Goates, 80), is missed in the critical edition of 2011. There is no specific model for this phrase in V.

86 5. **lor deciples que ne estoient pas acointé ové les bailifs.** This phrase has no equivalent in Mt 22.16, Mc 12.13 or Lc 20.20. *PGh*: 'her deciples, þe which were nouȝth yknowen wiþ þe bailyues' (80).

88 3-6. **lé plus hauz comaundementz.** The reference is to Mt 22.37-40 (cf. Mc 12.30-31, Lc 10.27).

93 19-20. **lor dist Jhesu quatre parables.** *Abbreviatio.* The four parables are 'The Servants Waiting for their Master' (Lc 12.35-48), 'The Householder' (Mt 24.48), 'The Ten Virgins' (Mt 25.1-12), and 'The Talents' (Mt 1.14-30). See also the note for ***77***.

93 26. **reguerdona hautement les deus que avoient son avoir dobblé.** Goates spots (131) an omission in the corresponding passage in *PGh*: 'he rewarded hem heiȝelich, þe tweie þat hadden his goodes [ydubbled?] he dubbled it hem' (85). Cf. Mt 25.14-23.

95 15. **les cumina Jhesu,** 'Jesus shared with them'. The author loosely follows Lc 22.19. *PGh*: 'houseled Jesus hem'.

95 23. **auqune foiz vous returnez e confortez voz freres.** Lc 22.32: 'Et tu aliquando conversus confirma fratres tuos'. *PGh*: 'sum tyme turne aȝein, and conforte þi breþeren' (88).

95 33-34. **qu'il ne lavast mie soulement ses piez mes sé mayns e sa teste.** In its translation of Io 13.9, *PGh* includes the variant 'al þe body', which Petersen (170) calls a survival from the Diatessaron of Tatian. *Estoire* omits this phrase.

95 38. **e dist que un d'eus le traieroit.** *Repetitio* of *95* 12-13.

95 46. **e ce pareit par tens,** 'and would shortly manifest himself'. *PGh* has simply '& schulde departen' (89). Goates reports, 'In MS. there is a blank of nine-tenths of an inch between *departen*' (89) and the next word, as if the ME translator, arriving here, was unsure of the meaning'. Io 14. 19: 'adhuc modicum et mundus me iam non videt vos autem videtis me'.

95 53-54. **il le renoieroit treis foiz avaunt que le cok chantast.** *Repetitio* of *95* 25-26.

96 3. **la nuit meimes les guerpiroit il touz.** *Repetitio* of *95* 57-58.

96 6-7. **il le renoieroit treis foiz la nuyt avaunt ke le koc chantast deus foiz.** *Repetitio*. See *95* 25-26 and *95* 53-54.

96 38-39. **un juvenceal le sui afublé de un drap linge senglement.** *Abbreviatio*. Mc 14.51-52: 'Adulescens autem quidam sequebatur illum amictus sindone super nudo'.

96 41-42. **en l'ostel Anné qui fille Cayphés l'evesque out esposé.** *Estoire* and *PGh* interchange the names Annas and Caiaphas (see Goates, 132). Caiaphas had married Annas' daughter. Io 18.13: 'ad Annam ... erat enim socer Caiaphiae qui erat pontifex'.

96 61-62. **E Jhesu li dist que si il eust mesdist, qu'il li deist de quei; e si il n'eust, qu'il ne le batist.** The emendation follows Io 18.23: 'Respondit ei Iesus si male locutus sum testimonium perhibe de malo si autem bene quid me caedis'; and *PGh*: 'And Jesus hym ansuered and badde ȝif he hadde ouȝth mysseide, þat he schulde telle hym where of; and ȝif he ne couþe telle whereof, þat he smott hym nomore' (93).

97 20-21. **o les autres offrendes ne firent il pas a mettre,** 'they should not be put with the other offerings'. See Mt 27.6.

100 5-6. **e prist une esponge e moilla en eisil e lia de ysope a un rosel e li tendi a la bouche.** *Repetitio*, with variations, of *99* 3.

100 10. **meime l'oure.** The 'interpolation of a chronological reference' at Mt 27.51 is 'in agreement with numerous Diatessaronic witnesses both East and West' (Petersen, 170). *PGh* has 'wiþ þat' (100).

100 11. **e les sepulcres overirent.** See the note for *102* 5-6.

101 21-22. **tant com eles oserent overer pur le sabat,** 'for as long as they dared to work in anticipation of the sabbath'. An elaboration of Lc 23.56. *PGh*: 'And als longe als hij durten wirchen for þe sabat' (101).

101 22. **e achaterent aromatz e attornerent lor oignemenz.** *PGh*: 'and bouȝtten a riche oignement þat is ycleped "aromatha," and hij atireden her oignement' (101; see Goates's comment, 134), based on Lc 23.56, 'paraverunt aromata et unguenta' (see also Lc 24.1). The women's purchase of balm is repeated in similar terms at *102* 3.

NOTES

101 28-29. **mercherent la pierre que jeust a l'entree.** Mt 27.66, 'signantes lapidem cum custodibus'. *PGh*: 'merkeden þe stone þat lay toforne þe entry' (101).

102 5-6. **e out des seinz [MS les] qu'estoient amortiz [MS conuz] plusors resuscité que vindrent en la cité e apparurent a plusors.** Mt 27.52, 'et multa corpora sanctorum qui dormierant surrexerunt'. The text in *PGh*, 'þe dede men arisen out of her graues' (100), links the ME text, and with it, *Estoire*, to the Diatessaron of Tatian (see Petersen 170). See also ***100*** 11, 'les sepulcres overirent'.

103 25. **ele conuyst sa voiz,** 'she recognized his voice'. This interpolation at Io 20.16 echoes 'Eastern and Western Diatessaronic witnesses' (Petersen 170). *PGh*: 'sche knew hym by his voice' (103).

107 1. **Coment Jhesu apparust a seynt Pierre**. In the *capitula*, the titles of ***107*** and ***108*** are interverted. See the note for ***vii*** 6.

110 8-9. **il se moustra auqune foiz au plus de cink cenz hommes ensemble.** The reference is to I Cor 15.6, 'deinde visus est plus quam quingentis fratribus simul'. *PGh*: 'And also he schewed hym sum tyme to fyue hundreþ men arisen to gidre' (108).

112 25. **pur l'onur Deu.** Io 21.19: 'clarificaturus esset Deum'. *PGh*: 'for Goddes loue' (108).

112 28. **il voloit qu'il demorast.** Goates remarks (134) that *PGh* requires emendation to '[he wolde] þat he schulde dwellen' (110).

112 29. **'Que vous chaut? . . . Suez mei vous'.** Io 21.22: 'quid ad te tu me sequere'. *PGh* translates the question ('what is þat to þe ?', 110), but omits the command.

113 11. **Quar Johan le Baptistre.** Beginning here, *Estoire* leaves off following the Gospels and turns to the Acts of the Apostles.

113 13. **homes e femes.** This phrase acknowledging the women among Christ's followers has no basis in Scripture. The phrase recurs at ***113*** 17. Coming as it does at the end of *Estoire*, it is perhaps a discreet authorial nod to female readers.

113 35-36. **jusques il furent enchacez hors de gent de Judee.** The harmonist refers broadly to the persecution of the apostles and of Stephen, Paul, Barnabas, and others. Acts 11.19 is perhaps the key verse.

APPENDICES

I: Analysis of M. Goates' 'Evidence of a French source'

Goates states, 'I have not yet been able to discover the immediate source of the Pepysian Harmony; but that it was French, and not Latin, is almost if not absolutely proved by the striking evidence of vocabulary and phraseology' (xv).

In the following, Goates's argument is analyzed point-by-point with reference to *Estoire* in Liber niger. Key words selected by Goates (pp. xv-xviii) from *PGh* are placed in context and underlined in the right-hand column; the corresponding passage from *Estoire* is shown with chapter and line numbers on the left. Numbers in the right-hand column refer to pages and lines in Goates' edition. Passages not cited by Goates appear in **bold**. Further comments by Goates on mistranslations are addressed in the Notes.

Goates first examines 'curious verbal errors which are most likely mistranslations of a French original' (xv). This group includes examples of the ME translator's apparent misreadings of the AN text.

	P. xv
Donc comencerent ceus qe tindrent Jhesu a escouper en son vis [96.71]	Text 1: And þo bigonnen hij [þ]at helden Jesu forto <u>cracchen</u> hym 93.33-34
e le saluerent par eschar com roi, e escracherent enmi son vis [98.44-45]	Text 2: **and gretten hym as a kyng, and scraccheden hym amyddes þe face** 96.17-19

In Text 1, *Estoire* does not use a form of *cracher* as Goates anticipated but a synonym, *escouper* (*ANOH*, 'spit upon'). The correspondence of *scraccheden* and *escracherent* is clear in Text 2, however, which Goates inexplicably overlooked.

Text 1: *MED cracchen*, 'scratch', 'scrape'. *V* 'Et viri qui tenebant illum inludebant ei caedentes et velaverunt eum et percutiebant faciem eius' (Lc 22.63-64a).

Text 2: *MED* cites *PGh* (*scracchen*, 'scratch'). *V* 'Tunc expuerunt in faciem eius et colaphis eum ceciderunt alii autem palmas in faciem ei dederunt' (Mt 26.67; cf. Mc 14.65).

que home vouast ses chateus au temple [51.8]	to ʒiuen her <u>chateux</u> in to þe temple 49.18-19

Goates understands AN *chateus* in its legal sense, 'chattels', 'goods', remarking that *PGh*'s use of *chateux* was (at least in 1922) the only attested non-technical use of the word in ME.

V 'munus quodcumque est ex me tibi proderit et non honorificabit patrem suum aut matrem' (Mt 15.5-6; cf. Mc 7.11).

e il dormi derere en la neef sour oreyller [19.12]	And Jesus was þo a slepe bihinde in þe schipp in an <u>oriole</u> 21.18-19

Goates remarks that *oriole*, 'porch', 'passage', is undoubtedly a misreading of AN *oreiller*, 'pillow' (*ANOH*). Citing this text, *MED* has *oriole*, 'recess (in a building or ship)'. *V* 'supra cervical dormiens' (Mc 4.38).

E il entra en une des nefs que estoit a Simon Peres [15.3-4]	And Jesus entred in to on of þe schippes, þat was <u>Simondes faders</u> 17.25-26

In *Estoire*, Simon Peter's name is variously spelled *Pere(s), Piere(s), Pierre*; 'Father', 'father' is *Pere, pere*. Goates surmises that ME *faders* is a mistranslation of the surname *Peres*. *V* '[in unam navem quae erat] Simonis' (Lc 5.3).

Donc vint hom e offri enfaunz a Jhesu qu'il les dust tocher e beneyr; e ceus deciples reboterent ceus que les offrirent [73.1-3]	Þo com <u>a man</u> to Jesu and offrede hym children, þat he schulde touchen hem and blissen hem. And Jesus deciples recu[s]eden <u>hem þat hem offreden</u> 67.23-26

Goates notes the contradiction between ME sg. *a man* and pl. *hem*, attributing this to a misconstruction of OF indef. pron. *(h)on, homme* etc. *V* 'Tunc oblati sunt ei parvuli ut manus eis inponeret et oraret discipuli autem increpabant eis' (Mt 19.13).

que sa oure de monstrer son pouer n'estoit pas oncore venue [10.3-4]	þe <u>man</u> was nouȝt ȝut comen þat scholde schewe his power 12.9-10

Goates surmises that ME *man* is a mistranslation resulting from a misreading of OF *(h)ore*, 'hour', as *(h)om*. *V* 'nondum venit hora mea' (Io 2.4).

les pierres crieroient [81.33]	þe <u>wers</u> þai schulden crien 76.29

Goates notes the similarity of this misconstruction to the one above. Here AN *pierres*, 'stones', is misread and mistranslated as ME *wers*, 'more unpleasantly, more grievously, with intensive force' (*MED*). *V* 'lapides clamabunt' (Lc 19.40).

	P. xvi
'Jeo suy celi', dist il, 'que vous lef en ewe pur penaunce' [7.25]	'Jch,' he seide, '<u>lyfte</u> ȝou of þe watere for penaunce' 9.32-33

In this passage and the two following, Goates surmises the confusion of OF *lever*, 'to raise', 'lift up' (*ANOH*), and *laver*, 'to wash' (*ANOH*), 'to baptize', in the ME translation. That AN *lef* is an acceptable pr.ind.1 of *laver* (Kibler, 109) was not recognized by the translator. *V* 'Ego quidem vos baptizo in aqua in paenitentiam' (Mt 3.11).

pur ce qu'il ne se lava mie, solunc lor custume, devaunt q'il mangast [41.3]	for as mychel as Jesus ne <u>aros</u> nouȝth tofore þat he ete 40.10-11

V 'quare non baptizatus esset ante prandium' (Lc 11.38).

E Jhesu lour dist qu'il n'i out cil d'eus qui ne levast sa berbiz en sabat si ele fust chue en une fosse [38.6-7]	And Jesus þo to hem seide which of hem it were þat nolde noȝth <u>wasche</u> his schepe upon þe sabat ȝif it were fallen in a foule diche 37.29-31

As above, the ME translator confuses *lever*, 'to lift up', and *laver*, 'to wash'. *V* 'ipse autem dixit illis quis erit ex vobis homo qui habeat ovem unam et si ceciderit haec sabbatis in foveam nonne tenebit et levabit eam' (Mt 12.11).

'Jeo vi Sathan sicom ffoudre chair du ciel' [33.5-6]	'ich seiȝ Sathan als <u>dust</u> falle fram heuene' 34.20

Similarly, Goates surmises the misconstruction of AN *ffoudre*, 'lightning', as *poudre*, 'dust', and subsequent mistranslation in ME. *V* 'videbam Satanan sicut fulgur de caelo cadentem' (Lc 10.18).

qu'il fussent sages com serpenz e simples com colombs [28.15-16]	be wyse as <u>seint Petre</u> and symple as a douue 30.14-15

Goates attributes this mistranslation to the confusion of AN *S. Pers* (or, more likely, *s'per's*), 'St Peter', being contracted in the MS, with *serpentes*, 'serpents'. *V* 'estote ergo prudentes sicut serpentes et simplices sicut columbae' (Mt 10.16).

E com Jhesu issi du temple, vindrent ses deciples e li moustrerent com il fu fort e riche [93.2-3]	And als he went out of <u>þe temple</u>, so comen his deciples and scheweden hym how <u>he</u> was riche & good & strong 84.9-11

Goates calls attention to the translation of AN *il* (in this case 'it', referring to the temple) as ME *he*, thus retaining the masc. gender. *V* 'Et cum egrederetur de templo ait illi unus ex discipulis suis magister aspice quales lapides et quales structurae' (Mc 13.1-2; cf. Mt 24.1, Lc 21.5).

E comaunda le vent qu'il se tust e la mer qu'ele ne se must, e tantost se tindrent il en pees [19.13-15]	And also suiþe Jesus comaunded <u>þe wynde</u> and þe see forto be stille and þat <u>he</u> ne blew nomore; and also sone it was stille 21.23-25

In a similar case, Goates cites this translation of AN *il*, referring to *le vent*, as ME *he*, again retaining the masc. gender. *V* 'et exsurgens comminatus est vento et dixit mari tace obmutesce et cessavit ventus et facta est tranquillitas magna' (Mc 4.35; cf. Mt 8.26).

Coment Jhesu resuscita le fiz la
veve [29.1]

Hou þat Jhesus reised þe wedewes
dou3tter from deþ to lyue 30
[heading]

Goates labels this 'a curious case of persistent error' (xvi), as both Liber niger and *V* (Lc 7.12) specify 'the widow's son'. She surmises that the ME translator misread AN *fil3* as *fille*, 'daughter'. For consistency of gender, the translator then changed the three remaining explicit AN masc. references to the child (*al mort, il leva sus, il le prist*) from masc. to fem. Following Edin. Univ. Lib. D.b.I.3 (15th c.), Goates anticipated two of the three references.

P. xvii

'E vous', dist il, 'auqune foiz vous
returnez e confortez voz freres'
[95.23]

'And þou,' he seide, 'sum tyme
turne a3ein and conforte þi
bretheren' 88.6-7

Consulting BM Royal 20.B.v (14th c.), Goates underscores the greater affinity of the ME turn of phrase with OF than with *V*, which reads 'Et tu aliquando conversus confirma fratres tuos' (Lc 22.32).

E lor reprova qu'il li voleient tuer, e
lor moustra qu'il avoient tort
[59.13]

And he reproued hem þat wolden
hym slee, and schewed hem þat hij
hadden wrong 54.11-13

With this text, Goates begins a new series of evidences based on the ME translator's handling of idiomatic phrases in the original. In this case, the OF idiom *avoir tort* influenced the ME translator's word-choice.

Both Liber niger and *PGh* elaborate on the direct discourse of *V*, 'quid me quaeritis interficere' (Io 7.20).

E par ceste acheison ala Joseph ou
Marie sa espouse . . . jusques a
Bethleem pur fere sa reconoisaunce
en sa cité [3.4-6]

& þorou3 þat skyl went Joseph [&]
Marie his spouse . . . unto Bedleem
forto make reconischaunce in his
owen cite 4.33-5.2

According to Goates, *PGh* shows the influence of the OF idiom *faire reconnoissance*. The expression *forto make reconischaunce* was in 1922 the only known example of this phrase in ME. *MED* lists several uses of *reconisaunce*, 'an acknowledgment of subjection or allegiance', and confirms its appearance in *PGh* as the earliest.

The AN passage paraphrases *V*, 'ascendit autem et Ioseph a Galilaea de civitate Nazareth in Iudaeam civitatem David quae vocatur Bethleem eo quod esset de domo et familia David ut profiteretur cum Maria desponsata sibi uxore praegnate' (Lc 2.4-5).

Coment Jhesu turna ches Zacheu e
la dist la parable dé diz besaunz
[77.1]

Hou Jhesus turned þe heued to
3acheus, & tolde hym an ensample
of X besaunt3 70 [heading]

APPENDIX I

Goates notes the similarity of ME *turned þe heued* and French *tourner la tête*. The translator apparently mistook AN *ches*, 'at the house of', for *chef*, 'head' (*ANOH*).

Este vous l'autre jour vindrent les prestres e les phariseus a Pilate . . . E li prierent qu'il feist garder le sepulcre jesques au tierz jour . . . E il respondi qu'il avoient garde e lor dist qu'il alassent eus meymes e le gardassent au meuz qu'il peusent [101.23-28]	And upon þat oþer day comen þe preestes and þe Phariseus to Pilate . . . & bisouȝtten hym þat <u>he schulde do looke þe body</u> in þe sepulchre til þe þridde day . . . And Pilate hem ansuered þat huj schulden gon hem self an kepen it als wel þat hij couden 101.25-33

Goates, who probably continues to follow a later OF manuscript, takes the ME expression as the translation of causative *fere garder le corps*, not of *fere garder le sepulcre*, as here. Still, her intuition of a mistranslated idiom is justified, since the translator confuses two meanings of AN *garder*, 'look' and 'guard', opting for the former in this case (but cf. *gardassent*, translated *kepen*, 'to keep [sth.] in one's possession' [*MED*], later in the passage).

V 'Altera autem die quae est post parasceven convenerunt principes sacerdotum et Pharisaei ad Pilatum dicentes domine recordati sumus quia seductor ille dixit adhuc vivens post tres dies resurgam iube ergo custodiri sepulchrum usque in diem tertium . . . ait illis Pilatus habetis custodiam ite custodite sicut scitis' (Mt 27.62-65).

	P. xviii
Coment Jhesu eslust les settante †dozze deciples [32.1]	Hou Jesus ches hym <u>sixty and twelue</u> deciples 33 [heading]

In the text of *Estoire*, †*dozze* has been emended to *deus*. Goates argues that the ME translator's use of <u>sixty and twelue</u> was influenced by the OF *sexante dozze*. It is possible that the translator's copy of *Estoire* had *seissante dozze* here. *V* 'septuaginta duos' (Lc 10.1).

Pus eslust Jhesu setaunte †dozze autres [32.1]	After wardes þan ches Jesus hym <u>sexti & twelue</u> disciples 33.19-20

In the text of *Estoire*, again, †*dozze* has been emended to *deus*. See the comment above.

E vint une autre ancele e l'avisa e dist . . . qu'il out esté o Jhesu [96.48-49]	And þo com a womman and <u>avised hir of</u> seint Petre 92.28

Goates postulates that ME reflexive *avised her of*, 'to have a sight of (sth.), see, notice' (*MED*, which cites later 15th-c. uses), is borrowed from F *s'aviser de*. This seems tendentious: *ANOH* does not show these meanings for AN *s'aviser*. *V* 'vidit eum alia' (Mt 26.71).

ele out mout bien fet, quar povres purroit ele touz jours avoir, mes son cors n'averoit ele pas toute foiz [81.13-14]	sche hadde done þat dede in <u>þe honoura[n]ce</u> of his buryinge 75.20-21

This and the remaining evidences demonstrate what Goates terms 'the strong French element' in the vocabulary of *PGh*. Goates calls attention to the use of OF *honourance* (*ANOH onurance*, 'honour') in this loose paraphrase. *MED* shows two other uses of *honouraunce* from *c.* 1300.

V 'opus bonum operata est in me nam semper pauperes habetis vobiscum me autem non semper habetis' (Mt 26.10-11).

| Coment Jhesu gari la feme courbe [44.1] | Hou Jhesus heled a womman þat was bocched 42 [heading] |

MED cites this text for *bocched*, 'hunchbacked, crippled'. Goates correctly equates *boce* with 'abscess, boil, tumour, ulcer' (*ANOH*); that *boce* may also refer, more pertinently, to a 'hump (on back)' also makes her point. *ANOH corb*, 'bent', 'bowed'.

V 'et ecce mulier quae habebat spiritum infirmitatis annis decem et octo et erat inclinata nec omnino poterat sursum respicere quam cum videret Iesus vocavit ad se et ait illi mulier dimissa es ab infirmitate tua et inposuit illi manus et confestim erecta est et glorificabat Deum' (Lc 13.11-13).

| il dussent eschuire la doctrine des phariseus [56.7] | hij scholden flei3e þe aprise of þe Phariseus 52.24-25 |

Limited comment by Goates. *MED a(p)prise*, 'an instruction', 'a teaching', citing this text; *ANOH aprise*, 'teaching', 'doctrine'. *V* 'tunc intellexerunt quia non dixerit cavendum a fermento panum sed a doctrina Pharisaeorum et Sadducaeorum' (Mt 16.12; cf. *Estoire* 56.2-3).

| Beneurez sont les debonaires [24.9] | Yblissed be þe bonair 26.30 |

Limited comment by Goates. *MED bonair(e*, 'meek', 'humble'; 'obedient', 'submissive', 'subservient', citing this text; *ANOH boneire, deboneire*, 'meek', 'mild', 'humble'. *V* 'Beati mites' (Mt 5.4).

| la ffeste des Loges [59.2] | þe feste of loges 53.18 |

Goates notes OF *loge*, 'arbour' or 'hut'. *ANOH* 'hut', 'shelter'. *MED*, citing this text, 'A small building or hut for either permanent or temporary use'; 'a rude shelter'; **'feste of logges**, the Jewish feast of Tabernacles'. *V* 'scenopegia' (Io 7.2).

| Este vous les autres femmes vindrent vers le sepulcre e entrerent le cortill e virent un angle . . . vestu d'une cheinse blanche [103.8-10] | And þo comen þe wymmen towardes þe sepulchre in þat gardyne, and sei3en an aungel . . . ycladde in a white chesible 103.3-6 |

The scribe of *Estoire* has written *cheise blanc*. Goates states, 'A curious use of OF *chesible*'. *MED chesible*, 'an angel's garment', citing this text. *ANOH chesible*, '(eccl.) chasuble'; *cheinse*, 'muslin, fine linen'. *V* 'coopertum stola candida' (Mc 16.5).

il resemblerent les tombes qe sunt dobbez dehors e puauntes dedenz [90.6-7]	liche þe graues þat ben <u>daubed</u> and made faire wiþouten, and stunken wiþinne 82.10-11

Goates sees the influence of French in this use of *dauber*, 'to smear (with)', 'to cover up', 'deceive' (*ANOH*); cf. the AN p.p. as adj., 'plastered'. *MED dauben*, 'to plaster or whitewash (a wall)', citing this text. *V* 'sepulchris dealbatis' (Mt 23.27).

ceste gentile femme [44.6]	þis <u>gentil</u> womman 42.27

Goates notes F. *gentilfemme*. *MED gentil*, 'of noble rank or birth'. AN *gentille femme*, 'lady, gentlewoman' (*ANOH*). *V* (Lc 13.16) and Roy. (fol. 9v) 'filiam Abrahae'.

II : Sequence of chapters in *Estoire* and *PGh*

This table compares major divisions and the sequencing of chapters in *Estoire* [Liber niger], shown on the left below, and *PGh* [Goates ed.], shown on the right. **Bolded** words indicate major divisions, which appear with folio reference or page number. The source of chapter titles in *Estoire* is the *capitula* (Liber niger fols. 34R-35V). See Goates, 114-22, and Morey, 211-15, for the canonical gospel sources of each chapter.

Estoire [Liber niger] (fol. 35V)	*PGh* [Goates ed.] (p. 1)
1. De la deyté douz Jesu	§1 Of þe godhede of oure lorde suete Jesu Crist God almiȝth[y].
2. De la Concepcion douz Jhesu	§2 Of þe concepcioun of swete Jesu Crist. Hou he was conceyued.
3. De sa nessance e de ses signes	§3 Of þe byrþe of Jesu Crist.
4. De sa oblacion e de ses signes	§4 Hou oure lorde Jesus was offred to þe autere.
5. De sun exil e de ses signes	§5 Hou þat suete Jesus was exiled.
6. Enfaunce de Jhesu	§6 Of þe childehode of Jhesu Crist.
Ici comence la secunde meditacion par lundi (fol. 37V)	(p. 8)
7. Du baptesme Jhesu Crist	§7 Hou þat Jhesus was baptiȝed.
8. De la jeune Jhesu	§8 Of þe fastynge of oure lorde Jesu Crist.
9. Des premers deciples Jhesu	§9 Of þe first disciples þat Jesus had wiþ hym.
10. Coment Jhesu fist de ewe vin	§10 Hou Jesus made wyne of water.
11. Coment Jhesu se porta quant il se monstra primes a la pask en Jerusalem	§11 Hou þat Jesus hym bare whan þat he schewed hym first.
12. Coment Johan Baptistre recomaunda Jhesu	§12 Hou seint John bad Jesus Crist wende aȝein.
Ici comence la tyerce meditacion par mardi (fol. 39R)	(p. 14)
13. Coment Jhesu lessa Judee e ala en Galilee	§13 Hou Jesus left Jude & went in to Galilee.
14. Coment Jhesu gari li fiz a provost	§14 Hou þat Jesus heled þe prouostes son.
15. Coment Jhesu precha en la nef seint Pierre	§15 Hou þat Jesus preched in þe schippe to seint Peter þapostle.
16. Coment Jhesu luyst a Nazareth	§16 Hou þat Jesus com in to Naȝareth.
17. Coment Jhesu apela seyn Pere e ses cumpaignuns	§17 Hou þat Jesus cleped seint Peter and his felawes.

18. Coment Jhesu gary le demonyac
19. Coment il passa la mer e enchacea la legion
20. Coment il garist le parletik e apela seint Matheu
21. Coment Jhesu resuscita la pucele e garist la femme
22. Coment Jhesu gari deus aveogles e un meu
23. Coment il estoit despit en son pays
24. Coment il esleut les dozze apostres
25. Coment il gari touz au descendre en la pleine
26. Coment il gari le leprous

27. Coment il gari le serjaunt le centurion
28. Coment Jhesu envoya les xii apostres precher
29. Coment Jhesu resuscita le fiz la veve
30. Coment seint Johan Baptistre envoya a Jhesu
31. Coment Jhesu converti la Magdaleyne
32. Coment Jhesu eslust les settante †deus deciples
33. Coment Jhesu resceut ses deciples quant il revyndrent a ly
34. Coment Jhesu respondi au mestre qui demanda quel fust le plus haut comaundement
35. Coment seynte Marthe herberga Jhesu
36. Coment Jhesu aprist ses deciples orer
37. Coment Jhesu escusa ses deciples de ce q'il pristrent les espis en sabat
38. Coment Jhesu gary la mayn parlatik
39. Coment Jhesu fui e gari ceus ke

§18 Hou þat Jesus kast a fende out of a man.
§19 Hou þat Jesus enchasced sex þousande & sex hundreþ and sexti & sex fendes, and after passed hym ouer þe se.
§20 Hou Jesus saued a man þat was paralityk, and cleped to hym seint Mathew.
§21 Hou Jesus reised a man fram deþ to lyue & warisshed a womman.
§22 Hou þat Jhesus warisshed two blynde men.
§23 Hou þat Jhesus was despised in his owen cuntree.
§24 Hou þat Jesus ches hym his twelue apostles.
§25 Hou þat Jesus warissched and heled alle þat comen towardes hym in þe pleyne.
§26 Hou þat Jesus heled a mesel of his maladye.
§27 Hou þat Jhesus heled centurions seruant.
§28 Hou þat Jesus sent his twelue apostles forto prechen.
§29 Hou þat Jesus reised þe wedewes douȝtter from deþ to lyue.
§30 Hou þat seint John þe Baptyst sent to Jesu.
§31 Hou Jhesus conuerted þe Maudeleyne.

§32 Hou Jesus ches hym sixty and twelue deciples.
§33 Hou þat Jesus resceyued his deciples whan hij comen aȝein to hym.
§34 Hou Jesus answered hem þat hym askeden which was þe grettest comaundement of þe lawȝe.
§35 Hou Martha herberewed Jesu Crist.
§36 Hou Jesus tauȝtte his deciples to prayen.
§37 Hou Jesus excused his deciples of þat hij tooken þe spices vppon þe sabat.

§38 Hou þat Jhesus heled þe paralitikes honde.
§39 Hou þat Jesus warissched hem alle þat

le suirent	hym foloweden.
40. Coment Jhesu gari le demoniac aveogle e mu e respondi as mestres	§40 Hou þat Jesus warisshed þe wode blynde man þat had a fende wiþinne hym and drof hym out of hym.
41. Coment Jhesu respoundi au phariseu a manger qe li blama	§41 Hou Jesus ansuered to þe Pharisew þat hym blamed.
42. Coment Jhesu aprist ses deciples fuir avarice par acheson de deus freres	§42 Hou þat Jesus tauȝtte his deciples to fleiȝen auarice by ensaumple of tweie freres.
43. Coment Jhesu amonesta le people a penaunce par acheson des Galileis qe Pilat' occist	§43 Hou þat Jhesus amonested þe folk forto done penaunce for enchesoun of þe Galilens þat [Pilate] dude slen.
44. Coment Jhesu gari la feme courbe	§44 Hou Jhesus heled a womman þat was bocched.
45. Coment Jhesu precha par parables en la nef	§45 Hou Jhesus preched þorouȝ ensaumples in þe schippe.
46. Coment Jhesu vint autre foiz en son pais e il le despisoient	§46 Hou þat Jhesus com in anoþer tyme in to his owen cuntre.
47. Coment les Juys le pursuirent pur ceo q'il garist le paraletik au sabat	§47 Hou þe Jewes folowenden Jesu for þat he hadde heled a man of þe palesie vpon þe sabat.
Ici comence la quarte meditacion par mescredi (fol. 47R)	(p. 45)
48. Coment Jhesu ala priveement en desert quant il oi dire qe Johan le Baptistre estoit decolé	§48 Hou þat Jhesus went hym pryuelich in to desert whan þat he herd telle þat seint John þe Baptist was biheueded of Heroudes.
49. Coment Jhesu pout les .v. mile hommes	§49 Hou þat Jhesus, whan he was went in to desert, fedde fyue þousande men wiþ fyue loues.
50. Coment Jhesu gary touz ceus qui le toucherent en Genasar	§50 Hou þat Jhesus heled alle þo þat comen to hym in Genesareth.
51. Coment Jhesu respoundi as mestres qui respristrent ses deciples pur ce qu'il ne se laverent	§51 Hou þat Jhesus ansuered to þe maisters þat reproueden his deciples for þat hij ne wesshen nouȝth her hondes er þat hij eten bred.
52. Coment Jhesu gari la fille la Cananee	§52 Hou Jhesus heled þe Chananens douȝtter.
53. Coment Jhesu gari le sourd e meu a la mer de Galilee	§53 Hou Jesus warisshed þe doumbe & þe def, & went hym hom in to Galilee
54. Coment il pout les quatre mil hommes	§54 Hou Jhesus fedde foure þousande men.
55. Coment Jhesu respondi as phariseus en Magedam	§55 Hou Jhesus ansuered to þe Phariseus in Madagon.
56. L'oblie de prendre payn e coment Jhesu conforta ses deciples	§56 Hou þat Jesus conforted his deciples whan hij hadden forȝeten to take brede wiþ

APPENDIX II

aprés

57. Coment Jhesu escopi es euz un aveogle e le sana

58. Coment Herodes se dota de Jhesu

59. Coment Jhesu se porta a la feste dé Loges la ou il delivera la femme e alumina un aveogle

60. Coment Jhesu garny primes ses apostres de sa Passion

61. Coment Jhesu se transfigura e pus gari le lunatik

62. Coment Jhesu garny autre foiz ses deciples de sa Passion

63. Coment Jhesu rendi le truage e aprist ses deciples humilité e charité

64. Coment les Samariteins li deneerent hostel, e coment les phariseus le garnirent de Herodes

65. Coment Jhesu gari le ydropik e precha a manger de humilité e de charité

66. Coment Jhesu parla par voie countre charnel affeccion

67. Coment Jhesu respondi a ceus qui groucerent des peccheors

68. Coment Jhesu aprist ses deciples estre piteus e reprist les phariseus

69. Coment Jhesu aprist ses deciples qu'il eschuissent esclaundre

70. Coment Jhesu gari les .x. lepreus

71. Coment Jhesu respondi as phariseus qui demaunderent quant Crist vendroit

72. Coment Jhesu respoundi as phariseus ki demanderent si hom pust lesser sa feme en nule manere

73. Coment Jhesu beneist les enfaunz e les enbraça

74. Coment Jhesu respondi au prince qui demanda coment il pust estre sauf e pus a seint Pierre

75. Coment Jhesu garni la tyerce

hem.

§57 Hou Jhesus spytted in a blynde mannes ei3en and heled hym.

§58 Hou þat Heroudes douted hym of Jesu.

§59 Hou Jesus bare hym at þe fest [of] loges þere he deliuered þe womman & heled a blynde man.

§60 Hou þat Jhesus warned his deciples first of his passioun.

§61 Hou Jhesus was transfigured, and heled a man þat was lunatyk.

§62 Hou Jhesus anoþer tyme warned his deciples of his passioun.

§63 Hou Jesus 3alde trewage, and tau3tte his deciples to be alway debonair and mylde & lowe of herte by þe waye.

§64 Hou þat þe Samarithane werned Jesu herberow3e.

§65 Hou Jhesus warisshed þe ydropyk & preched to þe folk of lowenesse.

§66 Hou Jhesus spak by þe waye a3eins flesclich lustes.

§67 Hou Jhesus ansuered hem þat gruccheden for þe synful men.

§68 Hou Jhesus tau3t his deciples for to be ful of pyte, & vndername þe Phariseus of her felonye & of her envie.

§69 Hou Jesus tau3tte his deciples hou hij schulden flei3en sclaunder.

§70 Hou Jesus heled ten mesels.

§71 Hou Jhesus ansuered to þe Phariseus þat askeden hym whan Crist schulde come.

§72 Hou Jesus ansuered to þe Phariseus þat askeden hym 3if a man mi3t leten his wyf in any manere.

§73 Hou Jesus blissed þe children and biclippede hem.

§74 Hou Jhesus ansuered to þe prynce þat asked hym hou he mi3th be saued.

§75 Hou Jesus warned his deciples þe þridde

foyth ses deciples de sa Passion e coment il respondi a seint Jak' e seynt Johan

76. Coment Jhesu gari un aveogle a l'entré de Jherico

77. Coment Jhesu turna ches Zacheu e la dist la parable dé diz besaunz

78. Coment Jhesu gari deus aveogles a l'issue de Jherico

79. Coment Jhesu respondi a Guys a la feste de la dedicacion du temple

80. Coment Jhesu resuscita Lazere e coment les evesques e les phariseus firent pur ceo concil countre li

Ci comence la quinte meditacion par le jeodi (fol. 54R)

81. Coment Jhesu vint a Jerusalem par Betaigne e estoit resceu o gloriouse procession

82. Coment Jhesu se porta le jour dé Pames en temple e coment il respondi as princes e as mestres qi l'opposerent des enfaunz

83. Coment Jhesu maudist au ffiger com il returna vers Jerusalem

84. Coment Jhesu sist e garda le temple e respondi a ceus qi l'opposerent de son pouir

85. Coment Jhesu conclust les mestres e les phariseus par treis parables

86. Coment Jhesu respondi as phareseus e as herodiens del truage

87. Coment Jhesu respondi a saduceus

88. Coment Jhesu respondi au mestre dé plus haut comandement de la ley

89. Coment Jhesu demaunda des phariseus qui fiz Crist deust estre

90. Coment il precha al people e a

tyme of his passioun.

§76 Hou Jhesus warisshed a blynde man as he entred in to Jericho.

§77 Hou Jhesus turned þe heued to Ʒacheus, & tolde hym an ensample of X besauntʒ.

§78 Hou Jhesus warisshed tweie blynde men as he went out of Jherico.

§79 Hou Jhesus ansuered to þe Jewes at þe feste of þe dedicacioun of þe temple, & þan he ʒede hym forþ.

§80 Hou Jhesus reised Laʒar fram deþ to lyue, and hou þe bisshopes and þe Phariseus token her conseil to ben alle aʒeins hym.

Here bigynneþ þe secounde meditacioun by þe þursday. (p. 75)

§81 Hou þat Jesus com in to Jerusalem þoroʒ Bethanye, & was resceyued wiþ ful faire processioun.

§82 Hou Jesus hym bare vpon þe palme sonenday & hou he ansuered hem þat opposeden hym of þe children.

§83 Hou Jhesus acursed þe fygeer whan he went aʒein to Jerusalem, for þat it bare no fruyt.

§84 Hou þat Jesus biheeld þe temple, and ansuered to hem þat opposeden hym of his powere.

§85 Hou Jesus ouercom þe maistres.

§86 Hou þat Jesus ansuered to þe Phariseus and to þe Herodianes for þe trewage.

§87 Hou Jhesus ansuered to þe Saducens of a womman þat haued hadd seuen breþeren to housbandes.

§88 Hou Jhesus ansuered to þe maisters of þe heiʒest comaundement of þe lawʒe.

§89 Hou Jesus asked þe Phariseus whas son þat Crist schulde be, & who was his f[ader].

§90 Hou þat Jesus preched to þe folk & to

ses deciples de la ypocrisie des phariseus
91. Coment Jhesu prisa l'offrende de la povre veve
92. Coment Jhesu respondi quant les payens voloient parler a ly de la voiz celestiale
93. Coment Jhesu garni ses deciples priveement de la destruccion du temple e lor aprist coment il se dussent atturner contre le Jugement en quatre parables
94. Coment Judas purparla la trayson en concil le mekerdy

Ici comence la sime meditacion par venderdi (fol. 57R)

95. Coment Jhesu se porta en sa Passion de l'oure de complye jesques a oure de matynes
96. Coment Jhesu se porta de l'oure de matynes jusques au matyn
97. Coment Jhesu se porta du matyn jesqes a tierce
98. Coment Jhesu se porta de tyerce jesqes a midy
99. Coment Jhesu se porta de midi jusqes a noune
100. Coment Jhesu se porta de noune jusqes a vespre
101. Coment Jhesu estoit treit aprés sa mort

Ici comence la setime meditacion par samadi (fol. 60V)

102. Coment Jhesu releva de mort e resuscita plusors autres seynz
103. Coment Jhesu apparust a la Magdaleyne
104. Coment Jhesu apparust as autres dames
105. Coment les chivalers estoient corumpuz
106. Coment les dames nuncierent as apostres la Resureccion Jhesu
107. Coment Jhesu apparust a seynt

his deciples of þe ypocrisie of þe Phariseus.
§91 Hou þat Jhesus praised þe offrynge of þe pouer womman.
§92 Hou Jesus ansuered to þe payens þat wolden speke to hym.
§93 Hou Jhesus warned his deciples priuelich of þe dest[r]uccioun of þe temple, & tauȝtte hem hou þai schulden atiren him aȝeins þe juggement with foure wise wordes.
§94 Hou þat Judas bispake þe tresoun vpon þe wedenysday tofore.

Here bigynneþ þe sexte meditacioun vpon þe friday. (p. 87)

§95 Hou þat Jesus hym bare in his passioun fram þe tyme of complyn tyl þat it were morowe.
§96 Hou þat Jesus hym bare fram euensong tyme til it were on þe morowe.
§97 Hou Jesus bare hym fram morouȝe tyl þat it was vnderne.
§98 Hou Jesus bare hym fram vnderne tyl it was tyme of midday.
§99 Hou Jhesus bare hym fram þe midday tyl þe none.
§100 Hou Jesus hym bare fram [þe noone] to þe euensonge tyme.
§101 Hou Jhesus was drawȝen after his deþ.

(p. 102)

§102 Hou Jesus aros fram deþ to lyue, and areised many oþer dede men wiþ hym.
§103 Hou Jesus apered to Marie Maudeleyne þat was hym dere.
§104 Hou Jesus schewed hym to oþer wymmen.
§105 Hou þe kniȝttes þat kepten þe sepulchre token her conseil what hij myȝtten done.
§106 Hou þe leuedies scheweden þe resureccioun of Jesu Crist to his deciples.
§107 Hou Jesus schewed hym to seint Petre.

Pierre

108. Coment Jhesu apparust a Cleophe e a son compaignun

§108 Hou Jesus schewed hym to Cleophas & to Lucas his felawe, by þe way goande.

109. Coment Jhesu apparust as dis apostres le jour meymes

§109 Hou þat Jesus schewed hym to þe ten apostles þat day self.

110. Coment Jhesu apparust a seint Thomas e as autres l'utyme jour

§110 Hou þat Jesus schewed hym to seint Thomas & to all þoþere apostles ifere.

111. Coment Jhesu apparust as unze apostres en la montaigne en Galilee

§111 Hou Jesus schewed hym to þe elleue apostles on a mountayne.

112. Coment Jhesu apparust a la mer de Thabayre

§112 Hou Jhesus schewed hym atte see of Thiberie.

113. Coment Jhesu apparust deus foiz le jour de l'Assencion

§113 Hou Jesus schewed hym twyes to his decmiples.

III. Comparison of selected passages

The following is a comparison of five selected passages in *Estoire* (Liber niger), as edited, and the Pepysian Gospel harmony (Goates ed.). Excerpts from *Estoire* are shown on the left with a folio reference; on the right is the corresponding section in the Pepysian Gospel harmony followed by the page number in Goates's work.

Gifts from the East
(Mt 2.1-12)

Este vous le douzzime jour vindrent treis {fol. 37R} philosofes de l'orient a Jerusalem e demaunderent ou fust le Rey des Gyus que né estoit, qui esteile il aveyent veu en l'orient; e disoient qu'il estoient venuz pur aourer le. Quant le rei Herodes oi ceo, si estoit mout troublé, e tote la cité ausi. E fist assembler touz les plus hauz prestres e les mestres de la ley e demaunda ou Crist deust nestre. E il respundirent que en Bedleem, quar ensi out Dieu premis par le prophete. Dunk apela Herodes les philosofes priveement e enquist quant il ussent primes veu l'esteile, e les enveya a Bedleem e lur dist qu'il enqueisent ententivement de l'enfaunt, e quant il l'eusent trové que il li maundassent, e il le vendreit aorer. E quant il avoient oi le rei, il s'en alerent vers Bedleem. Este vous l'esteile qu'il avoient veu en l'orient lour apparust e ala devaunt eus jusques ele vint e restut desus la ou l'enfaunt esteit. E il, quant il la virent, si en avoient tresgraunt joie, e entrerent la maison e troverent l'enfaunt ové sa mere. E cheirent a terre e aorerent l'enfaunt; e ovrerent lour tresors e li offrirent or, encens e mirre. E cum il penserent returner a Herodes, la nuyt en avision vint l'aungle e lur dist qu'il ne returnassent point par li. E il par autre voie returnerent en lour pais. [3.22-37]

After, vpon þe twelfþe day, so comen þere þre kynges fram þe est in to Jerusalem & askeden where was þe kyng of Jewes þat was ybore, whas sterre þay hadden yseye in þe est. And hij seiden hij were ycomen hym to honoure. Þo þe kyng Heroudes herd þat, he wex al ameued, & all þat weren in þat cite. And so sone assembleden alle þe heiʒest prestes and maistres of þe lawe, and askeden where Crist scholde be borne. & hij ansuereden, 'In Bedleem Jude,' for whi God hadd so hiʒtte þorouʒ þe prophetes. Þo cleped Heroudes þe þre kynges priuelich & asked hem whan hij seiʒen first þe sterre, & sent hem in to Bedleem & bad hem þat hij schulde enquere ententiflich of þe childe, and whan þat hij hadden hym founden þat hij scholde sende hym bode, & he wolde come & hym honure. And whan þai hadden herd þe kyng speke hij wenten hem forþ toward Bedleem. And also suiþe þe sterre þat hij hadden er yseye in þe est schewed hym, & ʒede euer toforen hem til þat þei comen þere þe childe was borne, and ouer hym wiþstode. And hij þat were so ledde wiþ þe sterre hadden gret ioye, and entred in to þe hous & founden þe childe & his moder & fellen to þe erþe and honoured þe childe, and vndeden her tresoure and offred hym gold & ensense and mirre. And als hij þouʒtten tourne aʒein to Heroudes, aniʒth so com þe angel to hem in a visioun & seide þat hij ne schulde nouʒth wende aʒein by hym. & hij by oþer weye retourned in to her countre. [pp. 5-6]

Jesus walks on the water
(Mt 14.22-26, 28-33; Mc 6.45-46, 48-52; Io 6.14-19, 21)

E tauntost comaunda Jhesu ses deciples qu'il alassent trestouz a la nef e retornassent a {fol. 47V} Bethsaida tant com il se deliverast du people, e il s'en alerent. E le people, quant il s'avertirent que Jhesu les out peu si plentivousement de si pou, disoient qu'il estoit verrai prophete, quar il virent bien qu'il estoient †cink mile hommes estre les femes e les enfaunz. E il donque se purparlerent qu'il le ferroient rey a force, mes Jhesu fuy taunt dementers en la montaigne soul pur orer. Ore avint que ses deciples estoient suspris de tresgrant tempeste e ne poeient passer en nule manere. E Jhesu, quant vint vers le jour, s'en vint alaunt sur les undes vers eus e fist semblaunt cum si il les voleit passer. E il le sourvirent touz e avoient si grant pour qu'il comencerent a crier, e disoient que ce estoit fantesme. E Jhesu tantost parla o eus e lour dist qu'il estoit e qu'il ne ussent pour. Donc dist seint Pierre: 'Sire, si vous l'estes, comaundez qe je vigne a vous sur le ewe'. E Jhesu li dist qu'il venist, e il saili hors de la nef e ala sus les undes vers Jhesu. E vint une treforte bueffe du vent, e il se dota e tauntost comensa a plunger; e il cria a Jhesu qu'il le sauvast. E Jhesu tendi tantost sa meyn e l'aert, e li demanda tantost purquei il avoit pour. E le mena ou li en la nef, e tauntost cessa tote la tempeste. E la nef estoit tantost a la terre, la ou il voloient aler.[49.18-34]

And þo comaunded Jesus his deciples þat þai ȝeden alle aȝein in to þe schippe, and þat hij returneden aȝein to Bethsayda til þat he hadde deliuered hym of þe folk. And hij þo wenten hem forþ as Jesus hem comaunded. And alle þe folk, whan hij seiȝen þat Jesus hem hadde fedde so plenty[u]ouslich wiþ so litel þing, hij seiden certeynlich þat he was verray prophete. For whi þei seiȝen wel þat þere were fyue þousande men, wiþ outen children & wiþ outen wymmen. And þo þai speken amonges hem þat hij wolden alle maken hym her kyng wiþ strenkþe. & þer whiles was Jesus vpon þe mountayne for to honouren. And so bifel þat his deciples weren so bistadde wiþ tempest þat hij myȝtten nouȝth passen in none manere. And whan it com towardes þe day vpon þat ny[ȝt]h, so com Jesus towardes hem vpon þe wawes. And he made semblaunt as he wolde haue passed hem. And þo hij seiȝen hym hij hadden alle so gret dredde þat hij quakeden and seiden þat it †was nouȝth bot fanteme. And Jesus spak to hem also swiþe, and badde hem haue no drede, for it was hymself. And þan ansuered seint Peter and seide: 'Sir, ȝif it be ȝe, comaundeþ þat ich com to ȝou vpon þe water.' And Jesus hym badde he schulde come. And seint Peter styrtte out of þe schippe, and ȝede vpon þe water to Jesu. And so com a gret wyndes blast, & seint Peter was sore adradde & bigan to synke adoun. And he bigan to crie aloude to Jesu þat he schulde hym sauen. And Jesus also swiþe bede hym take his honde & helde hym þerby, & asked hym why þat he was so sore adradd: & he ledde hym wiþ hym to þe schippe. And þe tempeste bigan also suiþe forto sesen, & þe schippe was also suiþe þere hij wolden ben. [pp. 47-48]

Jesus raises Lazarus
(Io 11.32-46)

E quant Marie vint a Jhesu, tantost chei a ses piez ploraunte e dist si il eust esté la, son frere n'eust pas esté mort. Jhesu, quant il la vist plorer e les Juis qu'estoient venuz ové li, comensa a fremir. E lerma e demaunda ou il l'eusent seveli, e il le menerent cele part. Donc distrent les uns qu'il paruit qu'il l'out mout amé; e les autres disoient que mervailles estoit qu'il ne poeit tenir la vie son ami, qu'a uns estraunges qu'estoit nez aveogles dona la veue. Este vous donc Jhesu fremissaunt vint a monement. Ore estoit il mis en une fosse, e une pierre estoit mise desus. Donc comaunda Jhesu qu'il remuassent la pierre, e respoundi Marthe qu'il puoit ja, quar il out jeu quatre jours. E Jhesu li dist que si sa foi ne li fausist, ele verroit mervailles. Donc remuerent il la pierre, e Jhesu leva ses eoz vers le ciel e mercia son Piere q'il out oi sa proiere. E pus o haute voiz cria e dist: 'Lazere, venez hors!' E tantost {fol. 54R} s'en issi liez piez e mains de bendes, e sa face estoit liez de un suaire. Donc comanda Jhesu qu'il le deliassent e lessasent aler. Este vous que mout que ce virent crustrent en Jhesu, e les autres alerent as phariseus e lor counterent ce qe Jhesu out fet. [80.25-39]

And whan Marie com to Jesu, als suiþe sche fel adoun to his feete wepeande and cryeande hym mercy, and seide: 'Sir, ȝif þou haddest ben here, my broþer ne hadde nouȝt ben ded.' And Jhesus, whan he seiȝ hire wepen and þe Jewes þat weren ycomen wiþ hire, he bigan to quaken & to wepen, and asked hem where þai hadden hym yburyed. And hij ladden hym þider. And þan seiden summe þat it semed wel þat Jesus hym hadde mychel loued. And oþer þat þere weren, seiden þat it was wonder þat he ne myȝth nouȝth helden his frendes lyf, als wel as he myth ȝiuen an vncouþ man his siȝth of eiȝe. And Jesus þo al tremblyng com to þe monument. Nou was Laȝar leide in a graue, and a ston abouen hym. And þo comaunded Jesus þat men schulden remue þe ston. And Martha seide þat þe body stank, for he hadde leyen foure dayes in þe erþe. And Jesus hire ansuered þat bot hire trewþe failed hir, sche schulde se merueile. And þo lyften hij vp þe ston. & Jesus loked towardes þe heuene and þanked his fader þat he hadde herde his bisechynge; and þan he cried aloude: 'Laȝar, arise, & come out hider.' And he aros vp als swiþe, his honden and his feete ybounden wiþ bondes, and his visage was bounden wiþ a su[d]arie. And þo comanded Jesus þat hij schulden vnbynden hym, and þat hij schulden leten hym gon. And þo many þat seiȝen it leueden in Jesu. And þe oþer ȝeden to þe Phariseus, and tolden hem hou Jesus hadde done. [pp. 73-74]

Magdalene at the tomb
(Io 20.11-17, Lc 24.3-8)

E tant com ces angles aparurent issi, estoit la Magdaleine {fol. 61R} autre part, e pus vint au sepulcre e estut e plora. E s'enclina e esgarda en sepulcre e vist deus angles en blanche vesture seaunz un a chief e un autre a piez. E il li demaunderent purquei ele plorast, e ele respoundi que son Seignur estoit emporté e ele ne sout ou il estoit mis. Este vous leverent les angles countre Jhesu qui vint e estuit derere la Magdaleyne. E ele se returna e vist Jhesu e quida qu'il fust cortiller. Donc li demanda Jhesu purquei ele plorast e qui ele queist, e ele respoundi: 'Sire, vous l'avez emporté. Dites moi ou vous l'avez mis, e je le prendrai e l'emporterai!' A ce se turna ele vers les angles ausi com queraunt confort. E Jhesu l'apela e dist: 'Marie'. E ele conuyst sa voiz e se returna e chei a ses piez e dist: 'A, beau Mestre!' Donc li dist Jhesu qu'ele alast e deist a ses freres q'il mountereit a son Pierre e a lor Pere, a son Dieu e a lor Dieu. [103.16-27]

And þerwhiles þat þe aungel schewed hem þise þinges, so was þe Maudeleyn by þat oþer half, and com to þe sepulchre and stoode & weep. And þo sche bihelde, and seiȝ tweie aungels in white cloþing, þat on sittande at þe heued, & þat oþer at þe feete. & hij askeden hir whi þat sche wepe. And sche ansuered & seide, for þat hire lorde was borne away and sche nyste nere where þat he was leide. And wiþ þat þe aungels arisen aȝeins Jesu, þat com & stoode bihynde þe Maudeleyn. And sche wiþturned hire, and wende he hadde ybe a gardynere. And þo asked Jesus hir whi sche wepe, & what sche souȝth. 'Sir,' sche seide, 'ȝif þat þou haste borne hym away, where þou haste hym ileide telle þou me; and ich hym schal take wel stille, and beren away wel pryuelich.' And wiþ þat sche turned hire towardes þe aungels as forto haue summe confort. And Jesus cleped hire 'Marie.' And þan sche knew hym by his voice, and turned hire and fel adoun to his feete and seide, 'Ha! Swete sir.' And þo bad Jesus hir þat sche schulde goo and suggen to hire breþeren þat he schulde steiȝe vp to his fader and to her fader, and to his God & to her God also. [pp. 103-104]

Pentecost
(Lc 24.52-53, Mc 16.20, Io 21.25)

{fol. 63R} Este vous com il esteurent e agarderent aprés li vers le ciel, vindrent deus angles en blanche vesture e appareurent decoste eus e demaunderent purquei il eussent abousté vers le ciel. E lor disoient que ausi com il estoit mountez eu ciel, autresi vendroit il autre foiz descendaunt du ciel au Jugement. Donc †aorerent il e creurent que Jhesu estoit alez a destre son Pere. E returnerent en Jerusalem o grant joie e entrerent le soler ou les apostres meintrent. E la estoient continuelment en oreison o la mere Jhesu e o les autres dames e o ses cosins jusqes le dime jour que le Seint Esperit lor vint entour oure de tyerce, que lor dona savoir e langage e hardiesce a precher la crestieneté. E donques alerent il au temple e estoient toute foiz en temple loant Dieu jusques il furent enchacez hors de gent de Judee. En le dime an aprés l'Asencion, quant seint Jake estoit decolé e seint Piere enprisoné, donc alerent il chescun sa part par le mounde e precherent as paiens e as Juis, e l'esperit Jhesu les guia e les conforta e conferma le sermon par miracle. [113.26-38]

And als hij stoden lokande on hei3, so comen two aungels in white wede and stoden bysyden hem, and asked hem whi hij stoden so and lokeden on hei3 towardes þe heuene. And he seide hem, als he was ystowen vp to heuene, also schulde he comen anoþer tyme descendende to þe juggement. And þo hij þonkeden God, and wysten wel þat Jesus was went and satte on his faders ri3t honde. And þo hij retourneden him a3ein in to Jerusalem wiþ gret joye, and entreden in to þe soleer þere þe apostles woneden. And þere þai weren stedfastlich in orisouns wiþ Marie, Jesus moder, and wiþ oþer lauedies and Jesus cosynes, euere tyl þat day þat þe Holy Gost com to hem at þe tyme of vnderne, and ali3th wiþinnen hem, and 3af hem wytt, and wisdom, and connyng of langages, and hardynesse to prechen þe cristendom ouer al. And þo wenten hij in to þe temple, and stoden euere þonkynge God tyl þat hij were dryuen out wiþ Jewes of Judee. And þe tuelueþe 3ere after þe ascencioun of Jesu Crist, whan seint James was byheueded and seint Peter yprisouned, þo wenten hij vchon his waye ouer al þe werlde, and precheden to paienes and to Jewes. And þe Holy Gost hem wissed, & tau3tte, and confermed her sarmoun þorou3 miracles þat Jesus dude for hem. [pp. 112-113]]

GLOSSARY

This word-list excludes many common AN words, among them nouns and especially first-conjugation verbs whose meaning is the same in OF. Numbers following the word-form refer to chapter and line in *Estoire*.

Plurals of nouns are generally not shown unless the singular does not occur or unless the plural form predominates. Verbs are listed by their infinitive form; a semicolon following the lemma indicates that the infinitive itself does not appear in the text and that its form is inferred by analogy. Past participles used passively with *estre* are listed as adjectives (*pp. as adj.*).

To conserve space, the glossary shows only the first three occurrences of a word. The first occurrence listed is also the word's first appearance in the text; scribal *y* for *i* is noted only for the head-word. Variant spellings are grouped together with the headword. The abbreviation *etc.* indicates additional, later occurrences of the word-form in *Estoire*. A dagger (†) indicates that the word-form reflects an emendation introduced into the text, an asterisk (*) the repetition of the word in the line indicated. For expressions extending beyond one line, only the first line number is given.

abeverir 44.6, *cond.6* **abeveroient** 100.5; *v.a.* give to drink to, water (animals)

abouster; *pret.6* **abouterent** 100.14; *pp.* **abousté** 113.28; *v.n.* look intently, stare at

abyme *see* **aler**

ache(i)son iii.29, 3.4, 42.1 *etc.*, **enche(i)son** iii.28, 4.15, 72.5 *etc.*, **achaison** 98.5, *s.* reason, justification; **par a. de,** *conj.* on account of iii.27, iii.29, 4.15 *etc.*; **par ceste a.,** *conj.* on this account 3.4

achesoner; *impf.sbj.6* **achesonassent** 7.18; *v.a.&n.* (law) importune by legal action

acointes 23.6, 100.16, **aqueintes** 6.5, *s.pl.* acquaintances, friends

acointé, *pp. as adj.* on good terms, familiar with 86.5

acomplir, *v.a.* finish 85.9

aerdre; *pret.3* **aert** 49.32; *v.a.* grasp, clasp

af(f)erir; *impf.3* **af(f)er(r)oit** 2.26, 7.30, 7.31 *etc.*; *v.impers.* befit, be appropriate

affiee 2.23, *pp. as adj.*, betrothed

afubler; *pret.6* **afublerent** 98.22; *pp. as adj.* **afublé** 96.39; *v.a.* clothe

agarder *see* **regarder**

agravantez 43.9, *pp. as adj.* killed

ajuger; *cond.3* **ajugeroit** 63.22; *v.a.* hold liable

alener; *pret.3* **alena** 109.11; *v.n.* breathe

aler 19.4, 19.6, 19.21 *etc.*, *pr.ind.6* **vont** 30.9; *imper.2* **va** 8.10, *4* **alom(s)** 80.14, 80.15, *5* **alez** 52.10, 59.40, 63.6 *etc.*; *impf.3* **aloit** 59.53, *6* **aloient** 29.2, 49.2, 81.30; *pret.3* **ala** iii.1, iv.2, iv.13 *etc.*, *6* **alerent** iv.5, iv.10, 3.17 *etc.*; *impf.sbj.3* **alast** 13.23, 14.3, 14.5 *etc.*, *6* **alas(s)ent** 13.34, 19.2, 28.5 *etc.*; *fut.4* **irrom** 49.48; *cond.3* **irroit** 27.11, 59.5, **irreit** 95.51, 108.19, *pr.p.* **alaunt** 49.25; *pp.* **alé(z** 13.12, 30.11, 43.3 *etc.*; *v.n.* go; **a. avaunt,** go forth 21.22, 52.5, 66.1 *etc.*; **a. countre,** head for (a place) 19.2, go to meet 93.22, 96.25, 104.5 *etc.*; **a. en abyme,** go to Hell 19.21; **s'en a.,** go away iv.5, 2.36, 3.31 *etc.*; **a. priveement,** steal away, go secretly iv.2, iv.13, 48.2 *etc.*

alien, *s.* foreigner 70.7; *adj.* foreign 113.19

alire *see* **esluire**

aloiner; *impf.sbj.3* **aloinast** 15.4; *v.a.* move back from

alower; *pret.3* **alowa** 85.6; *v.a.* hire out

aluminer; *pret.3* **alumina** iv.14, 59.2; *v.a.* restore sight to

am(e)deus, *pron. as adj.* both 15.10, 20.28, 31.10

amender[1], *v.a.* repair 43.9

amender[2] 63.21, *impf.sbj.3* **amendast** 40.21, *6* **amendassent** 43.7, *v.n.&refl.* mend one's ways

amerveiler *see* **enmerveiler**

amonestement, *s.* admonition 5.11, 98.19

amonester; *pret.3* **amonesta** iii.28, 42.16, 43.1; *v.a.* exhort

amorti, *pp. as adj.* dead 92.6, 92.7, †102.6

amporter *see* **emporter**

anoiter, *v.a.* increase P.14

(a)o(u)rer 3.25, 3.31, 8.10, *pret.3* **ao(u)r(r)a** 21.2, 26.2, 59.55, *6* **a(d)orerent** 3.34, 19.20, 104.3 *etc.*; *impf.sbj.3* **aorast** 8.9; *v.a.* worship, adore

apert(e, *adj.* clear, obvious P.11; **en a.**, public 96.59

apertement, *adv.* publicly A.3, A.4, A.6 *etc.*, unambiguously 42.3, 51.14, 79.4 *etc.*

aposer *see* **opposer**

apparailer 7.23, 30.14, *cond.3* **apparailereit** †2.14; *pp.&pp. as adj.* **apparaillé** 42.12, 95.9; *v.a.* prepare

ap(p)aroir; *pret.3* **appar(e)ust** *vii.3, vii.5, vii.6 *etc.*, *6* **ap(p)ar(e)urent** 3.15, 102.6, 103.13 *etc.*; *pp.&pp. as adj.* **ap(p)areu** 108.25, 109.20; *v.n.* appear

aprendre 1.9, †42.14, *pr.ind.3* **aprent** P.13, P.20; *pret.3* **aprist** iii.10, iii.14, iii.21 *etc.*, *6* **apristrent** 113.8; *impf.sbj.3* **apreist** 36.2; *cond.3* **aprendroit** 13.30; *pr.p.* **apreissent** 111.7; *pp.* **apris** 24.17, 28.18, 59.12 *etc.*; *v.a.* teach, instruct, learn; **a. lettres**, study, be educated 59.12

archeprestre, *s.* chief priest 84.4

ardre; *pret.3* **art** 108.22; *pr.sbj.3* **arde** 64.5; *v.a.* burn, consume

arément, *adv.* immediately †80.6

arester, *v.n.* resist 66.6

assaier, *v.a.* test 8.14, 49.9, †88.3

asseer; *pret.3* **asist** 8.11, 13.11, 31.2 *etc.*, *6* **as(s)istrent** 81.25, 112.15; *v.a.&refl.* set, sit down; *see also* **seer**

atreter; *pret.6* **atrestrent** 90.5; *v.a.* attract

attendre[1] 30.6, *pr.ind.6* **attendent** 93.20; *pret.3* **atendi** 2.18, 4.1, 24.20 *etc.*, *6* **at(t)endirent** 47.3, 99.16; *impf.sbj.3* **attendist** 100.7, *6* **attendissent** 96.11, 96.13, 96.34 *etc.*; *cond.3* **attendroit** 30.4; *v.a.&n.* wait (for)

attendre[2] *see* **entendre**

at(t)urner iv.26, 71.9, 93.2, **attorner** v.13, 81.4, 95.5, *pr.sbj.3* **attorne** 69.7; *pret.6* **attornerent** 95.8, 101.22; *impf.sbj.6* **aturnassent** 7.5, **atornassent** 42.15; *v.a.&refl.* prepare (oneself), make ready, turn (out)

au(g)mone, *s.* charity 7.14, 19.24

aumoners, *adj.* charitable, generous iii.27, 42.15, 81.12

auncele, *s.* handmaid(en) 2.34

auqun, *pron.* someone 21.11, 21.12, **auqunz** 60.4, some (people); *pron.* one (or other), **auquns** 58.3; **aukun(es** P.3, 40.10, **auqun(e** 2.19, 7.21, 47.8 *etc.*, **aucun** 36.5, *adj.* some (or other); **auquns (auqune gent) ... auquns ... auquns**, some (people) ... others ... still others 65.13, 72.10; **les autres auquns**, any of the others 108.27

ausi; a. cum, (just) as, like 4.15, 12.7, 28.3 *etc.*; **a. com ... au(tre)si ...** , just as ... so too 40.12, 95.46, 113.29

a(u)ta(u)nt, *adv.* thereupon, with that 108.27; *pr.indef.* as much 74.21; **juskes a. que**, until 60.13, 61.11; **dire a. com**, signify 24.5; **a. com**, as much as 68.18

avaler 101.3, 101.12, *pret.6* **avalerent** 20.6; *v.a.* lower, bring down

aveiler *see* **enveiler**

avenir[1] 2.34, 96.56, 108.18, *pr.ind.3* **avyent** 42.18, 42.19; *pret.3* **avint** 2.4, 6.1, 10.2 *etc.*, *6* **avindrent** 42.20; *pr.sbj.3* **avigne** 113.22; *impf.sbj.3* **avenist** 47.13; *cond.3* **avendroit** 40.20, 60.10, 62.3 *etc.*; *pp.* **avenu(z** 2.17, 2.40, 19.27 *etc.*, **avenues** 108.6; *v.n.* happen, come to pass

avenir[2] 13.6, 20.3, 24.3 *etc.*, *v.n.* succeed, reach

avenir[3]; *pr.ind.3* **aveyent** 64.14; *pr.p. as adj.* **avenaunte**, fine, beautiful 85.10; *v.n.* be fitting

aver 2.30, 8.4, 24.18 *etc.*, **avoir** 3.13, 67.8, 74.4 *etc.*, *pr.ind.1* **ay** 19.5, 27.12, 79.9 *etc.*,

GLOSSARY

3 **ad** 2.32, 20.29, 25.11 *etc.*, *4* **avoms** 6.8, 13.41, 69.10 *etc.*, *5* **avez** 2.35, 6.8, 10.10 *etc.*, *6* **(o)unt** 19.5, 20.21, 24.12 *etc.*; *imper.5* **eyez** 33.7, 109.4; *impf.3* **avoit** iii.8, 2.17, 9.13 *etc.*, **avait** 3.18, *6* **avoient** iii.17, iii.19, 2.4 *etc.*, **aveyent** 3.24; *pret.3* **out** iii.32, v.8, 2.2 *etc.*, **ust** 2.22, *6* **eurent** 63.15; *pr.sbj.1* **eye** 13.22, 20.11, *3* **eit** 11.22; *impf.sbj.3* **(e)ust** iii.26, 2.42, 2.51 *etc.*, *5* **ussez** 37.10, *6* **(e)us(s)ent** iv.24, 3.29, 3.30 *etc.*; *fut.3* **avera** 42.12, 69.8, 77.16, *6* **averont** 24.9, 24.11; *cond.3* **averoit** 2.9, 2.10, 2.28 *etc.*, *6* **averoient** 28.14, 28.17, 32.14 *etc.*, *pp.* **eu** v.8, 2.4, 2.19 *etc.*; *v.a.&n.* have; *s.* wealth, money 67.8, 93.24, 93.26 *etc.*; **a. afere de**, need 81.21; **a. desdeing**, despise 44.3, 75.13; **a. garde** take care of 101.27; **a. mervaile (de)**, marvel (at) 2.52, 4.12, 19.15 *etc.*; **a. mester (+ de)**, need 20.21, 67.11, 95.35 *etc.*; **ne a. de quei**, to lack the wherewithal 49.7; **a. trescher**, hold dear 27.4; *see also* **po(o)ur**

avertir; *pret.3* **averti** 49.34, *6* **avertirent** 49.20; *v.refl.* recognize, perceive

aviser; *pret.3* **avisa** 77.5, 96.48, *v.a.* notice, look at

avoutaire iv.14, **avouterie** 59.29, *s.* adultery

bailler 94.10, *pr.ind.1* **baill** 100.9; *pret.3* **bail(l)a** 34.11, 54.8, 61.25 *etc.*, *6* **bailerent** 97.10; *impf.sbj.3* **baillast** 94.9; *fut.1* **bailleray** 79.7; *pp.&pp. as adj.* **baillé(z** 68.3, 94.3, 96.24; *v.a.* give, hand over

bail(l)if, *s.* ruler 77.3, 97.9, *pl.* 7.15, 86.5

banere, *s.* standard(-bearer) 4.16, 101.8

bapteer; *pret.3* **baptea** 113.11, baptise

baptizer 7.7, 9.6, 13.9, **baptiza** 7.32, *12.2, 12.5; *impf.sbj.3* **baptizat** 7.24, *6* **baptisasent** 111.6; *fut.3* **baptizera** 7.27; *pr.p.* **baptizaunt** 9.4; *pp. as adj.* **baptizé(z** A.3, 7.10, 7.32 *etc.*; *v.a.* baptise

baraigne 2.3, 2.15, *adj.* barren

baron 13.23, *13.24, 13.25 *etc.*, *s.* man, lord, husband

bat, *s.* small boat, dinghy 15.11

batre; *pret.3* **bati** 71.17, *6* **batirent** 100.15; *impf.sbj.3* **batist** 36.5, 96.62; *pr.p.*

bataunz 19.18; *v.a.* beat, smite, knock

baud, *adj.* bold 42.4; **baudement**, *adv.* confidently 11.28, 59.52

beeaus, *s.pl.* bowels, entrails 97.20

beneuré(z 24.8, *24.9, 24.10 *etc.*, *adj.* blessed

beneyr 73.2, *pret.3* **beneist** iv.28, 54.9, 73.1 *etc.*, **beno(o)yt** 49.15, 54.8, 113.24, **beney(e** 73.5, 108.21; *pp. as adj.* **benoit(e** 2.25, 37.6, **benoiz** 45.12; *v.a.* bless

besaunt, *s.* bezant, talent (coin) 93.25, *pl.* iv.32, 77.1, 77.11 *etc.*

beveour, *s.* drunkard 30.20, 30.21

bier; *pr.ind.1* **bie** 2.30 **b. de**, *v.n.* aim at, strive for 2.30

boiste, *s.* (ointment) box 31.3

boivre 24.11, 75.9, 75.10 *etc.*, **beivre** 13.14, 13.15, 49.43 *etc.*, *pr.ind.1* **boif** 30.20, *3* **boyt** 30.20; *pret.3* **beut** 95.12, **buyt** 13.19, *6* **beurent** 13.16; *impf.sbj.3* **buest** *13.20, *6* **beus(s)ent** 28.11, 32.4, 49.43 *etc.*; *cond.3* **beveroit** 42.10; *pp.* **beu** 20.29; *v.a.&n.* drink; *s.* drink 24.11, *75.9, 75.10 *etc.*

bosoignes *see* **estre**

braier; *pr.p.* **braiaunz** 19.18; *v.n.* cry, wail

bruser, *v.a.* break 101.3

bueffe, *s.* gust 49.30, **beoffe** *s.* blow 96.60

busseauz, *s.pl.* bushels (liquid measure) 20.28

cane, *s.* pitcher 13.33

cauker, *v.a.* tread 33.3

cavé, *pp. as adj.* hollowed out 101.17

ce 3.10, **cest(e)(s** P.9, P.12, iv.21 *etc.*, *adj.dem.* this, that, these; **celi** v.3, **cel(e** A.8, 3.1, 4.12 *etc.*, *adj.dem.* that; **ce(o** iv.34, 2.14, 2.15 *etc.*, **cel(u)i** 2.10, 3.15, 3.18 *etc.*, **cil** 2.31, 4.5, 28.17 *etc.*, **cele** 4.11, **cesti** 9.3, 9.6, 10.10 *etc.*, *pron.dem.* that (one), this (one), he, she; **cist** 61.8, this; *pl.* **iceus** iii.10, **ceus** iii.17, iii.23, iv.4 *etc.*, **ces** P.1, iv.1, v.1 *etc.*, these, those (ones)

cea, *adv.* here 13.22

ceindre; *pret.3* **ceynt** 95.31, 112.23; *cond.3* **ceindroit** 112.24; *v.a.&refl.* gird (oneself)

chaieres, *s.pl.* (folding-)chairs 82.4

chair 25.11, 25.12, 33.6, **cheir** 15.11,

pr.ind.3 **chet** 52.8, *6* **chescent** 93.11; *pret.3* **chai** 21.2, **chei(t** 21.13, 26.2, 52.5 *etc.*, *6* **cheirent** 3.34, 19.19, 39.6 *etc.*, **chairent** 96.27, 104.3; *impf.sbj.3* **cheist** 8.9; *fut.6* **cherrunt** 4.15; *pp. & pp. as adj.* **chu(e** 38.7, 65.6; *v.n.* fall, happen

chaloir 51.13, *pr.ind.3* **chaut** 112.29; *pret.3* **chalust** 97.19; *v.impers.* concern

charger[1] P.9, *v.a.* (law) attach importance to

charger[2]; *imper.5* **chargez** 93.18; *pp. as adj.* **chargez** 33.10; *v.a.* burden

charnel, *adj.* worldly, fleshly iv.21, 66.1, **charneles** 66.3; **c. affection** iv.21, 66.1, *s.* earthly pleasure

chascer *see* **(en)chacer**

chastel, *s.* village 28.9, 28.12, 35.1 *etc.*, *pl.* 28.2, 31.23

cha(s)teus, *s.pl.* goods 31.22, 51.8, 77.8

cheinse, *s.* linen garment †103.10

cheinsil, *s.* fine linen 101.14

cheve(n)teyn, *s.* head, chief 10.7, 27.2

chevir 66.5, *pp. as adj.* **chevi** 100.8; *v.a.* finish, complete

ch(i)ef[1], *s. & adj.* head 19.5, 31.15, 77.2 *etc.*

ch(i)ef[2], *prep.* at the house of iv.32, 77.7, 82.17

chivaler, *s.* soldier; *pl.* vii.4, 7.17

clops 30.9, 53.7, **clopz** 82.10, *s.pl.* lame

cloufichier; *pret.6* **cloufichirent** 99.2; *v.a.* crucify, nail

cocher, *s.* laying, setting in place 85.8

combien, *adv.* how long 61.19

compareson; sans nule c. 7.26, without compare

complie *see* **oure**

conclure; *pret.3* **conclu(s)t** v.6, 85.1; *v.a.* confound

conestable, *s.* (mil.) commander, centurion 27.7, 27.15, 96.31 *etc.*

conjurer; *pret.3* **conjura** 96.66, *6* **conjurerent** 19.20; *v.a.* call upon

conoistre P.19, 55.4, 55.5 *etc.*, **conustre** 1.4, 9.5, *pr.ind.5* **conoissez** P.19, **conussez** 7.26; *pret.3* **conu(y)st** 9.15, 103.25, **conoist** 96.47, *6* **conustrent** 50.2, 59.49, 108.21; *fut.6* **conoistront** 95.49; *pr.p.* **con(o)is(s)aunt** 3.3, 7.6, 59.56; *pp. & pp. as adj.* **conu(e** 18.13, 81.36, 96.43 *etc.*, **coneu** 108.26; *v.a.* admit, confess, recognize, make known, know, be aware of

conquere, *v.a.* win, obtain; *pr.sbj.3* **conquerge** 68.11

consail(l), *s.* accord 97.21; plan 101.8, 105.4

contrarier, *v.a.* resist; *pr.ind.6* **contrarient** 36.9

convenir 35.3, *pr.ind.3* **cov(y)ent** 6.10, 66.7, 68.11 *etc.*; *pret.3* **covynt** 13.10, 18.16, 24.15 *etc.*; *impf.sbj.3* **convensist** 96.7, 109.15; *cond.3* **co(n)vendroit** 11.20, 12.9, 60.8 *etc.*, **covendreit** 11.18; *pr.p.* **covenaunt** 8.9; *v.n.* be fitting; **lesser tout a c.**, leave all the arrangements to 35.3; *pr.p. as s.* **au covenaunt que**, on the understanding that 8.9

conversacion, *s.* life A.1, A.2, A.4 *etc.*

convier, *v.a.* invite; *pp. as adj.* **convié** 10.1; *pp. as s.* **convoiez**, *s.pl.* invitees 65.13

corir; *pret.3* **coruit** 77.3, **corust** 49.2, 96.16, 100.5 *etc.*, *6* **corurent** 19.19, 50.2, 61.16 *etc.*, *v.n.* run

corteisie, *adj.* politeness, refinement 6.13

cortill 96.9, 101.16, 101.17 *etc.*, **curtill** 96.53, *s.* garden

cortiller, *s.* gardener 103.22

cortine, *s.* curtain 100.10

corumpu(i)z, *pp. as adj.* bribed vii.4, 105.1

coste *see* **(de)coste**

costiaunt, *pr.p. as prep.* beside 76.2

cosue, *pp. as adj.* sewn 99.10

countredire; *fut.3* **countredirra** 4.16; *v.a.* speak against, oppose

courbe, *adj.* bent, bowed iii.30, 44.1, 44.2

coutes, *s.pl.* cubits 112.11

coutefier; *cond.3* **coutefieroit** 43.12; *v.a.* (agr.) cultivate, tend

covenir *see* **convenir**

coverte, *pp. as adj.* swamped 19.11

creature, *s.* creation, created universe *1.2

creaunce, *s.* faith, belief 2.13

creaunceour, *s.* creditor 31.9

crere 11.12, 11.18, 14.4 *etc.*, *pr.ind.1* **crey** 61.22, *3* **creit** 11.22, 11.24, 59.23 *etc.*, **croit** *11.24, *4* **creom** 13.41, *5* **creez** 9.17, 79.5, 110.6; *imper.5* **creez** 42.20; *pret.3* **cr(e)ust** 12.11, 12.12, 14.6 *etc.*, *6* **cr(e)urent** 1.7, 10.11, 11.14 *etc.*, **cr(e)ustrent** 80.38, 92.18; *impf.sbj.3* cr(e)ust 1.5, 21.17, 59.55 *etc.*, cruest 69.6, *4* crumes 84.8, *6* creus(s)ent 11.10, 11.21, 22.3 *etc.*; *fut.4* crerom 99.22, *5* crerrez 90.14, 97.5; *cond.3* crer(r)oit 80.40, 109.21, *6* creroient 40.15, 49.46, 95.59; *pp.&pp. as adj.* cr(e)u(e 2.17, 27.16, 113.4, crewe 105.4; *v.a.&n.* believe

cressour, *s.* swelling 93.12

crestien(e)té 25.9, 82.17, 113.34 crestianetez 93.9, *s.* Christian faith

crestre; *pr.ind.3* crest 45.7, 45.9; *pret.3* creust 2.56, cruest 5.12; *impf.sbj.3* crust 12.9; *v.n.* grow, wax

cruel, *adj.* wicked 59.31, *pl.* cru(e)aus 19.16, 90.7

cuminer; *pret.3* cumina 95.15, *v.a.* share with

curez, *pp. as adj.* healed 53.4

curiosité, *s.* avidity, keenness 93.18

curious(e, *adj.* preoccupied (with) 35.6, 42.14

darrez, *s.pl.* pennyworth 49.10

debonaires, *s.pl.* humble 24.9

decertes; a d., certain, for sure 62.4

decirer 99.11, *pret.3* decira 96.68, 100.10; *cond.3* decirreit 20.27; *v.a.* tear

decolé, *pp. as adj.* beheaded A.5, A.6, iv.3 *etc.*

(de)coste, *prep. & adv.* beside, alongside 3.11, *13.11, 13.12 *etc.*

dedicacion, *s.* (eccl.) consecration iv.33, 79.1, 79.2

defaillir; *impf.sbj.6* defaillissent 54.4; *v.n.* perish, grow weak

deité, *s.* divinity i.1, *1.1, 1.3

delaier; *pret.3* delaia 71.11; *cond.3* delaieroit 7.12; *pp.* delaié 59.17; *v.a.* delay, postpone; d. le dreit, (law) delay a rightful claim 71.11

delices, *s.pl.* delights, worldly pleasures 2.12, 30.12

deliciousement, *adv.* luxuriously 68.14

deliverer 36.6, 71.12, 100.7, *pret.3* delivera iv.14, 59.1; *impf.sbj.3* deliverast 49.19, 98.16; *pp. as adj.* deliveré 19.31; *v.a.&refl.* get rid of, extricate oneself; save, release

demey(g)ne, *adj.* own 16.6, 16.8, 16.9 *etc.*

demener; *pret.3* demena 11.9; *pp. as adj.* demené, afflicted 61.23; *v.refl.* behave

demoniak iii.4, 18.1, 19.28 *etc.*, *s.* one possessed of demons

demonstrer; *imp.sbj.* demonstrassent 39.7, *v.a.* make known

dener, *s.* penny (paid as tax) 3.3, 63.7, 67.6 *etc.*; *pl.* 31.9, 34.11, 81.10 *etc.*

denier; *pret.3* denia 96.47, *6* den(e)(i)erent iv.18, 21.9, 64.1, *impf.sbj.3* de(s)ne(y)ast 60.12, 81.21; *v.refl.* deny, refuse

denuncier 70.3, *pp. as adj.* denuncié 26.6; *v.a.* pronounce, declare

departeur, *s.* distributor (of funds) 42.6

departir¹ 49.10, *pret.6* departirent 54.8; *v.a.* divide

departir² 28.11, *v.n.* depart, leave

depescer; *pret.3* depessa 15.8, 49.15, depicea 54.8, depesca 108.26, *6* depescerent 101.4, 101.5; *cond.3* depiceroit 42.9; *pp. as adj.* depescié 112.14; *v.a.&n.* tear, break

descendre iv.16, 9.5, 9.19 *etc.*, *pret.3* descendy 6.11, 7.33, 24.19 *etc.*, *6* descendirent †61.10; *pr.sbj.3* descende 64.5, 99.21; *impf.sbj.3* descendist 8.12, 77.5, †99.18; *cond.3* descendroit 2.12; *pr.p.* descendaunt 113.29, *pp.* descenduz iii.11; *s.* descent iv.16, 25.1; *v.n.* descend, come down, (law) descend (by way of inheritance)

deschauz, *adj.* barefoot, unshod 67.8

descrestre; *impf.sbj.3* descrust 12.9; *v.n.* decrease

desdire; *pp.* desdist 81.40; *v.a.* oppose, resist

deserte *see* solunc

deshait, *s.* illness 80.5

deslores, *adv.* from then on 14.10, 63.22

despendre 31.21, *pp.* despendu 21.6, 34.12; *v.a.&n.* spend, expend; *see also* trover

despire 68.7, *pr.ind.3* despit *32.10, *32.11, 92.21; *impf.6* despisoient iii.31, 23.5, 30.17 *etc.*; *pret.3* despit 98.11; *pp.&pp. as adj.* despit iii.9, 23.1; *pp. as s.* despit iv.21, contempt; *v.a.* despise, hold in contempt

despoiller; *pret.6* despoillerent 98.46,

99.2; *pp. as adj.* **despoillé** 34.8; *v.a.* unclothe, strip

destourber; *pr.ind.3* **destourbe** 66.8; *impf.sbj.3* **desturbast** †81.33, *v.a.* impede, hamper, restrain

destresce, *s.* meanness 24.7

destrure 39.2, 99.19, *pr.sbj.6* **destruissent** 11.11; *cond.3* **destrueroit** 96.63, *6* **destrueroient** 80.41; *pp.&pp. as adj.* **destruit** 77.15, 93.4, **destrute** 81.35; *v.a.* destroy

devé, *s.* madman 40.3; *pl.* 19.18

devenir 96.12, *pret.3* **devynt** 1.3, 1.8, 1.10 *etc.,* *6* **devindrent** 61.3, 62.4, 70.4; *impf.sbj.6* **devenissent** 63.12; *fut.3* **devendra** 93.10; *pp. as adj.* **devenu** †iii.24; *v.n.* become

devoir; *pr.ind.3* **deit** P.9, **doit** 8.10, *8.14; *impf.3* **devoit** 2.18, 4.2, 7.23 *etc.,* *4* **devioms** 69.10, *6* **devoient** 4.4, 4.17, 24.15 *etc.;* *impf.sbj.3* **d(e)ust** v.9, 3.27, 34.2 *etc.,* *6* **d(e)us(s)ent** v.13, 3.13, 7.13 *etc.;* *cond.3* **deveroit** 63.24, 72.4; *v.n.&impers.* be incumbent (upon), be supposed to

diacre 34.9, 34.14, *pl.* **diaknes** 7.20, *s.* (eccl.) deacon

digne, *adj.* (law) valid 7.10; worthy 7.26, 13.19, 27.5 *etc.*

dire iv.2, 14.3, 16.6 *etc., pr.ind.1* **di(s** 9.6, 9.18, 27.13 *etc.,* *3* **dist** P.8, *4* **dions** 84.7, **dioms** 84.8, *5* **dites** *30.20, 42.18, 42.19 *etc.,* *6* **dient** 87.2, 108.14, 108.15 *etc.;* *imper.5* **dites** 13.26, 30.8, 35.5 *etc.;* *impf.3* **disoit** 98.36, 108.22, *6* **disoient** iii.18, 2.50, 3.16 *etc.;* *pret.1* **dis** 9.3, *3* **di(s)t** P.15, iv.19, iv.32 *etc.,* *6* **distrent** 72.9, 80.28, 92.12 *etc.;* *pr.sbj.3* **die** P.4, 69.6; *impf.sbj.3* **dei(s)t** 5.2, 7.4, 7.21 *etc.,* *6* **deis(s)ent** 21.23, 22.5, 30.8 *etc.;* *cond.3* **dir(r)oit** 84.6, 84.10; *pr.p.* **disaunt** 97.13, 100.9; *pp.&pp. as adj.* **di(s)t** 2.35, 12.6, 13.33 *etc.,* **dites** P.3; *pp. as s.* **dist,** word, say-so 8.5, 108.11, *pl.* **diz,** teachings 103.15; *v.a.&n.* say, tell, sing, send word

distingciouns, *s.pl.* sections, divisions P.11

divers, *adj.* perverse *68.18; **diverse,** various 71.7; **diversement,** *adv.* differently, variously P.2, 106.4

dobbez, *pp. as adj.* plastered 90.6

doctrine, *s.* teaching P.20, iii.17, 33.12 *etc.*

doner 7.31, 49.38, 49.45 *etc., pr.ind.1* doing 79.6, **doint** 95.48, *3* **done** †10.9, *6* **donnent** 36.8; *imper.5* **donez** 13.22, 63.8; *pret.3* **dona** iii.14, 1.4, 1.6 *etc.,* *6* **donerent** 49.16, 99.3, 105.5; *impf.sbj.3* **donast** 13.14, 21.22, 32.5 *etc.,* *5* **donastes** 31.13, *6* **donassent** 7.14, 49.6; *fut.3* **donra** 36.9, **dorra** 80.19; *cond.3* **dor(r)oit** 8.9, 13.16, 13.21 *etc.,* **doureit** 60.6, **donroit** 95.41, *6* **dorroient** 94.9; *pp.&pp. as adj.* **don(n)é(z** 12.10, 20.14, 81.10 *etc.; v.a.* give

d(o)(u)nt P.9, P.17, 2.34 *etc.,* **d(o)(u)nq(u)e(s** 2.29, 2.40, 7.13 *etc.,* **d(o)(u)nk** 2.14, 3.28, 7.5 *etc.,* **d(o)(u)nc** 4.3, 6.8, 7.32 *etc.,* **adonc** 59.57, *adv.* whereupon, thereupon, then, wherefore; **d(o)(u)nt** 2.19, 3.13, 3.18 *etc., pron.* of which, by which, of whom, of what, wherewith; **d(o)unt,** *adv.* whence, from where 3.2; **donc** 23.3, 70.5, **do(u)nt** 16.5, 23.4, 46.3 *etc., conj.* now; **dunques que** 2.33, wherefore

do(u)ter; *pret.3* **do(u)ta** iv.12, 2.43, 5.10 *etc.,* *6* **douterent** 111.4, *impf.sbj.3* **do(u)tast** 2.45, 13.5, 21.16, *6* **dotassent** 103.11, *v.n.* suspect; *v.a.&refl.* fear, be afraid (of)

drapeletz, *s.pl.* swaddling-clothes 3.14

dreiture 24.10, **droiture** 24.14, *s.* righteousness

dreiturel 2.43, 98.39, 101.7, **droitureus** 4.5, **droiturel** 100.13, *s. & adj.* righteous (man)

droite, *adj.* rightful, proper 2.13

dustres, *s.pl.* leaders, chiefs 51.13

eisil(l, *s.* vinegar 99.3, 100.5, 100.6 *etc.*

embler; *impf.sbj.6* **emblassent** 101.26; *v.a.* steal

emparler; *pret.6* **emparlerent** 20.19; *v.n.* (law) confer (about)

emplir; *pret.3* **empli** 65.16, *6* **emplirent** 10.6, 15.10, 49.17; *impf.sbj.6* **emplissent** 10.6; *pp. as adj.* **empli** 75.5; *v.a.* fill, fulfill

emporter; *impf.sbj.3* **enportast** 47.12; *fut.1* **emporterai** 103.24; *cond.6* **emporteroient** 113.8; *pp.&pp. as adj.*

amporté 103.3, **emporté** 103.20, 103.23, 105.6 *etc.*, **empurté** 103.7; *v.n.* remove, take away, pick up

emprendre; *pret.3* **emprist** 20.8; *impf.sbj.6* **empreissent** 10.7; *v.n.* take; teach

enbeverer; *pret.3* **enbevera** 13.19; *pp. as adj.* **enbevrez** 75.11, slaked; *v.n.* water (e.g. livestock)

(en)cha(s)cer 18.4, 28.4, 61.26 *etc.*, *pret.3* **enchac(e)a** iii.6, 18.12, 19.1 *etc.*, **(en)chas(ç)a** 11.5, 21.19, 30.7 *etc.*, *6* **(en)chacerent** 16.13, 28.20, 59.53; *impf.sbj.3* **(en)chas(ce)ast** 19.20, 52.2; *fut.1* **enchaceray** 64.13; *cond.3* **(en)chaceroit** 93.32, 98.15, *6* **enchaceroyent** 113.7; *pr.p.* **enchaceaunt** 18.17; *pp.&pp. as adj.* **encha(s)cé(z** 22.7, 40.21, 59.53 *etc.*; *v.a.* drive out, away; pursue

enche(i)son *see* **ache(i)son**

enchivir *see* **eschu(i)re**

encliner; *pret.3* **enclina** 100.9, 103.4, 103.5 *etc.*, **esclina** 95.39; *v.a.&refl.* lean against, recline on; stoop down; lower

encoste, *prep.* along the side of 7.6

encountrer; *cond.6* **encountroient** 95.6; *v.a.* meet

endreit 68.6, 95.13, **endroit** 74.13, *prep.* as regards; close by 77.5

enegrir; *pr.ind.3* **enegrist** 45.10; *v.a.* leaven

enfuir; *pret.3* **enfuy** iv.33, 96.39, *6* **enfuirent** 96.38; *cond.6* **enfueroient** 95.58; *v.refl.* flee

engeter; *impf.6* **engetoient** 85.8; *v.a.* remove, throw away

enjoir *see* **esjoier**

enmaladir; *pret.3* **enmaladi** 80.4; *v.n.* fall ill

(en)merveiler, amerveiler; *pret.3* **merveila** 2.18, *6* **(en)merv(e)il(l)erent** 3.19, 16.4, 18.2 *etc.*, **amerveilerent** 53.6; *v.refl.* marvel, be amazed

enmi, *prep.* in the heart of, amid, within 40.23, 48.4, 59.28 *etc.*; *see also* **eyr**

enoindre *see* **oin(g)dre**

ennoiter; *impf.sbj.3* **ennoitast** 69.4; *v.a.* increase

ennuier; *pret.3* **ennuia** 73.3; *v.refl.* become annoyed

enquerre; *pret.3* **enquist** 3.28; *impf.sbj.3* **enqueist** 13.32, *6* **enqueisent** 3.29; *pp.* **enquis** 5.7; *v.n.* inquire

(en)sevelir 19.6, 19.7, 97.22 *etc.*, *pret.6* **ensevelerent** 48.10; *pp.&pp. as adj.* **seveli(z** 40.14, 68.17, 80.17 *etc.*; *v.a.* bury

ensi(nt 1.9, 2.17, 2.34 *etc.*, **ensinc** 22.4, *adv.* thus, so; **e. que**, with the result that 15.10, 18.2, 19.17 *etc.*; **tout e. com**, exactly as 81.22, 81.31

ent, *adv.* formerly 13.19

entendaunt *see* **fere**

entendement, *s.* interpretation P.10

entendre 45.12, 45.13, 77.14, *pr.ind.4* **entendom** 49.49; *pret.3* **entendi** 11.13, 14.9, *6* **entendirent** 2.19, 6.10, 45.15 *etc.*, **atendirent** 75.6; *impf.sbj.5* **entendissez** 37.9; *pr.p.* **entendaunt** 105.8; *v.a.* understand, mean

entente[1], *s.* meaning, sense P.10, 51.14, 62.5

entente[2], *s.* intent, purpose, motivation 11.15, 24.18, 86.8

ententivement, *adv.* diligently 3.30, 16.4, 36.4 *etc.*

entremettre; *impf.sbj.3* **entremeist** 98.37; *v.refl.* concern oneself with

enumbrer; *fut.3* **enumbra** 2.31, overshadow

enveer; *pr.ind.1* **envoi** 109.11; *pret.3* **envoia** iii.13, iii.15, iii.16 *etc.*, **enveya** 3.29, 11.25, *6* **envoierent** 7.19, 59.19, 86.5; *impf.sbj.3* **envoiast** 109.18; *fut.1* **enveierai** 93.14; *cond.3* **envereit** 90.9, **envoierait** †96.36; *pp. as adj.* **envoié(z** 2.16, 2.23, 12.7 *etc.*, **enveié** 30.5; *v.a.* send

enveiler; *pret.3* **enveila** 2.46, *6* **aveilerent** 19.12, *v.a.&v.i.* wake (up)

enz *see* **(l)enz**

esbai 74.10, †81.37, 112.21, **enbai(z** 6.7, 18.6, 29.7, **abaiz** 19.28, *pp. as adj.* amazed

eschar; en, par e., scornfully, in mockery 13.21, 68.8, 98.44; *see also* **aver**

escharnir 96.71, *pret.3* **escharnist** †81.11, *6* **escharnirent** 21.19, 99.17, 99.23; *v.a.* mock, laugh at

eschaucer; *pret.3* **eschauça** †11.20; *pp. as adj.* **eschaucé** 11.21; *v.a.* lift up, raise

esch(i)ele, *s.* (mil.) body of troops 96.23,

98.43

eschu(i)re 24.19, 56.7; *impf.sbj.6* **eschuissent** iv.24, 69.1, 69.2, **enchivissent** 56.2; *v.a.* avoid, shun; **e. esclaundre**, avoid ill-repute iv.24, 69.1, 69.2

esclandrer; *impf.sbj.3* **esclandrisast** 63.18; *v.a.* shame

escliner *see* **encliner**

escouper 96.71, *pret.3* **escopi** iv.11, 57.1, 57.3 *etc.*, *v.a.&n.* spit (upon)

escoure 95.22, *pr.ind.3* **escout** 95.22, *pr.sbj.6* **escousis(s)ent** 28.12, 32.7; *v.a.* shake (off), batter

escourter; *pret.3* **escourta** 112.9; *v. refl.* to tuck up one's tunic

escracher; *pret.6* **escracherent** 98.24, 98.45; *v.n.* spit

escrier; *cond.3* **escrieroit** 86.4, *pp.* **escrié** 59.31; *v.a.* denounce

escrippe 28.7, 95.27, 95.28, **escreppe** 32.3, *s.* scrip, wallet

escripture, *s.* inscription 99.6

escrivre 72.4, *pret.3* **escrit** 2.52; *pp.&pp. as adj.* **escri(s)t(e** 3.2, 8.10, 11.8 *etc.*, *v.a.&n.* write, enroll

escuser[1]; *pret.3* **escusa** iii.21, 37.1; *pp. as adj.* **escusez** 37.7; *v.a.* defend, protect

escuser[2]; *pret.6* **escuserent** 65.13; *v.refl.* beg off

e(s)garder *see* **regarder**

esjoier 33.8, *pret.3* **enjoist** 2.38; *v.n.&refl.* rejoice

esluire; *pret.3* **esluit** iii.9, 98.19, **esl(e)u(s)t** 24.1, 24.4, *32.1; *impf.sbj.6* **alussent** 65.7; *pp.&pp. as adj.* **e(s)l(e)u** P.6, 24.6, 30.10 *etc.*; *pp. as s.* **eliz** 79.11, **esluz** 71.12, **eslius** 93.15, chosen; *v.a.* elect, choose

espaundre; *pret.3* **espaundi** 11.5, *6* **espandirent** 97.20; *pp.* **espaundu** 90.9; *v.a.&refl.* pour, spill (out), shed

espauntez, *pp. as adj.* terrified 102.9

espier 24.19, *impf.3* **espiout** 49.2; *pret.3* **espia** 94.10, *6* **espierent** 38.3, 65.3; *pp.&pp. as adj.* **espié(z** A.5, 75.3; *v.a.&n.* spy out, keep watch on, find out (by spying)

espies; **par e.**, by stealth 71.3

espiriteus; **e. povres**, spiritually poor 24.8

espis iii.22, 37.1, **espiz** 37.3, *s.pl.* ears (of corn)

espleité, *pp. as adj.* achieved 81.40

espondre; *pret.3* **espount** 45.11, 108.23; *impf.sbj.3* **espounsist** 45.11; *pp.* **espounté** 108.13; *v.a.* explain

esprover 65.14, *pret.6* **esproverent** 110.7; *pp.* **esprové** 110.6; *v.a.* try, put to the test

esqu(i)ele, *s.* plate, platter 48.8, 48.9, 95.14

estable, *adj.* valid, binding 63.22, 99.9

establisement, *s.* (law) ordinance(s), statute(s) 51.9

estauncher; *pret.3* **estauncha** iii.8, 21.8; *v.a.&n.* (med.) staunch, stop

este vous, *interj.* behold 2.44, 3.7, 3.15 *etc.*

estendre; *pret.3* **estendi** 38.10; *impf.sbj.3* **estendist** 38.10; *cond.3* **estendreit** 112.24; *pp. as adj.* **estendu** 101.5, 112.25; *v.a.* extend, stretch; **mort estendu**, quite dead 101.5

ester 31.4, 38.5, 99.14, *pret.3* **estu(i)t** 2.16, 3.11, 9.7 *etc.*, **estoit** 77.7, *6* **est(e)urent** 15.2, 39.4, 59.34 *etc.*; *pr.p.* **estaunt** 2.7, **estaunz** 106.5, **asteynz** †28.3; *v.n.* wait, stand (at anchor)

estiveurs, *s.pl.* (mus.) pipers 21.18

estover; *cond.3* **estoveroit** 25.4, 25.7, 51.13; *v.impers.* to be needful, indispensable (to)

estra(u)nge, *s.* foreigner, outsider 16.8, *63.5, 80.30 *etc.*; *a.* foreign, nonresident 67.7, 98.48

e(s)tre[1] iii.27, iv.23, iv.29 *etc.*, *pr.ind.1* **su(y** 7.25, 7.35, 30.21 *etc.*, *3* **est** 1.2, 1.3, 2.33 *etc.*, *4* **sumes** 69.10, 79.8, *5* **este(s** 7.35, 9.14, *9.17 *etc.*, *6* **s(o)(u)nt** P.1, iv.1, v.1 *etc.*; *imper.5* **seiez** 33.7, 93.16, **soiez** 26.4, 53.4; *impf.3* **este(i)t** 2.25, 3.33, 4.4 *etc.*, **estoyt** P.6, A.3, A.4 *etc.*, *6* **estoient** vii.4, 3.16, 3.25 *etc.*; *pret.3* **f(e)u** 7.12, 7.32, 34.10 *etc.*, **f(e)ust** 2.21, 2.22, 3.23 *etc.*, **fui(st** 3.4, 59.24, 75.3 *etc.*, *6* **furent** 5.5, 5.7, 5.9 *etc.*; *pr.sbj.3* **soit** 11.27, 42.21, 45.9 *etc.*, **seit** P.11, 92.6, 109.4 *etc.*, *5* **seiez** 93.16, 93.19, **soiez** 26.4, 53.4, *6* **soient** 24.11, 36.8, 96.37; *impf.sbj.3* **fuist** 3.3, 21.12, **f(e)ust** *iii.20, 1.2, 8.12 *etc.*, *6* **fu(i)s(s)ent** 1.7, 3.2, 3.3 *etc.*; *fut.1* **serray** 64.13, 92.9, 97.6, *3* **serra** 2.29, *2.32, 11.24, *etc.*, *5* **serrez** 113.22, *6* **serrunt** iv.19, 24.13, 74.18, **serront** 24.10, 24.11, 27.15 *etc.*; *cond.3* **ser(r)oit** 2.11, 2.17, 2.28 *etc.*, *5*

serriez 90.13, *6* **serroient** 25.10, 40.15, 64.8 *etc.*; *pp.* **esté** 8.3, 32.13, 44.2 *etc.*; *v.n.* be; **e. a + inf.**, be about to 19.13; **e. avis que** 82.12, **e. vis** 80.16, consider; **e. bel**, be pleasing 80.13; **e. entour les bosoignes**, be about the work of 6.10; **ne e. fors que le pis**, only to fare worse 21.6

estre[2], *prep.* in addition to 49.22, 54.11

estreire; *pr.ind.3* **estreyt** P.7; *pp. as s.* **estreite** P.9, extract, summary; *v.a.* compose

estreit(ement, *adv.* strictly, rigorously 22.5, 66.8

estriver 95.16, *pret.6* **estriverent** iii.28; *v.a.* quarrel

esvanir; *pret.3* **esvanoy** 108.22; *v.n.* vanish, disappear

evesq(u)e[1] 80.1, 80.39, 82.8 *etc.*, **eveske** iv.34, 81.18, *s.* chief priest

evesq(u)e[2] 80.42, 96.33, 96.41 *etc.*, **eveske** 94.4, *s.* high priest

exil, *s.* flight i.2, 5.1

eyder 8.14, 15.9, 51.7, *imper.5* **eydez** 61.21, 61.22; *pr.sbj.3* **eyt** 35.6; *v.a.&refl.* help (oneself)

ey(g)né, *s.* elder 95.18, *pl.* 51.6, 59.37, 60.8 *etc.*

eym, *s.* hook 63.7

e(y)nz, *adv.* rather, on the contrary 25.12, 30.13, 59.20 *etc.*

eyr, *s.* air 42.17; **enmi l'e.**, in the open 38.5

faillir; *pret.3* **fail(l)i** 10.2, 15.10; *impf.sbj.3* **fausist** 74.6, 80.34, 95.23; *pp.* **failli** 95.26; *v.n.* lack, be lacking; **poi s'en f.**, very nearly 15.10

fame *s.* news, report †21.24, †29.8.

fariseus *see* **phariseu(s**

feodering, *s.* farthing 91.3

feolonie, *s.* treachery, deceit 96.59

fere 2.18, 2.33, 2.48 *etc.*, *pr.ind.1* **faz** P.4, P.9, *3* **fet** P.21, 11.27, 42.13 *etc.*, **fait** P.11; *imper.4* **faisoms** 61.6, *impf.3* **fesoit** 96.46; *pret.3* **f(e)ist** ii.2, iv.14, 1.2 *etc.*, *6* **firent** iv.34, 2.50, 13.27 *etc.*; *pr.sbj.3* **face** 44.5; *impf.sbj.3* **fei(s)t** 2.51, 7.12, †7.30 *etc.*, *6* **feis(s)ent** 7.6, 7.10, 7.16 *etc.*; *fut.1* **ferai** P.11, *3* **fera** 71.12; *cond.3* **fer(r)oit** 13.28, 17.5, 27.6 *etc.*, *6* **fer(r)oient** 42.4, 49.23, 61.13 *etc.*; *pp.&pp. as adj.* **fet(es** iii.19, 2.8, 2.22 *etc.*; *v.a.&refl.* do, make (oneself); *pp. as s.* **fet**, deed 81.15, 108.11, *pl.* 11.26, 11.28, 24.18 *etc.*; **f. cuncil**, plot, conspire iv.34, 80.1; **f. de dette**, do as an obligation 69.10; **f. dreit**, do what is right 71.11; **f. entendaunt**, give s.o. to understand 105.8; **f. a mettre**, have something put, placed 97.21, **f. force a (+inf)**, constrain 108.19; **ne f. (mie) force de**, not to care about 13.28; **se f. gracious a**, win the favor of 6.13; **f. le honur a**, bestow an honor on 2.22; **f. otrie**, give permission 95.7; **f. sa reconoisaunce**, (law) make recognizance (of obligation); 3.5; **f. tresor**, accumulate wealth 42.13; *see also* **au(g)mone**

ferir 96.32, *pret.3* **feri** 96.32, 101.5, *6* **ferirent** 96.72, 98.24, 98.25 *etc.*; *cond.3* **feroit** 96.34; *pp.* **fereu** 96.73; *v.a.* strike

ferniclement, *adv.* fiercely 59.35

fferié, *s.* feast day 59.43

ffrois, *s.* noise, din 25.12

fier[1] 9.16, 9.18, **f(f)iger** v.4, 43.10, 83.1 *etc.*, *s.* (bot.) fig tree

fier[2]; *impf.6* **fioient** 71.13; *pret.3* **fia** 11.14, 99.22; *impf.sbj.6* **fiassent** 7.10, 74.11; *v.n.&refl.* trust in

figurez, *pp. as adj.* represented, symbolized 85.7

flaeler 98.21, *pp. as adj.* **flaolé** 98.41, *v.a.* scourge

flux; **f. de saunk** (med.) bleeding, issue of blood †iii.8, 21.4

foiz iii.31, iv.16, iv.30 *etc.*, **foith** 27.1, 57.4, 59.36 *etc.*, **feytz** 49.18, *s.* time, occasion; **a une f.**, at the same time 27.1; **auqune f.**, sometimes, on one occasion 95.23, 110.9; **autre f.**, again, once more iii.31, iv.16, 11.19 *etc.*, at another time, later on 9.7, 95.52; **to(u)te f.**, every time, always 47.8, 81.14, 113.35

forclos(es, *pp. as adj.* shut out, exclude 93.23

forment[1], *s.* wheat 45.5, 92.6

forment[2], *adv.* mightily 95.22

fornee, *s.* ovenful, batch 45.10

forvoié, *pp. as adj.* gone astray 67.5

fourme, *s.* manner 93.27

francs, *adj.pl.* exempt (from tax) 63.6

fraunchement, *adv.* at will 80.40

fuir iii.27, 42.1, *imper.5* fuiiez 60.10; *pret.3* fui iii.23, 39.1, 49.23, *6* fuirent 19.26; *impf.sbj.3* fuist 5.2; *pr.p.* fuaunt 39.3; *v.a., n. & refl.* flee, fly; *see also* enfuir

fyn, *s.* end 2.29, 12.13, 25.9 *etc.*; de f., completely 59.52

gabber; *pret.6* gabberent iv.23, 98.44, 99.20; *pp.* gabbé 5.5; *v.a.* mock, deride; trick, deceive

gaiter; *pret.3* gueita 13.6; *v.a.* keep under surveillance

garde *see* aver

garder[1] *see* regarder

garder[2] 97.11, 111.7; *pr.ind.6* gardent 40.25; *impf.sbj.3* gardast 74.4, *6* gardassent 51.5, 51.6, 68.8 *etc.*; *cond.3* gardereit 93.22; *pp.* gardé(z 10.10, 74.6; *v.a. & refl.* observe, prevent, behave, keep (oneself)

garder[3] 100.12, 101.25; *pret.3* garda 13.6, 101.11, *6* garderent 3.10; *impf.sbj. 6* gardassent 101.27, *v.a.* stand (watch) over, guard

garder[4] 80.11, *impf.sbj. 6* gardassent 33.5, 42.3, 42.7; *v.refl.* avoid

garir 11.20, 20.10, 21.12 *etc.*, *pret.3* garist iii.2, iii.29, 20.1 *etc.*, gary iii.4, iii.7, iii.8 *etc.*; *impf.sbj.3* garist 65.3; *pr.p.* garisaunt 28.2; *pp. & pp. as adj.* gar(r)y 14.6, 14.7, 14.10 *etc.*, garie 21.8, 21.9, 21.15, gariz 26.6, 50.4, 113.10; *v.a.* heal, cure

garnir[1] 42.3, 43.7, 43.8, *pret.3* garni iv.15, iv.16, iv.30 *etc.*, *6* garnirent iv.19, 64.2; *v.a.* forewarn, advise

garnir[2]; *pret.6* garnirent 101.28; *v.a.* furnish, supply

gelousie, *s.* zeal 11.8

gemir; *pret.3* gyent 53.4; *v.n.* groan, moan

gent, *s.* people, men, mankind 5.6, 6.14, 7.6 *etc.*; gloire de la g., praise of men 92.19; g. du secle 30.12, 68.5, seculerre g. 75.14, 95.17, worldly-minded people

gesir 34.9, gisir 103.5, 103.6, *pret.3* geust 68.14, j(e)ust 18.8, 21.21, 101.29, *6* guyrent 28.3, jurent 47.3, geurent 49.4; *pr.p.* gisa(u)nt 52.11, 112.12; *pp.* geu iii.32, jeu 47.5, 47.6, 80.33; *v.n.* lie

getir; *pret.3* getta 97.19, *6* getirent 53.8; *impf.sbj.3* getast 59.36; *pp. & pp. as adj.* gitté 61.20, gettez 27.15; *v.a.* throw, cast

gracious *see* fere

gré; de g., willingly 80.16, 100.14; *see also* rendre

grever; *pr.ind.5* grevez 60.11; *impf.sbj.6* grevassent 7.17; *v.a.* hurt, be a burden to

groucer 49.45, *pret.6* groucerent iv.22, 13.9, 67.1 *etc.*; *pr.sbj.6* grousceast 94.7; *v.n.* grouse, grumble

gueiter; *pret.3* gueita 13.6; *v.a.* await an opportunity

guerdon, *s.* reward 32.5, 74.14

guerpir; *cond.6* guerpiroient †96.3; *v.a.* forsake

guyer 24.17, *pret.3* guia 113.38; *v.a.* guide

hanap, *s.* goblet 95.11

heitez, *pp. as adj.* glad 93.16

herbergerie, *s.* inn 34.10

herberjour, *s.* innkeeper 34.11

herodiens v.7, 39.2, 86.1, herodés 56.3, *s.pl.* Herodians, followers of Herod

hidous(e, *adj.* horrible 71.9; hydousement, *adv.* horribly 61.23

honorer *see* onorer

houre *see* oure

humeigne, *adj.* human 1.4, 1.9

iluques 24.4, 49.36, 108.4, ilok 112.11, ylu(e)k(es 22.1, 23.7, 59.26, *adv.* there

issi, *adv.* thus, so 42.12, 94.5, 95.8 *etc.*

issir 19.22, 21.12, 61.24, *pr.ind.6* issent 51.11, 51.16; *pret.3* issi(t 2.19, 13.42, 18.6 *etc.*, *6* isserent 96.2; *impf.sbj.3* issist 18.6; *pp. & pp. as adj.* issu(z 9.1, 15.3, 22.6 *etc.*; *pp. as s.* issue, exit iv.32, 78.1; *v.n.* leave, go out of, exit; s'en i., go out 80.36, 81.30, 97.11

jeir, *v.a.* assert 81.28

j(e)une, *s.* fast ii.1, 8.1, 61.28; jeun(s, *adj.* fasting 54.3, 82.15

joliftez, *s.pl.* mirth, frivolity 51.17

jorneye, *s.* day's journey 6.4

jour, *s.* day P.13, v.3, vi.1 *etc.*; l'autre j., next day 101.23; de cel j. en avaunt, from that day forward 89.5, 105.8

joustement, *adv.* blamelessly 32.3

juner; *pret.6* junerent *20.23; *impf.sbj.6* jeunassent 20.25; *cond.6* jeuneroient 20.26; *pp.* juné 8.3; *v.n.* fast

laendroit, *adv.* there, in that direction 102.12

langours, *s.pl.* diseases 30.6
languir; *pret.3* **langui** 80.4; *v.n.* suffer, languish
langustes, *s.pl.* locusts †7.7
las, *adj.* weary 13.12
lates, *s.pl.* laths, planks 20.6
laver 15.3, 51.4, 59.47 *etc.*, *pr.ind.3* **lef** 7.25; *pret.3* **lava** iii.26, 34.10, 41.3 *etc.*, *6* **laverent** iv.7, 10.5, 51.2; *impf.sbj.3* **lavast** *95.33; *cond.3* **laveroit** 95.32; *pp.* **lavé(z** 51.3, 95.36; *v.a. & refl.* wash (one-self)
legion, *s.* a man possessed of devils, the devils possessing him, legion iii.6, 19.1, 19.23 *etc.*
leisir; *pr.ind.3* **lest** 38.8; *v.impers.* be lawful, allowed
(l)enz, *adv.* therein 20.4, 40.4, 101.15
lermer; *pret.3* **lerma** 80.28; *v.n.* weep
lesceon, *s.* reading, lesson 16.2
lesser[1] 54.4, 66.3, 98.33 *etc.*, *pr.ind.3* **lest** 25.11, 25.12, 35.5, *6* **lessent** 74.16; *imper.5* **lessez** 59.32; *pret.3* **lessa** iii.1, 8.15, 12.5 *etc.*, *6* **lesserent** 15.14, 17.6, †17.7 *etc.*; *pr.sbj.3* **lesse** 66.8; *impf.sbj.3* **lessa(s)t** 19.6, 19.7, 19.8 *etc.*, *6* **lessas(s)ent** 63.22, 73.3, 80.37 *etc.*; *fut.5* **lerrez** 97.6; *cond.3* **lerreit** 81.22, **lerroit** 96.5, 98.15, *6* **lerroient** †95.58; *pp. & pp. as adj.* **lessé(z** 14.8, 74.15, 93.4; *v.a., n. & refl.* leave (alone), remain, desist; allow, hand over; depart; l. quite, set free 59.32, 98.31, 98.33; *see also* **convener, leisir**
lesser[2] iv.28, 2.43, 72.1 *etc.*, *impf.sbj.3* **lessat** 72.7; *v.a. & n.* part with, divorce
lever 42.18, *imper.5* **levez** 20.12, 21.22; *pret.3* **leva** 5.3, 16.2, 18.9 *etc.*, *6* **leverent** 16.13, 97.9, 103.3 *etc.*; *pr.sbj.3* **leve** 35.5; *impf.sbj.3* **levast** 29.6, †38.6, 47.9 *etc.*, *6* **levassent** 96.22; *cond.3* **leveroit** 36.6; *v.a., n. & refl.* lift, raise (up), rise; l. **sus,** rise up, lift up 16.2, 16.13, 18.9 *etc.*
lier; *pret.3* **lia** 13.4, 100.6, 101.15, *6* **lierent** 96.37, 97.9; *pp. & pp. as adj.* **lié(z** 44.7, *80.36, 97.1; *v.a.* wrap, bind
lignage, *s.* lineage, family 2.3, 2.50, 3.6 *etc.*
ligné(e, *s.* lineage, family 1.4, 1.9, 1.10 *etc.*
lignez, *s.pl.* legions (of angels) 96.36
lincel, *s.* towel, linen cloth 95.31, *pl.* 101.15, 103.4, 103.5

lire P.13, *pr.ind.5* **lisez** P.18; *pret.3* **luit** iii.3, **lu(y)st** 16.1, 16.2, *6* **leurent** 99.6; *pp.* **leu** 37.5; *v.a.* read
losenger, *v.a.* flatter 86.6
lo(u)er[1] 2.53, *pr.ind.1* **lou** P.18; *pret.3* **lo(u)a** 2.39, 2.40, 4.11 *etc.*, **loia** 4.9, 20.14, 29.7, *6* **lo(y)erent** 3.16, 30.16; *impf.sbj.3* **loast** 70.6; *pr.p.* **loa(u)nt** 81.31, 113.35, **loaunz** 3.20; *v.a.* praise, advise
louer[2], *s.* reward 7.28, 28.18, **lower** 28.6; *see also* **rendre**
lui, lu(y, *s.* room, space, place 3.9, 13.28, 23.5 *etc.*
lusaunt, *pr.p. as adj.* shining 61.3
mainer; *pr.sbj.6* **mainassent** 109.6, *v.a.* touch
malaisez, *s.pl.* unfortunate, suffering 65.8
manere[1], *s.* train of events 59.51, 75.6
manere[2], *s.* way, kind 61.27, 112.3, *pl.* 90.4; **par m. de destresce,** out of meanness 24.7; **en nule m.,** for any reason iv.28, 49.25, 72.2 *etc.*; **par m. de parler,** figuratively P.8
maunder; *pret.3* **maunda** 27.8, 27.15, 40.27 *etc.*, *6* **maunderent** 80.5, *impf.sbj.6* **maundassent** 3.30, *pp.* **maundé** 7.22, 80.23, 106.7, *v.n.* command, send word, send for
ma(u)nger iii.27, iv.7, iv.20 *etc.*, *pr.ind.1* **manjeue** 30.20, *3* **mangue** 30.19, 69.8, *6* **manguent** 52.8; *pret.3* **manga** 31.3, 37.5, 67.3 *etc.*, **manja** 95.14, *6* **mangerent** 13.15, 20.18, 31.19 *etc.*; *impf.sbj.3* **mangast** 13.35, 20.19, 31.1 *etc.*, *6* **mangas(s)ent** 28.11, 49.42, 51.5, **manjassent** 32.4; *cond.3* **mangeroit** 11.8, 42.10; *pr.p. as s.pl.* **mangeaunz,** diners 81.7; *pp.* **mangé** 49.16, 112.17; *v.a. & n.* eat, devour, feed; *s.* meal, dinner iv.20, 41.1, 65.1 *etc.*
meffere 69.3, *pr.ind.3* **meffet** 11.27; *pret.3* **mesfist** 59.14; *impf.sbj.6* **mesfeissent** 63.20; *pp.* **meffet** 99.26; *v.n.* do wrong, err
meigné 14.10, 28.10, **menee** 77.9, 96.43, **maynee** 95.3, *s.* household
meindre 79.13, *pr.ind. 4* **menons** 61.5; *impf.3* **manoit** 4.6, 9.8; *pret.3* **mist** 2.57, 5.11, 11.2 *etc.*, *6* **mistrent** 113.13, 113.14, 113.15, **meintrent** 113.31; *impf.sbj.3*

meist 40.22; *pp.* **mys** 7.2, *v.n.* dwell, live, abide

meintenaunt, *adv.* immediately 2.36, 101.6

meller[1]; *pp. as adj.* **mellé(z** 99.3, 101.14, mix

meller[2]; *cond.3* **melleroit** 86.4, *v.a.* embroil

mendiver; *pr.p.* **mendivaunt** 59.49, *v.n.* beg

merciables, *s.pl.* merciful 24.11

merveiler *see* **(en)merveiler**

merveille 3.21, 19.15, 80.8 *etc.*, **merva(i)lle** 21.10, 22.7, 23.2 *etc.*, *s.* marvel, wonder, miracle; *adv.* extraordinarily 45.9; *see also* **aver**

mervillus, *adj.* marvellous, extraordinary 2.55

mes, *conj.* but P.7, P.9, 1.5 *etc.*; *adv.* more 96.34; **m. ne**, *adv.* no more, no longer 7.12; **m. que**, except, lest 55.5, 61.28, 63.6;**ne m.**, any more 26.7, 47.13, 59.40 *etc.*; **unques m.**, never before 22.7

mesdire 63.17, *pret.3* **mesdi(s)t** 20.8, 79.10; *pp.* **mesdist** †96.61, 96.69; *v.n.* slander, defame; lie

mespaié, *pp. as adj.* displeased with, unsatisfied with 30.10

mester, *s.* task, occupation 15.15; **estre, aver m.**, be necessary, be needed, need 20.21, 35.7, 44.6 *etc.*

mestre[1], *s.* scribe iii.6, iii.19, iii.24 *etc.*; **mestre (de la ley)**, *s.* lawyer, teacher (of the law), scribe v.8, 3.26, 6.6 *etc.*

mestre[2], *s.* lord, master P.16; *see also* **Mestre**

mestre[3] **(du sinagoge)**, *s.* (synagogue) ruler 44.3

mesure; saunz m., freely 12.10

mettre[1] 3.10, 20.4, 35.2 *etc.*, *pr.ind.3* **met** 19.9, 20.28; *pret.3* **mist** 13.4, 31.20, 53.3 *etc.*, 6 **mist(e)rent** 81.24, 81.25, 85.9 *etc.*; *impf.sbj.3* **meist** 28.11, 99.7, 109.21 *etc.*, 6 **m(e)is(s)ent** 98.27; *cond.3* **mettroit** 42.10, 93.30, 95.53; *pp.&pp. as adj.* **mis(e** 3.15, 3.18, †59.56 *etc.*; *v.a.&refl.* place, lay down, put, write, plunge, give, join, install; **m. ensaumple**, give by way of illustration 71.10

mettre[2], *pr.ind.3* **met** 10.9; *pret.3* **mist** 95.31, *v.a.* pour

mettre[3] 99.11, *imper.5* **metez** 63.6; *pret.6* **mistrent** 99.10; *impf.sbj.6* **meis(s)ent** 15.6, 112.6; *cond.3* **mettroit** 15.7; *pp.* **mis** 15.7; *v.a.* cast; **m. sort**, cast lots (for) 99.10, 99.11

m(e)u, *s. & adj.* mute iii.9, iii.24, iv.8 *etc.*

midi, *s.* midday *vi.5, 13.13, 98.1 *etc.*; **haute m.**, high noon 14.8, 99.28

mire, *s.* physician 20.21, *pl.* 21.6

mirre, *s.* myrrh 3.35, 99.3, 101.14

moité, *s.* half 48.6, *77.8

monement, *s.* tomb 80.31

monstrer *see* **m(o)ustrer**[1]

morir 80.6, 80.14, 80.15 *etc.*, *pr.sbj.3* **meorge** 64.14; *pret.3* **morust** 14.5, 68.16, 68.17 *etc.*; *cond.3* **morroit** 4.6, 60.13, 112.30 *etc.*, **morreit** 96.35; *pp.&pp. as adj.* **mort(e** 5.4, 5.8, 5.9 *etc.*; *pp. as s.* **mort**, dead person, death vi.7, vii.2, 4.16 *etc.*, *pl.* *19.7, 30.9, 102.10; *v.n.* die

mortel, *s. & adj.* mortal, deadly 113.9, *pl.* 80.16

moudes, *adj.pl.* many 35.7

moun *see* **savoir**

m(o)ustrer[1] A.6, 59.6, 59.46 *etc.*, **monstrer** 9.4, 10.3, 33.9 *etc.*; *impf.3* **moustroit** 30.3, **monstroit** 30.5; *pret.3* **m(o)ustra** ii.2, 23.8, 34.7 *etc.*, **monstra** 6.13, 8.8, 11.1 *etc.*, 6 **moustrerent** 86.9, 93.3; *impf.sbj.3* **mo(n)strast** 40.10, 55.3, 6 **monstrasent** 25.8, **moustrasent** 86.8; *cond.3* **monstreit** 11.10, **moustreroit** 77.14; *pp.&pp. as adj.* **moustré(z** 3.21, 109.3, **monstré** 8.9, *v.a.&refl.* show (oneself), reveal, appear

moustrer[2] 4.14, *v.a.* (mil.) muster; **m. les corages de**, inspire 4.14

muer; *pr.ind.3* **meut** 30.12; *pret.3* **muet** 100.11; *impf.sbj.3* **m(e)ust** 19.14, 47.3; *pp.&pp. as adj.* **meuue** 47.4, **mu(ez** 59.18, 93.12; *v.n.&refl.* move, stir, alter

murdrissours, *s.pl.* murderers †59.59

mus(c)er; *pret.3* **mus(s)a** iii.23, 59.43, **musc(e)a** 2.21, 92.22; *pp. as adj.* **muscé** 45.13; *v.a.&refl.* hide, conceal (oneself), be in seclusion

naturel *see* **Rey naturel**

ne(e)f, *s.* ship iii.3, iii.30, 15.1 *etc.*

neele, *s.* (bot.) corn-cockle 45.6

neger; *pret.6* **negerent** 112.9; *v.n.* row

ne(s)purquant, *adv.* nevertheless 13.44,

21.23, 32.8 *etc.*; **n. que**, although 20.11, 109.17

netter 26.3, *pp.&pp. as adj.* **nettez** 26.6, 30.9, 70.3 *etc.*; *v.a.* cleanse, make clean

ne(y)s, *adv.* even 32.7, 37.11, 59.4 *etc.*

noel, *s.* birthday 48.3

noune, *s.* ninth hour of the day, midafternoon vi.5, vi.6, 99.1 *etc.*

nyent, *adv.* not (at all) 11.14, 25.10, 33.9 *etc.*

oblacion, *s.* (eccl.) offering, oblation i.2, 4.1

occire 59.16, *pret.3* **occist** iii.29, 43.2, 43.5, *6* **occistrent** 90.8; *pp.&pp. as adj.* **occis** 13.5, 43.2, 60.9 *etc.*; *v.a.* kill

oes, *s.* use 101.18; **a (lor) o.**, according to (their) law 59.56

off(r)end(r)e v.11, 4.4, 4.8 *etc.*, *s.* offering, sacrifice

oie, *s.* ear 96.72, 98.25

oill[1], *s.* eye 74.12, *pl.* iv.11, 57.1, 57.3 *etc.*

oyl(l[2], 22.3, 45.15, 63.4 *etc.*, *adv.* yes

oingdre 101.22, **enoindre** 102.4, *pret. 3* **oynt** 31.5, 31.16, 59.47 *etc.*, *5* **unzistes** 31.15, *6* **oynctrent** 28.20; *v.a.* anoint

oir 15.2, 25.2, 30.2 *etc.*, *pr.ind.3* **oyt** *†32.10, *6* **oient** 30.9, 40.25; *imper.5* **oiez** 61.8; *pret.3* **oi(st** iv.2, iv.12, 2.26 *etc.*, *6* **oi(e)rent** 2.48, 2.54, 6.7 *etc.*; *impf.sbj.3* **oist** 13.5, *6* **oissent** 25.10; *pr.p.* **oyaunt** 6.6; *pp.&pp. as adj.* **oi(e)(z** 2.8, 3.31, 13.41 *etc.*; *v.a.* hear

onorer; *imper.5* **onorez** 92.11; *fut.1* **onorai** 92.12, *3* **onora** 92.10; *pp.&pp. as adj.* **(h)onoré(z** 13.43, 90.5, 92.12 *etc.*, **honuré(z** 16.7, 46.6, 92.5; *v.a.* honor, do honor to, glorify

opposer; *pret.6* **opposerent** †v.3, †82.2, 84.1, **aposerent** v.5; *v.a.* question (about), challenge

ordiner 19.8, *pr.ind.3* **ordeine** P.7; *pp.* **ordiné** 113.21; *v.a.* arrange, put in order, set

orer[1] iii.21, 13.26, 18.14 *etc.*, *imper.5* **orrez** 93.19; *pret.3* **ora** 61.3, 96.16, 96.21; *pr.sbj.3* **orast** 96.11, *6* **orassent** 96.13, 96.18; *cond.6* **oroient** 13.29; *pr.p.* **orant** 60.2; *v.n.* pray

orer[2] *see* **(a)o(u)rer**

orette, *s.* moment, short time 8.8

orge, *s.* barley 49.12

orour(s, *s.pl.* persons who pray 13.29

oser; *pret.3* **osa** 21.5, 89.5, *6* **ose(i)rent** 82.9, 85.13, 92.18 *etc.*; *impf.6* **oseient** 62.5; *impf.sbj.3* **osast** 19.17; *v.n.* dare

oster 113.19, *pr.ind.3* **ouste** 9.3; *pret.3* **osta** 95.31, 101.15; *impf.sbj.6* **ostassent** 11.7; *cond.3* **ostereit** 43.13; *v.a.* remove, take away, evict, get rid of

otrier 75.12, *pret.3* **otrea** 41.2; *impf.sbj.3* **otriast** 19.24; *pp. as adj.* **otroyé** 33.13; *v.n.* grant; *see also* **fere**

oure A.5, vi.2, vi.3 *etc.*, **houre** A.2, A.8, vi.2 *etc.*, *s.* hour, time; **a. l'o.**, then, at that time 7.35; **de l'o. que**, as soon as, from the time that A.2, A.5, 72.6; **de cel(e) o. en avaunt**, (t)henceforth 6.12, 15.13, 68.10 *etc.*; **meime(s l'o.**, straightaway, at the very time 4.7, 4.11, 14.9 *etc.*; **nule o.** at all, ever 4.10; **o. de complie**, (eccl.) compline vi.2, 95.2; **o. de matines**, (eccl.) matins vi.2, vi.3, 95.2 *etc.*; *see also* **noune, tierce**

overer 101.21, 102.3, *pr.ind.6* **eoverent** †37.7; *pp.* **oevré** 48.12; *v.n.* work, proceed, get about

overir; *pret.6* **ovrerent** 3.35, **overirent** 20.6, 100.11; *pp. as adj.* **overt** 9.18, *v.a.* open

paien, *s. & adj.* heathen, pagan 2.1, 16.12, 27.2 *etc.*, *f.* **payene** 40.18, 52.2, *pl.* v.11, 7.15, 13.11 *etc.*

paier[1]; *pret.3* **paia** 74.20; *v.a.* pay

paier[2]; *pret.3* **paia** 48.5; *v.refl.* be pleased; **estre bien paié(z**, be well pleased 7.35, 61.8

paletik *see* **par(a)letik**

parab(o)le, *s.* parable 43.10, 45.13, 62.5 *etc.*, *pl.* P.8, iii.30, v.14 *etc.*; *see also* **parole**[2]

par(a)letik iii.22, 20.1, 20.4 *etc.*, **paletik** iii.7, iii.32, **parlatik** 38.1, *s.&adj.* paralytic

pareir; *pr.ind.3* **piert** 87.7, *6* **p(i)erent** *74.19; *pret.3* **paruit** 80.29, **par(e)ust** 40.6, 96.51; *pr.sbj.6* **piergent** 11.28; *fut.3* **parra** 93.11, 93.13, *cond.3* **pareit** 95.46; *v.n.* appear, seem; *v.refl.* manifest, reveal oneself

paremplir 109.14, *pp. as adj.* **paremplie** 95.29, **paremplez** 96.37, **parempliz** 100.4, *v.a.* fulfill

parfet[1] 2.35, 74.7, **parfite** 61.27, 69.5, **parfecte** 83.7, *adj.* complete, perfect; *pl.* **parfiz**, punctilious 24.16

parfit[2], *adj.* undivided, loyal 2.14

parole[1], *s.* message, speech, word, say-so 2.26, 2.53, 13.41 *etc.*, *pl.* teachings, words P.16, v.6, 51.11 *etc.*; see also **torner**[1]

parole[2], parable iv.32, 34.7; *see also* **parab(o)le**

paront, *adv.* whereby 98.5

part[1], *s.* side, way, hand 13.10, 13.11, 20.5 *etc.*; **(d')autre p.**, elsewhere 12.2, 103.17, moreover 20.26, 37.6; **cele p.**, there 27.7, 80.28; **de totes parz**, from all directions 26.9; **une p.**, to one side 100.12, 103.6

part[2], *s.* behalf 11.17, 19.20, 30.3 *etc.*

part[3], *s.* portion 42.5; dealings 95.33

partir[1] 52.4, 54.4, 54.11 *etc.*, *pret.3* **parti** 2.36, 4.10, 82.16; *impf.sbj.3* **partist** 18.16; *v.n.* leave, depart; **s'em p.**, depart 2.36, 82.16

partir[2] 49.13, *pr.ind.1* **part** P.12, *6* **partirent** 99.9; *pr.sbj. 6* **partissent** 95.12; *pp. as adj.* **parti** 7.3; *pp. as s.* **partie**, portion, part P.13, 2.12, 35.7 *etc.*; *v.a.&refl.* divide (up)

partir[3], *v.a.* share in, partake of †2.44

pas; **meiloure p.**, quickly 108.23

pa(s)k(e (feste de) ii.3, 6.2, 13.44 *etc.*, **pasque** 11.3, 11.14, *s.* (feast of) Passover

passer 13.10, 19.17, 49.25 *etc.*, *pret.3* **passa** iii.5, 16.14, 19.1 *etc.*; *impf.sbj.6* **passassent** 19.2; *pr.p.* **passant** 17.4; *v.a.&n.* pass (through), cross (over), overtake

peccunie, *s.* money 28.7

peisaunt, *s.* peasant, countryman 45.16

pendre; *pres.3* **pendi** 88.6, *pret.3* **pendi** 97.19, 100.10, *6* **pendirent** 99.4, 101.4; *impf.sbj.6* **pendisent** 101.2; *v.n.&refl.* depend, hang (oneself); *pr.p. as s.*, **pendaunt**, slope 16.14

pener; *pret.3* **pena** 35.2; *pp. as adj.* **pené** 61.4, 95.11, 112.25; *v.a.&refl.* torment, exert oneself

penible, *adj.* solicitous 40.3

penser P.13, P.17, 31.19, *pr.ind.5* **pensez** P.18; *imper.5* **pensez** 59.23; *pret.3* **pensa** 2.26, 2.43, 2.44 *etc.*, *6* **penserent** 2.55, 3.35, 20.8 *etc.*; *impf.sbj.6* **pensasent** 20.9; *pp. as s.* **pense(i)e**, thought 34.5, 88.5; *v.a.* think, consider, meditate (on)

peopler; *pret.6* **peoplerent** 53.6; *v.a.* announce, make known

perdre; *fut.3* **perdera** 92.8; *pp.&pp. as adj.* **perdu(e** 67.6, 81.10; *v.a.* lose, waste

perir 19.13, *cond.6* **periroient** 20.28, 43.7; *pp. as adj.* **pery(z** 64.9, 77.11, 80.44; *v.n.* go off, spoil, perish, destroy, die

perseverance, *s.* steadfastness 28.17

pestre 49.8, 54.5, *impf.6* **pessoient** 19.24; *pret.3* **pout** iv.3, iv.8, 49.1 *etc.*; *pr.sbj.3* **peust** 112.19, 112.20, 112.22; *pp.&pp. as adj.* **puwe** 16.11, **peu** 49.20, †49.34, 56.6; *v.a.&n.* feed, graze

petitet; **par petitez**, in small amounts 49.10

phariseu, *s. & adj.* Pharisee iii.26, 11.15, 31.1 *etc.*

philosofes, *s.pl.* wise men 3.23, 3.28

piece, *s.* while, space of time 8.15, 11.2, 15.15; piece 109.9

piteus iv.23, 68.1, **pitous** 59.31, 68.2, *adj.* merciful

plaié, *pp. as adj. & s.* wounded (person) 34.8, 34.13

plaies 34.10, 68.16, **playez** 30.6, *s.pl.* afflictions, wounds

plenere, *adj.* fully underway 59.10

plere; *pr.ind.3* **plest** 2.33, 20.29, 61.6; *impf.sbj.3* **pleust** 96.15; *v.a.&impers.* please, be pleasing to

plunger 49.31; **plungiz**, *pp. as adj.* 15.10; *v.n.* sink, capsize

poinz; **en tuz p.**, in all respects 25.7

po(o)ur 2.7, 3.11, 15.13 *etc.*, **paour** 80.9, *s.* fear; **de, par, pur p.**, out of fear 61.6, 93.12, 101.9 *etc.*; **aver p.**, be afraid 2.7, 3.11, 15.13 *etc.*

porter[1] 64.6, *pret.3* **porta** ii.2, iv.13, v.3 *etc.*; *v.refl.* fare, conduct oneself, bear up

porter[2] 20.4, 47.11, 48.9 *etc.*, *pr.ind.3* **porte** 45.16, 92.7; *imper.5* **portez** 20.12; *pret.3* **porta** 4.4, 20.13, 40.24 *etc.*, *6* **porterent** 10.8, 16.3, 24.2 *etc.*; *impf.sbj.3* **portast** 3.3, 47.7, 47.9 *etc.*, *6* **portas(s)ent** 10.7, 28.7, 32.3 *etc.*; *cond.3* **portereit** 83.4, *6* **porteroient** 8.13; *pr.p.* **portaunt** 95.6,

GLOSSARY

portaunz 20.4; *pp.&pp. as adj.* **porté** 12.4, 13.37, 68.16; *v.a.* carry, bear, bring; **p. tesmoign(ag)e**, bear witness 12.4, 16.3, 98.3

portreire; *pret.3* **portreit** †59.33, **purtreit** 59.36; *v.n.* draw

porture, *s.* bearing, manner 16.4

potier, *s.* potter 97.22

po(u)er iii.14, v.5, 10.3 *etc.*, **poour** 3.11, 15.13, 33.3 *etc.*, **pou(o)yr** 22.9, 28.4, 84.2 *etc.*, power 11.10, *pr.ind.3* **poet** 2.33, 8.6, 8.15 *etc.*, **puet** iv.27, 1.9, 20.8 *etc.*, *5* **poez** P.18, P.19, 26.3 *etc.*; *impf.3* **poeit** †P.17, †2.14, 2.19 *etc.*, **pooit** iii.25; *6* **po(e)i(e)nt** 6.5, 11.12, 16.6 *etc.*; *pret.3* **pout** 68.4, 80.10, **peut** 49.45; *pr.sbj.1* **pusse** 96.35, *3* **pusse** 2.34, 66.6, *5* **pussez** P.13; *impf.sbj.3* **p(e)u(s)t** iv.29, 3.9, 11.17 *etc.*, *6* **p(e)us(s)ent** 7.13, 7.21, 30.2 *etc.*; *fut.1* **porrai** 61.21, *4* **purrom** 49.8; *cond.3* **por(r)oit** 11.18, 79.7, **purroit** 7.11, 65.10, 81.14 *etc.*, *6* **purroient** 61.27, 65.11, 95.47, **purreient** 74.11; *v.n.* be able; *s.* power, authority iii.14, 1.3, 10.3 *etc.*

preiser; *pret.3* **pr(e)(i)sa** v.11, 30.16, 91.1; *v.a.* praise

prendre iv.11, 52.6, 56.1 *etc.*, *pr.ind.5* **pernez** 35.5, 60.11; *imper.5* **pernez** †20.12; *pret.3* **prist** 4.8, 5.3, 8.7 *etc.*, *6* **pristrent** iii.22, 15.8, 37.1 *etc.*; *impf.sbj.3* **pr(e)ist** 5.2, 34.11, 40.21 *etc.*, *6* **preissent** 25.8, 32.5, 96.25 *etc.*; *fut.1* **prendrai** 103.23; *cond.3* **prendroit** 41.6, *6* **prendroient** 86.2; *pp.&pp. as adj.* **pris(e** iv.14, 15.7, 34.8 *etc.*; *pp. as s.* **prise**, catch (of fish) 15.12; *v.a.&refl.* take (possession of), seize; **se p. a**, turn to 40.5; **p. garde**, obey, follow, notice, tend to 34.11, 35.5, 60.11; **p. mal ensaumple de**, follow s.o.'s bad example 25.8; **p. truage**, tax (s.o.) 63.5

preome iii.20, 34.5, 34.15 *etc.*, **proeme** 34.7, 34.13, *s.* neighbor

pres(s)e, *s.* throng iii.25, 19.1, 20.5 *etc.*

prince[1], *s.* chief priest v.3, 59.16, 59.17 *etc.*; **prince des prestres** 94.3, 105.2, chief priest

prince[2], *s.* ruler 11.15, 21.2, 21.15 *etc.*

prince[3], *s.* master 22.9

privé, *adj.* solitary 48.14; secret 101.9

privité; de p., secretive 96.59

prochein; p. aprés, immediately after P.6

prod(h)om(m)e, *s. & adj.* worthy (man) 2.2, 13.7, 97.18 *etc.*

promettre; *pr.ind.5* **promettez** 49.49; *pret.3* **premist** 8.8, 30.14, 94.10 *etc.*, **promist** 43.4, 68.8, 68.10, *6* **premistrent** 94.9, 105.6; *pp.&pp. as adj.* **premis** †1.5, 3.28, 4.6 *etc.*, **promis** 1.11, 8.12; *v.a.* promise

provost, *s.* commander (of a legion) iii.2, 14.1, 14.2

pu(i)s; p. que, after(wards) 8.3, 9.1, 20.5 *etc.*; since, because 6.5, 7.24, 31.15 *etc.*

purparler; *pret.3* **purparla** v.14, 94.1, *6* **purparlerent** 3.17, 39.2, 49.22 *etc.*; *v.a.&refl.* take counsel, plot

purpenser; *pr.ind.3* **purpense** 66.5, 66.6, 66.7 *etc.*; *pret.3* **purpensa** 42.9; *v.refl.* consider

pursiure[1]; *pr.sbj.3* **pursiwe** P.14; *v.a.* study

pursiure[2]; *pret.6* **pursuirent** iii.31, 47.1, 47.14; *v.a.* chase, pursue

qiller 20.16, **requiller** 90.12, *pret.6* **quillerent** 54.10, 63.2; *pr.sbj.6* **quillissent** 49.17; *fut.6* **quillerent** 93.15; *v.a.* collect, gather; **q. le tonneu**, collect tax 20.16; **q. le truage**, collect taxes 63.2

quant, *pron. & adv. interr.* how much, how many 19.22, 49.11, 63.24, **quanz** 54.6; **quant**, *adv.* when A.3, ii.2, iii.7 *etc.*

quan(t)q(u)e, *pron.* whosoever 2.54, 50.4; what(so)ever, everything 2.33, 4.17, 10.4 *etc.*

quer(r)e 6.6, 13.14, 13.22 *etc.*, *impf.3* **querroit** 5.3, *6* **querroient** 95.47; *pret.3* **quist** 9.10, 18.14, 64.12 *etc.*, *6* **quistrent** 5.9, 6.4, 49.38 *etc.*; *impf.sbj.3* **queist** 103.22, *5* **queiste** 6.9, *6* **queissent** 49.39, 96.27, 96.28 *etc.*; *pr.p.* **queraunt** 103.24; *pp.* **quis** 6.9; *v.a.* seek

quider; *pr.ind.1* **quid** 31.11, *5* **quidez** 96.35; *impf.3* **quidoit** 7.36, *6* **quidoient** 6.4, 47.10, 60.3 *etc.*; *pret.3* **quida** 7.18, 103.22, *6* **quiderent** 59.16, 77.13, 80.25 *etc.*; *v.a.* think; **q. a + *in.***, intend 59.16

quir, *s.* (animal) hide 7.8

ré, *s.* (honey)comb 109.9

reboter; *pret.6* **reboterent** 73.2; *v.a.* rebuff

rechater, *v.a.* redeem 4.3; *see also* **reindre**
reconoisaunce *see* **fere**
recorder 25.3, *pret.3* **recorda** iii.11, 109.12, *6* **recorderent** 11.8; *v.a. & refl.* repeat, recall
recouncé, *pp. as adj.* set 18.10
recreant, *adj.* unbelieving 110.5
refere; *cond.3* **refroit** 96.64; *v.a.* rebuild
refuser; *pret.3* **refusa** iii.6; *impf.sbj.3* **refusast** 28.12, 32.6, *6* **refusasent** 28.14; *pp. & pp. as adj.* **refusé** A.6, iii.17, 71.7 *etc.*; *v.a.* reject, refuse
regarder 71.16, *pr.ind.3* **regarde** 19.9; *pret.3* **(a)garda** v.5, 21.12, 38.8 *etc.*, **e(s)garda** 53.4, 96.55, 103.18, **regarda** 49.14, 74.6, 77.5 *etc.*, *6* **(a)garderent** 16.4, 99.12, 102.12 *etc.*, **e(s)garderent** 61.10, 95.38; *v.a.* look (at), watch; *see also* **garder**
regardeure, *s.* countenance 102.8
reguerdoner; *pret.3* **reguerdona** 93.26; *v.a.* reward
reindre, *v.a.* redeem 75.16; *see also* **rechater**
relef, *s.* surplus, left-overs 49.17, 49.18, 54.10 *etc.*
relesser; *pret.3* **relessa** 68.4; *v.a.* forgive
relever 60.9, 103.14, 109.13, *pr.ind.6* **relevent** 30.9; *pret.3* **releva** vii.2, vii.7, 102.2; *impf.sbj.3*, **relevast** 103.8; *fut.6* **releverent** 4.15; *cond.3* **releveroit** 40.14, *†80.20, 101.24; *pp.* **relevé(z** 58.2, 61.12, 101.26 *etc.*; **mi relevee,** midafternoon 9.9; *v.a. & n.* resurrect, rise
religion; gent de r., *s.pl.* religious 7.9
remaindre; *pret.3* **remist** 7.34, 16.10; *pr.sbj.3* **remeist** 112.31; *v.n.* remain behind, dwell, alight; *see also* **remettre**
remenbraunce P.4, **remembraunce** 95.16, *s.* account, remembrance
remender; *pr.ind.3* **remende** 20.27; *pr.p.* **remendaunz** 17.7; *v.a.* repair, mend
remener; *pret.3* **remena** 5.11, 18.15; *v.a.* take back
remettre; *impf.sbj.3* **remeist** 96.34; *v.n.* sheathe, put away; *see also* **remaindre**
rendre 31.10, 77.16, *pret.3* **rendi** iv.17, 33.8, 49.15 *etc.*; *impf.sbj.6* **rendisent** 86.10; *fut.3* **rendra** 7.27; *cond.3* **rendroit** 34.12, 65.9, 77.8; *pp. as adj.* **rendu(e**

2.53; *v.a.* pay (back), restore, give up; **r. graces,** give thanks 49.15, 54.7, 95.11 *etc.*; **r. gré,** give thanks 33.8; **r. louer,** reward 7.27; **r. le truage** iv.17, 63.1, 63.3, pay tribute
renoier; *cond.3* **renoieroit** 95.53, 96.6; *pp.* **renoié** 95.26; *v.a.* deny, disavow
reparailler; *cond.3* **reparailleroit** 61.13; *v.n.* re-establish, restore
repeler; *pret.3* **repela** 63.26; *v.a.* recall
replein, *adj.* filled 2.38
repleni, *pp. as adj.* full 2.53
reporter; *pret.3* **reporta** 97.17; *v.a.* return
reprendre[1] 41.4, 60.9, 63.19, *pret.3* **re(s)prist** iv.23, 13.3, 56.4 *etc.*, *6* **re(s)pristrent** iv.6, 37.4, 51.1; *impf.sbj.6* **reprisent** 69.2; *pp. as adj.* **repris** 11.27; *v.a.* criticize, rebuke
reprendre[2]; *pret.3* **reprist** 95.36; *v.a.* gather
reprover; *pret.3* **reprova** iii.17, 14.4, 59.13 *etc.*, *6* **reproverent** 99.18; *v.a.* reproach, rebuke
requiller *see* **qiller**
resceivre 1.6, 7.5, 28.9, *pr.ind.3* **rescoit** 63.13, 63.14; *imper.5* **rescevez** 109.11; *pret.3* **re(s)ceut** iii.18, iv.22, 33.1 *etc.*, *6* **re(s)ceurent** 1.6, 1.7, 13.45; *impf.sbj.6* **re(s)ceus(s)ent** 28.18, 32.8, 64.3; *fut.5* **resceverez** 113.21, *6* **resceiveront** 74.17; *cond.3* **resceveroit** 93.29, *6* **re(s)ce(i)veroient** 7.33, 28.17, 32.7 *etc.*; *pp. & pp. as adj.* **resceu(e** v.2, 2.42, 8.1 *etc.*; *v.a.* receive, entertain, treat; **r. en esposailes,** wed 2.42; **r. a procession,** be given a processsion v.2, 81.2
rescet, *s.* den, lair 82.6
respo(u)ndre 7.21, 65.6, 89.5 *etc.*, *pret.3* **resp(o)(u)ndi(st** iii.19, iii.24, iii.26 *etc.*, *6* **resp(o)(u)ndirent** 3.27, 49.39, 59.22 *etc.*; *impf.sbj.6* **responissent** 84.5; *fut.5* **respondrez** 97.6; *pp.* **respondu** 88.2; *v.n.* answer
rester; *pret.3* **restu(i)t** 3.33, 21.9, 76.5 *etc.*, *6* **resturent** 29.6; *v.n.* stop, stand still
retrere; *pret.3* **retreit** 99.28; *fut.3* **retrera** 93.11; *v.a.* withdraw
reveer; *pret.3* **revoia** 98.12; *v.a.* send back
revenir 93.26, 96.19, *pret.3* **revint** iii.7, 9.1, 19.32 *etc.*, *6* **revindrent** iii.18, 33.1; *impf.sbj.3* **revenist** 13.23, 40.22, 67.8 *etc.*;

GLOSSARY 125

pp. **revenue** 2.42, **revenuz** 108.2, 108.3; *pp. as s.* **revenue**, return 4.1, 19.33, 34.12 *etc.*; *v.n.* come back; *s.* return 93.26, 96.19

rey[1] 2.1, 3.6, 3.25 *etc.*, **roi** 48.8, 77.14, 77.16 *etc.*, *s.* king; *see also* **Rey**

rey[2] 15.7, 15.8, 112.6 *etc.*, *s.* net; *see also* **ré**

reytel, *s.* officer, official iii.2

riche, *adj.* mighty, powerful iv.29, 93.3, 101.7; wealthy 42.8, 42.13, 68.13 *etc.*

romaunz, *s.* French language P.3

sachel, *s.* bag 32.3, 95.26, 95.28

sacrer; *impf.sbj.6* **sacrassent** 95.15; *v.a.* consecrate

saducé(u)s v.7, 87.1, 87.2 *etc.*, *s.pl.* Sadducees

salu, *s.* greeting 2.27

saner 14.3, *pret.3* **sana** iii.10, iv.5, iv.11 *etc.*, *6* **sanerent** 28.21; *pr.sbj.3* **sanast** 27.3, 27.5, *6* **sanassent** 28.6, 32.5; *pp.* **sané** 59.50; *v.a.* heal, cure

sauter v.6, 89.4, 100.2, Psalms of David

savoir, 2.51, 6.13, 13.34 *etc.*, **saver** 19.30, 29.10, *pr.ind.1* **sai** 80.18, *4* **savoms** 13.41, 49.49, *5* **savez** 98.31, *6* **sevent** 93.17; *imper.5* **sachet** P.7, 71.17, **sachez** 2.32; *impf.3* **savoit** 11.15, 13.29, 20.9 *etc.*, *5* **saviez** 6.9, *6* **savoient** 6.4, 11.16, 12.6 *etc.*; *pret.3* **sout** 13.7, 18.5, 21.11 *etc.*; *pr.sbj.5* **sachez** 20.11; *impf.sbj.3* **s(e)ust** 13.16, 80.45, 81.34, *6* **seusent** 32.9, 103.11; *cond.3* **saveroit** 71.4; *pp.* **su** 31.7; *v.a.&n.* know; *s.* 6.13, 95.56, 113.34, knowledge; **fere (a) s.**, inform 2.51, 19.30, 29.10; **s. moun**, ascertain 13.34, 100.7

secularitez, *s.pl.* worldly things 84.3

seer 11.4, 19.28, 20.16 *etc.*, **seoir** 35.3, 39.4, 45.2 *etc.*, *pr.ind.3* **seste** 69.8; *pret.3* **sist** v.5, †13.12, 15.4 *etc.*, *6* **sistrent** 78.2, 96.45, 99.11 *etc.*; *pr.p.* **seaunt** iii.30, 6.6, 103.9, **seaunz** 103.18, 106.5; *v.n.* sit; *see also* **aseer**

seigner; *pr.p.* **seignaunt** 94.11; *v.a.* teach

seine[1], *s.* net 45.14

sein(e[2], *adj.* healthy, whole 18.9, 26.4, 38.10

sembler[1]; *impf.sbj.3* **semblast** 96.70; *v.a.* think, judge

sembler[2]; *pr.ind.3* **semble** P.3; *pret.6* **semblerent** P.16; *pr.p.* **semblaunt** 49.26; *v.n.&refl.* seem; **fere semblaunt** 49.26, seem

sembler[3]; *impf.6* **sembloient** 57.4; *v.a.* resemble

semeles, *s.pl.* sandals 28.8

senevé, *s.* mustard 45.8

senglement, *adv.* only 96.39

sentence, *s.* (law) sense, meaning P.9, P.10

sentir; *pret.3* **sentist** 21.8; *pp.* **sentu** 21.11; *v.a.&refl.* feel

sepulture, *s.* burial 81.13

serja(u)nt[1], *s.* servant iii.12, 27.1, 27.2 *etc.*

serjaunt[2], *s.* soldier 96.33, 96.37, 96.49, *pl.* 14.7, *59.19, 77.12 *etc.*

sermo(u)n, *s.* sermon, teachings iii.11, 13.40, 15.2 *etc.*

seure *see* **sivre**

sevelir *see* **(en)sevelir**

sicum[1], *adv.* as 2.5, 2.18, 2.46 *etc.*

sicum[2], *conj.* inasmuch as 13.15, 80.8

signe, *s.* sign, gesture iv.10, 2.50, 3.14 *etc.*, *pl.* i.1, *i.2, i.3 *etc.*

sitost; **s. cum**, as soon as iii.1, 2.37, 2.56 *etc.*

sivre iii.6, 74.15, **seure** 15.15, 19.30, 60.12, **suyre** 17.5, 80.9, 95.51 *etc.*, *pr.ind.3* **suist** 81.41, *6* **siwent** 79.6; *imper.3* **siwe** 92.9, *5* **suez** 112.29; *impf.6* **suoient** 81.31; *pret.3* **sui** 15.2, 19.2, 20.15 *etc.*, **sivi** iii.16, 40.2, 53.7 *etc.*, **siwy** 39.3, *6* **sui(e)rent** iii.23, iv.4, 17.8 *etc.*, **suerent** 17.6, 75.3; *impf.sbj.3* **s(e)uyst** 19.6, 20.16, 112.26, *6* **suissent** 90.3, **siwissent** 95.6; *cond.3* **sueroit** 19.3, 19.8, *6* **sueroient** 95.52; *pr.p.* **suaunt** 29.3; *pr.p. as adj.* **siwant**, following, next 43.13; *pp.* **sui** 100.16, 101.20; *v.a.* follow

sochir; *pret.5* **sochastes** 40.24; *v.a.* suckle

socoure, *v.a.* help 38.7

soffrir 25.11, 82.12, 103.14 *etc.*, **suffrir** A.7, 64.2, 71.7, *pr.ind.6* **seoffrent** 24.13, *pret.3* **s(o)(u)ffri** 18.13, 31.6, 43.8 *etc.*; *pr.sbj.3* **soffrist** 108.17; *impf.sbj.3* **soffrisist** 43.12; *fut.3* **soffra** 4.16, *6* **sofferunt** 74.18; *cond.6* **suffroient** 28.15, **soffreroient** 95.55; *pp.* **suffert** 31.7, 43.6; *v.a.&n.* suffer, allow

soler, *s.* upper room 95.9, 113.2, 113.14 *etc.*

soloir; *impf.3* **soloit** 35.3, 47.4, 96.9, **soleit** 61.23, 79.13, 98.16 *etc.*, *6* **soleient** 3.9, 6.2, 51.4 *etc.*; *v.n.* be wont

solunc P.10, 5.7, 7.28 *etc.*, **solum(c** vi.1, 7.12, 11.28, **solunk** P.5, 1.1, 4.2, **solonc** 45.16, 98.28, 106.4, **solom** 51.4, **sulunc** 97.14, *prep.* according to; **s. (ceo) qe**, (according) as P.5, 106.4; **s. sa (ses) deserte(s**, as he deserves 7.12, 7.28

somondre, *v.a.* summon 85.12

souduire, *v.a.* lead astray, deceive; *pr.p.* **souduant** 97.13

s(o)uget *adj.* subject, owing allegiance, obedient 3.4, 6.12, 33.6

soupe, *s.* sop *95.42

sourquetout, *adv.* especially, above all 25.7

soursemer; *pret.3* **soursema** 45.6; *v.a.* oversow

sourveer; *pret.3* **sourvist** 81.34, *6* **sourvirent** 49.26; *v.a.* look intently at, look at (from above)

sourvenir; *pret.3* **so(u)rvint** 4.11, 43.5; *fut.3* **sourvendra** 2.31; *pp. as s.*, **sourvenue**, unexpected arrival 36.5; *v.n.* arrive, appear, come upon

s(o)uspris, *pp. as adj.* taken by surprise 49.24, 93.17

suen(s 80.3, 86.10, 86.11 *etc.*, **seon(s** P.21, 12.5, 88.5 *etc.*, **soue** 4.16, **soun** iii.31, **sowe** 30.3, *adj. & pron. poss.* his, one's (own); **s. propre**, his very own 19.4

suffir; *cond.3* **suffiroit** 49.10; *v.n.* suffice

sus, *adv.* on, upon, up 21.11, 39.5, 40.2 *etc.*; see also **lever**

suveanon, *adv.* at least 71.5

swef 68.13, *adv.* finely; **suef** 28.14, 32.9, 90.4, *adj.* gentle, easy, indulgent

tair; *pret.3* **tayst** 5.12; *pr.p. as adj.* **taisaunt** 2.56; *v.n.* grow (up), thrive, prosper

tapinage; **en t.**, secretly 80.2, 80.46

tapir †21.13, *pret.3* **tapi** 94.14; *v. refl.* hide

targer; *pret.3* **targa** 2.18; *v.a. & n.* tarry, delay

tarier, *v.a.* provoke, goad; *pret.3* **taria** 59.42

ta(u)nt, *adv. & pron. indef.* so, as (much)*12.9, 16.7, 23.6 *etc.*, so, as many 13.9, 15.8, *20.2 *etc.*, such 19.1, 61.15, *pl.* 24.2, 112.14; **t. bien**, so much the better 43.12; **cent t.**, one hundredfold 74.17; **t. cum**, (for) as long as, while 3.7, 20.25, 49.19 *etc.*, as much as 8.15, 12.9, 46.6 *etc.*; **t. que**, while 96.11; **t. dementers**, meanwhile 13.35, 49.23; **plus que t.**, (much) more than this 9.18; **t. pluys . . . e t. plus . . .**, the more . . . the more . . . 53.6

ta(u)ntost, *adv.* immediately 2.35, 2.38, 2.52 *etc.*, presently 11.2, 20.29, 49.18 *etc.*; **t. cum**, as soon as 8.1, 19.16, 19.19 *etc.*

tay, *s.* clay, mud iv.14, 59.47

teisir; *pret.6* **teurent** 38.6, 65.5; *impf.sbj.3* **tust** 18.5, 19.14, 76.5, *6* **teus(s)ent** 18.12, 78.3, 81.33; *v.n. & refl.* be silent

temporele, *adj.* of this world, temporal 68.9

tempreure, *s.* quality, condition 42.17

tendre; *pret.3* **tendi** 49.31, 100.6; *v.a.* extend

tenir P.3, 18.15, 19.17 *etc.*, *pret.3* **tint** 2.1, 13.25, 85.11 *etc.*, *6* **tindrent** 19.14, 40.3, 96.31 *etc.*; *impf.sbj.3* **tenist** 26.8, *6* **tenissent** 7.18, 69.6, 109.17; *v.a. & refl.* hold, consider, seize, keep, stand, remain, save; **t. a force**, hold by force 18.15; **se t. en pees**, hold one's peace 19.14, 109.17; **t. pou de**, set little store by 69.6; **t. la ryme** P.3, hold to the rhyme; **t. en servage**, keep in subjection 2.1; **s'en t. a lour souz**, make do with one's wages †7.18; **t. a truiffles**, dismiss as nonsense 106.5; **t. la vie**, preserve the life (of) 42.8, 80.30

tens; **par t.**, shortly, soon 13.30, 95.46; **tout(z t.**, always 19.17, 71.10, 80.10

tentes, *s.pl.* canopies 61.6

terdre 95.31, *pret.3* **tert** 31.5, 31.14; *v.a.* wipe dry

terrace, *s.* roof 20.6

terremeote 93.8, **terremoete** 102.7, *s.* earthquake

tierce, *s.* third hour of the day vi.4, vi.5, 97.1

tist, *s.* text P.4

tolir 68.3, 79.7, *pret.3* **toli** 113.26; *impf.sbj.3* **tousist** 96.15; *cond.3* **touderoit** 20.26; *pp. & pp. as adj.* **tol(l)et(te** 13.3, 35.8; *v.a.* take (away), deprive of, obstruct, abduct, separate from

tonbber; *pret.3* **tonbba** 48.4; *v.n.* tumble,

GLOSSARY

perform acrobatic tricks
tonneu *see* **qiller**
torner[1] 42.19, *pret.3* **turna** iv.31, 13.25, 31.12 *etc.*, **torna** 24.14, 98.4, *6* **turnerent** 85.13; *pp.* **torné** 77.7; *v.n.&refl.* turn around, shift, turn aside; **en t.,** go away 77.1; **se t. a autres paroles,** change the subject 13.25, **t. la parole a,** address 24.14; **t. sour,** redound on 85.13; **t. chef,** go to visit s.o. 77.7
torner[2]; *cond.3* **torneroit** †2.13; *v.a.* convert
tortiz, *s.pl.* torches 96.24
toutevoie(s, *adv.* continually, constantly 93.19, 94.13
touz; en touz e en toutes, in all things ? 25.6
trair 94.6, 94.10, *pr.ind.5* **traissez** 96.30; *pret.3* **tray** 49.51, **traist** 59.10; *cond.3* **traiereit** 95.13, **traieroit** 95.38; *pp.&pp. as adj.* **trai(z** 59.23, 93.8, 97.18; *v.a.* betray; *see also* **treire, trere**
trav(a)iler[1]; *pret.6* **travillerent** 112.3; *pp.* **travailé** 15.7; *v.n.* labor
travailer[2]; *impf.sbj.3* **travailast** 21.16, 27.8; *pp.&pp. as adj.* **travaillé(z,** exhausted, troubled, 33.10, 98.38; *v.a.&refl.* torment, bother, exhaust; put oneself out
treire; *pp. as adj.* **treit** vi.7, 101.1; *v.a.* take away, remove; *see also* **trair, trere**
trere 112.7, *pret.3* **tret** 96.32, 112.13, *6* **trestrent** 112.10; *cond.3* **treroit** 65.5, 92.15; *v.a.* draw (out), drag (out); *see also* **trair, treire**
tresbocher, *v.a.* hurl 16.14
trespasser; *pr.p.* **trespassaunt** 98.48; *pp.* **trespassé** 41.3; *v.n.* pass through; transgress
tricherie, *s.* deceit, guile 9.14
trover 6.5, 83.3, 98.14 *etc.*, *pr.ind.1* **treof** P.2, *3* **treofe** 67.5; *pret.3* **trova** 9.13, 11.3, 21.18 *etc.*, *6* **troverent** 3.17, 3.34, 6.6 *etc.*; *impf.sbj.6* **trovassent** 32.5; *fut.3* **trovera** 7.27, 92.9, *5* **troverez** 63.7; *cond.6* **troveroient** 3.14, 112.6; *pp.* **trové** 2.27, 3.30, 9.10 *etc.*; *v.a.* find; **t. a auquns a despendre de ses chateus,** supply another's needs from one's own wealth 31.21
truage *see* **prendre, rendre**
uns †108.15, *pron.quant.* several; **les un(e)s,** some, several 54.4, 59.9, 59.15 *etc.*
ussere, *s.* door-keeper 96.44, 96.46
valoir; *pr.ind.3* **vaut** 10.9, 13.26; *pret.3* **valust** 12.3, 51.7; *fut.3* **vaudra** 63.7; *cond.3* **vaudroit** 20.27, 63.19; *v.n.* be worth; **v. myeuz,** be preferable 12.3, 13.26, 51.7 *etc.*; **v. pis,** be less desirable 20.27
veil(l)er; *imper.5* **veillez** 93.19; *pret.3* **veila** P.16, *6* **veillerent** 3.10; *impf.sbj.6* **veillassent** 96.13, 96.18; *cond.3* **veilleroit** 93.22; *pr.p.* **veillaunt** 93.21; *v.a.* (keep) watch, stay up late
veisin, *s.* neighbor 9.12
venir 7.23, 14.5, 21.5 *etc.*, *pr.ind.3* **vyent** 11.28, 66.6, 69.6; *imper.5* **venez** 80.36; *impf.3* **venoit** 4.13; *pret.1* **vin** †9.4, *3* **vint** A.6, iii.30, v.2 *etc.*, *6* **vindrent** 2.48, 3.23, 4.8 *etc.*; *pr.sbj.1* **v(e)igne** 13.22, 49.29, *3* **vigne** 45.7, 93.10, 93.21; *impf.sbj.3* **venist** 2.55, 18.5, 21.2 *etc.*, *6* **venis(s)ent** 15.9, 17.5, 28.9 *etc.*; *fut.3* **vendra** 63.7, 113.22, *6* **vendront** 27.14; *cond.3* **vendroit** 2.10, 7.7, 9.3 *etc.*, **vendreit** iv.25, 3.31, *6* **vendroient** 24.19, 80.40, 93.8 *etc.*; *pp.&pp. as adj.* **ven(n)u(e)(z** 3.12, 3.25, 4.14 *etc.*; *pp. as s.* **venue,** coming 2.57, 4.5, 17.3 *etc.*; *v.n.* come; **v. a,** reach, attain, happen to, come to 42.13, 47.8, 66.3 *etc.*; **s'en v.,** come 26.9, 49.25; **v. a age,** reach maturity 2.55, 2.56; **v. atteignaunt,** overtake 108.6
venter; *pr.ind.3* **vente** 95.22; *v.a.* winnow
ve(o)ve, *s.* widow iii.14, v.11, 4.10 *etc.*
ve(o)(y)r 13.34, 40.6, 58.4 *etc.*, **ve(e)r** 30.2, 33.12, 71.5, *pr.ind.1* **voi** 13.26, *5* **ve(i)ez** 42.17, 42.18, 98.40, **voiez** 42.20, *6* **voient** 30.8; *imper.5* **veez** 2.34, 4.14, 9.2 *etc.*; *impf.3* **veoit** *57.4; *pret.1* **vi** 9.4, 9.18, 33.5, *3* **vi(s)t** 1.8, 9.2, 9.7 *etc.*, *6* **virent** 3.18, 3.33, 6.7 *etc.*; *impf.sbj.3* **veist** 76.6, 97.18, *109.21, *6* **veis(s)ent** 14.4, 60.14, 69.3 *etc.*; *fut.5* **verrez** *9.18, 90.14, 93.15, *6* **verront** 24.12, 93.13; *cond.3* **verroit** 12.12, 71.7, 80.34, *6* **verroient** 71.6, 94.5, 96.5 *etc.*; *pr.p.* **veaunt** 59.48, 113.25; *pp.&pp. as adj.* **veu** 1.9, 3.19, 3.24 *etc.*; *pp. as s.*, **veue** sight 26.8, 30.6, †80.30 *etc.*; *v.a.*

see; **veaunt eus**, before their eyes 113.25
vertu(e, *s.* power 2.11, 2.31, 21.12 *etc.*; *pl.* virtues 93.11
viaunde, *s.* food 7.7, 8.6, 13.36 *etc.*
ville, *s.* estate †65.13
vivre 91.5, *pr.ind.3* **vist** 8.6; *cond.3* **viveroit** 92.15; *s.* substance 91.5; *v.n.* dwell, live
voie, *s.* road, way iv.21, 3.37, 7.23 *etc.*; **par (la) v.** iv.21, 28.7, 54.4 *etc.*, on the way
voloir 59.20, *pr.ind.1* **voil** 26.3, *3* **veut** 11.27, 20.21, 20.29 *etc.*, *5* **volez** 26.3, 49.47, 52.9 *etc.*; *impf.3* **voleit** iii.6, iii.25, 32.2 *etc.*, **voloit** 40.26, 65.14, 68.3 *etc.*, *5* **voliez** 90.13, *6* **voloient** 14.4, 20.4, 30.18 *etc.*, **voleyent** v.11, 1.6, 16.14 *etc.*; *pret.3* **volust** 75.6; *pr.sbj.3* **voile** 8.14; *impf.sbj.3* **vousist** 2.51, 38.3, 60.12 *etc.*, **veusist** 100.7, *6* **vousisent** 17.3, 25.6, 28.10 *etc.*; *fut.3* **voudra** 68.11; *cond.6* **vorroient** 65.11; *pp.* **volu** 90.12; *v.n.* wish, intend; **v. meuz**, prefer 11.27, 20.21, 98.17
vouer; *impf.sbj.3* **vouast** 51.8; *v.a.* commit, promise
weimenter; *pret.6* **weimenterent** 98.50; *pr.p.* **weimentanz** 106.7; *v.n.* lament, wail
ydropik, *s. & adj.* (one) afflicted with dropsy iv.20, 65.1, 65.3
ysope, *s.* (bot.) hyssop 100.6

INDEX OF PROPER NAMES

Here are listed all occurrences of all proper names, although for names like *Jhesu* that appear very frequently, only the first forty occurrences are shown. Numbers refer to chapter and line in *Estoire*. For names straddling two lines, only the first line number is shown. An asterisk (*) indicates that the proper name occurs more than once in the line. A line number marked with a dagger (†) refers to a proper name that has been emended in the text. Orthographical variants are consolidated in each entry; scribal *y* for *i* is noted only in the headword.

Aaron 2.3, Aaron, brother of Moses
Abel 41.6, 90.10, Abel, son of Adam
Abraham (seint) 1.10, 59.42, 68.17, 87.7, Abraham, the patriarch
Agnel Dieu 9.2, 9.7, Lamb of God, name for Christ; *see also* **Crist, Fiz Dieu, Jhesu, Jhesu Crist, Seignur (Jhesu Crist)**
Andreu (seint) 9.9, 17.4, 49.11, 92.3, 93.6, St Andrew the Apostle, brother of Simon Peter
Anne 4.10, Anna, a prophetess
Anné 96.41, 96.43, 96.58, 97.1, Annas, a high priest
As(s)encion P.21, 113.1, 113.36, Ascension
Barnaban 98.17, 98.19, 98.41, Barabbas, a prisoner
Barthmeu 78.5, Bartimaeus, a blind beggar
Bedleem 3.6, 3.13, 3.17, 3.27, 3.29, 3.31, 5.6, 5.10, **Bethleem** 3.5, Bethlehem
Belzebub (mestres de) iii.24, 22.9, **Belzebud** 40.8, (followers of) Beelzebub
Benedictus Dominus Deus Israel 2.54, canticle of Zachary (Lc 1.68-79)
Bephage 81.19, Bethphage, a city
Betaign(e) v.2, 80.4, 81.2, 82.17, 94.12, 113.17, **Besteyne** 80.16, **Betayne** 81.6, Bethany, a city
Bethsaida iv.12, 9.13, 32.13, 49.19, †57.1, Bethsaida, a city

Boaneges 24.5, Boanerges, Sons of Thunder, name for James and John
Caifas 80.42, **Caiphé(s** 94.4, 96.41, **Caiphas** 97.2, Caiaphas, a high priest
Calvarie, mount de 99.1, mount Calvary
Cana iii.3, 14.1, Cana, a city
Caunterbires P.6, Canterbury
Cedron, doit de 96.8, Cedron, brook of
Celi 32.11, 92.20, He, a reference to God
Cene 113.2, 113.15, **Sene** A.8, Last Supper
Cesar 86.7, *86.10, 97.9, 97.13, 98.33, 98.34, 98.36, 113.19, Tiberius Caesar; **Cesar Augustus** 3.1, Caesar Augustus
C(h)ananee, la iv.7, 52.1, Canaanite woman
Chapharnaum iii.5, iii.7, iii.12, iii.13, iv.4, iv.18, 11.2, 14.2, 14.3, 14.6, 17.2, 18.1, 20.2, 26.2, 27.1, 32.13, 49.36, 63.2, Capernaum, a city
Clement[1] P.5, P.11, Clement, prior of Llanthony
Clement[2], seint, P.15
Cleofe vii.5, **Cleophe** 99.12, 108.1, **Cleophas** 108.9, Cleopas, a follower of Jesus; *see also* **Marie Cleophe**
Concepcion i.1, 2.1, Conception
Corozaym 32.12, Chorazin, a city
Crist A.7, iv.25, v.9, 3.12, 3.27, 4.5, 4.7, 4.12, 7.5, 7.19, 7.20, 7.23, 7.24, 9.5, 9.10, 9.13, 11.9, 12.7, 13.30, 13.34, 16.3, 17.3, 18.5, 22.2, 28.5, 29.10, 30.2, 30.4, 30.5, 30.14, 32.6, 32.9, 40.7, 42.16, 42.21, 55.4, 59.15, 59.56, 60.5, 71.1 *etc.*,

Christ, the Messiah; *see also* **Agnel Dieu, Fiz Dieu, Jhesu, Jhesu Crist, Mestre, Seignur (Jhesu Crist)**
Croiz, le signe de la 93.13, sign of the Cross
Cuze 31.22, Chuza, Herod's steward
David (seint), (rey) 1.10, 3.6, 8.12, 37.5, 81.29, 82.11, 82.13, 89.3, 89.4, 113.20, David, king and psalmist
Deus, Deus meus, respice in me 100.2, Christ's words on the Cross (Ps 21.2-32)
Diable(s 8.3, 8.4, 8.7, 8.11, 8.15, 18.3, 59.42, 95.21, 95.42, Devil; *see also* **Sathan**
D(i)eu(s 1.2, 1.3, 1.4, 1.5, 1.7, 1.8, 2.2, 2.6, 2.13, 2.14, 2.16, 2.21, 2.25, 2.27, 2.31, 2.33, 2.34, 2.36, 2.40, 2.44, 2.55, 3.16, 3.20, 3.27, 4.3, 4.9, 4.11, 4.12, 5.12, 6.14, *7.11, 7.14, 8.6, 8.10, 8.12, 8.13, 9.19, 11.8, *11.17, 11.19, 11.22 *etc.*, **Dié** 7.34, God; **Sire Dieu** 2.53, Lord God; *see also* **Agnel Dieu, Fiz Dieu, Piere**
Effram 80.46, Ephraim, a city
Egipte 5.2, 5.4, 5.9, 49.40, Egypt
Eglise (Seint') 60.6, 63.22, the (Holy) Church
Eli *100.2, name for God
Eli(e)(s 2.11, 7.20, 7.24, 16.9, 60.4, 61.4, 61.6, 61.12, 61.13, 100.3, 100.7, Elias, the prophet
Eliseu 16.11, Eliseus, a prophet
Elizabeth (seint') 2.3, 2.21, 2.32, *2.37, 2.47, (St) Elisabeth, mother of John the Baptist
Emaus 108.5, 108.19, Emmaus, a village
Erodias 48.4, Herodias, wife of Herod
Escripture(s (seinte), 37.9, 75.5, 79.12, 87.5, 95.29, 96.36, 100.4, 101.6, 103.7, 108.23, 109.14, (Holy) Scripture
Esperit (Seint, Saint) 2.53, 2.56, 2.57, 4.6, 4.7, 7.4, 7.27, 8.2, 9.5, 9.6, 11.19, 12.10, 33.8, 95.56, 109.11, 109.18, 111.7, 113.12, 113.21, 113.33, **Espirit (Seint, Saint)** P.21, 2.11, 2.30, 2.38, 2.45, 7.33, Holy Spirit
Evang(e)ile(s P.2, P.4, P.5, P.7, P.8, P.14, P.17, P.18, P.20, 30.10, 110.8, 113.5, **Evangele** 81.15, the Gospel(s)
Eylret P.13, Aelred

Fiz 7.35, 11.22, 11.23, 61.8, 99.23, 111.6, Son, a name for Christ; **Fiz D(i)eu** 1.8, 2.28, 2.32, 2.35, 8.5, 8.12, 9.6, 9.17, 11.25, 18.12, 39.6, 49.50, 59.41, 59.54, 60.5, 80.22, 96.67, 97.7, 98.29, 99.18, 100.13, Son of God, a name for Christ; *see also* **Crist, Jhesu, Jhesu Crist, Mestre, Seignur Jhesu Crist**
Gabriel 2.16, 2.22, Gabriel, the archangel
Galilé(i)(e) iii.1, vii.8, 2.23, 2.36, 5.11, 10.1, 13.2, 13.9, 13.43, 14.1, 18.17, 19.3, 19.32, 24.1, 48.4, 51.2, 59.2, 62.2, 64.2, 96.5, 98.7, 98.8, 98.9, 100.16, 104.5, 109.13, 111.1, 111.2, Galilee, the province; **Galilee, mer de** iv.8, 53.1, 53.2, sea of Galilee; **Galileus** 59.26, 96.52, a Galilaean; **Galileis** iii.29, 43.1, 43.3, 43.5, Galilaeans
Garizin, mount de 13.27, 43.3, mount Gerizem
Genesar iv.6, **Genasar** 50.1, 50.2 **(terre de)**, Gennesaret, a land
Gerasa 19.3, Gergasa or Gergesenes, a country
Gloria in excelsis Deo 3.16, song of the angels (Lc 2.14)
Gomorre 28.14, Gomorrha, a city
Gyu(s *see* **Juis**
Herode(s (rey) iv.12, iv.20, 2.1, 3.25, 3.28, 3.36, 4.1, 5.3, *5.4, 5.8, 5.10, 13.3, 13.4, 13.6, 31.22, 48.3, *58.1, 64.2, 64.12, 86.2, 98.8, 98.9, 98.11, 98.13, 98.14, Herod, king of Judaea; *see also* **herodiens, herodés**
Isac 87.7, Isaac, son of Abraham
Isaye 7.23, 16.2, Isaiah, the prophet
Israel 2.29, 16.10, 16.12, 22.8, 74.16, Israel; *see also* **Rey de Israel, Benedictus**
Jacob 13.19, 87.7, Jacob, son of Isaac
Jair, iii.8, 21.2, Jairus, a ruler
Jak(e)[1] (seint) iv.31, †15.8, 17.6, 18.7, 21.20, 24.5, 64.4, 75.2, 75.7, 93.6, 96.11, 112.2, 113.36, James (the Greater), the Apostle
Jake[2] 46.4, James, brother of Jesus
Jeremie 60.4, Jeremias, a prophet
Jerusalem A.6, ii.3, iv.13, v.2, v.4, 2.2, 3.23, 4.3, 4.5, 6.2, 6.5, 7.3, 7.19, 8.11, 11.1, 11.3, 13.27, 13.44, 34.8, 40.7, 43.8,

INDEX OF PROPER NAMES

43.9, *47.2, 51.3, 59.4, 60.8, 61.5, 64.2, 64.4, 64.14, 66.2, 75.2, 75.5, 77.14, 79.3, 80.5, 80.24, 81.2, 81.3, 81.19 *etc.*, Jerusalem

Jessemany 96.9, Gethsemane

Jeu 13.15, **Gyu** 9.14, Jew; *pl.* **Juis** iii.31, iv.33, 47.1, 47.10, *47.14, 77.15, 79.3, 80.8, 80.24, 80.27, 95.47, 96.31, 97.16, 98.4, 98.26, 98.33, 98.35, 99.7, 101.1, 101.8, 101.15, 109.3, 110.3, 113.38, **Gyus** 7.15, 7.19, 11.9, 11.15, 12.3, 13.11, 13.15, 27.6, 27.13, 27.14, 28.5, 51.4, 52.4, 59.56, **Guys** 27.3, 79.1, Jews; *see also* **Rey (des Juis)**

J(h)erico iv.31, iv.33, 34.8, 76.1, 76.2, 77.2, 78.1, 78.2, Jericho, a city

J(h)esu(s P.1, P.8, P.16, iv.2, iv.12, iv.13, v.10, v.11, vi.2, vi.3, *vi.4, vi.5, *vi.6, *vii.5, *vii.6, vii.7, vii.8, vii.9, 1.1, 2.1, 2.28, 2.46, 3.22, 4.8, *6.1, 6.13, 7.28, *7.30, 7.32, 7.35, *8.1, 8.5, 8.10, 8.13, *9.1, 9.7, 9.8, *9.11, 9.12, *9.14 *etc.*, Jesus; *see also* **Agnel Dieu, Crist, Fiz, Jhesu Crist, Mestre, Seignur (Jhesu Crist)**

Jhesu Crist P.15, 2.58, 7.2, 30.3, 44.1, 80.22, Jesus Christ

Johan[1] **(l'Evaungeliste), (seint)** 15.8, 17.7, 18.8, 21.20, 24.5, 61.2, 63.15, 64.4, 75.2, 75.7, 93.6, 95.5, 95.39, 96.12, 96.42, 96.43, 96.44, 99.12, 103.2, 103.3, 103.6, 108.3, 112.2, 112.7, 112.27, 112.28, 112.30, St John the Evangelist, son of Zebedee

Johan[2] **(le) (Baptistre) (seint)** *A.3, A.4, A.5, ii.3, iii.2, iii.14, iv.2, 2.9, 2.22, 2.50, 2.52, 7.2, 7.7, 7.19, *7.29, 7.32, *9.2, 9.7, †12.1, 12.2, 12.3, 12.4, 12.6, 13.2, 13.8, 20.22, 29.8, *30.1, 30.4, 30.8, *30.11, 30.19, 36.2, 48.2, *48.7, 48.9, 58.2, 60.3 *etc.*, St John the Baptist

Johan[3] 31.22, Joanna, wife of Chuza

Jo(h)né †9.11, *40.12, 40.16, 55.5, **Jona** iii.24, Jonas, the prophet; **mestres de Jona** iii.24, followers of Jonas

Jordan [f(f)lum], (fflem) 7.6, 7.29, 12.5, 79.13, 80.2, river Jordan

Joseh 46.4, Joses, brother of Jesus

Josep(h[1] 2.24, 2.42, 3.4, 3.18, 4.3, 4.8, 4.12, 4.17, 5.1, 5.8, 6.2, 7.36, 16.5, 46.3, Joseph, husband of Mary

Joseph[2] *101.12, 101.14, 101.18, Joseph of Arimathaea, disciple of Jesus

Judas (Scariot) v.14, 49.51, 81.9, 94.1, 94.8, 95.42, 96.10, 96.23, 96.29, 96.30, 97.16, Judas Iscariot, the Apostle

Jude 46.4, Judas, brother of Jesus

Judee iii.1, 2.37, 2.55, 5.10, 12.1, 12.5, 13.2, 13.9, 14.3, 29.8, 80.7, 113.23, 113.36, Judaea, a land

Jugement (jour de) iv.26, v.13, 32.10, 40.16, 61.12, 77.16, 80.20, 92.21, †93.2, 93.7, 93.10, *93.28, 113.30, Judgement (Day); **Juyse, jour de** 74.16, Judgment Day

Lanthony P.5, Llanthony

Lazere iv.34, 80.1, 80.3, 80.12, 80.17, 80.35, 81.6, 81.7, 81.17, 81.18, 82.17, **Lazre** 81.38, Lazarus, brother of Mary and Martha

Loges, (f)feste dé(s) iv.13, 59.1, 59.2, feast of tabernacles

Magdaleine *see* **Marie (Madaleyne)**

Magedan iv.9, **Magedam** 55.1, **Magidor** 55.2, Magadan or Magdala, a city

Magnificat anima mea Dominum 2.40, canticle of Mary (Lc 1:46-55)

Malcus †96.33, Malchus, a servant

Marie[1] 2.24, 2.29, 2.34, 2.36, 2.38, 2.39, 2.40, 3.4, 3.17, 3.20, 4.2, 4.3, 4.8, 4.12, 4.13, 4.17, 6.2, 23.4, 46.3, Mary, mother of Jesus

Marie[2] **(Madaleyne)** 35.2, 35.3, 35.7, 80.3, 80.24, 80.25, 81.7, 99.12, 103.25; **Ma(g)daleine, la,** iii.16, vii.3, 31.1, *103.1, 103.17, 103.21, 104.2, 106.6, Mary (Magdalene), sister of Martha and Lazarus; see the note for 35.2.

Marie[3] **(Cleophe)** 99.12, Mary, wife of Cleophas

Maries, les 102.3, 106.6, the Marys

Marthe (seinte) iii.21, 35.1, 35.2, 35.4, *35.6, 80.3, 80.17, 80.33, 81.6, Martha, sister of Mary and Lazarus

Matheu (Levy), (seint) iii.7, 20.1, 20.16, St Matthew the Apostle

Mestre 9.16, 80.15, 103.26, Master, name for Christ

Moises 4.2, 11.20, 49.40, 49.41, 59.30,

61.4, 61.6, 72.3, 72.4, 72.5, Moses, the prophet
Naaman 16.12, Naaman the Syrian, a leper
Nathanael 9.13, 9.15, 9.16, **Nathaneel (seint)** 112.2, Nathanael the Apostle
Naym 29.2, Nain, a city
Nazareth iii.3, 2.23, 2.41, 3.5, 4.18, 5.11, 6.12, 7.28, *16.1, 17.2, 23.1, 76.3, 81.38, 96.26, 96.28, 99.6, **Nazarez** 108.10, Nazareth, a city
Nicodemus 11.16, 59.24, 101.13, Nicodemus, Jewish notable
Ninivé 40.13, 40.15, Ninevah, a city
Noé 93.18, Noah
Nunc dimittis servum tuum Domine 4.9, canticle of Simeon (Lc 2.29-32)
Olivete, mount (d') 81.26, 93.5, 94.12, 96.2, 113.14, 113.17, mount of Olives
Pames, le jour dé 82.1, Palm Sunday
Paradis 99.28, Paradise
Passion P.20, A.7, A.8, iv.15, iv.17, iv.30, vi.2, 60.1, 62.1, 62.2, 64.3, 75.1, 75.5, 95.2, 95.29, 96.15, 100.4, 103.14, 108.17, 109.13, 109.16, 109.17, Passion
Pater nostre 36.3, Lord's Prayer (Mt 6.9-13)
Phelip(p)(e) (seint) 9.12, 9.13, 9.16, 49.8, 49.9, 92.2, 92.3, St Philip the Apostle
P(i)er(r)e 1.3, 1.5, 6.10, 6.11, 7.34, 11.7, 12.10, 28.18, 33.9, 36.9, 49.15, 49.41, 54.7, 63.28, 75.12, *79.7, 79.10, 80.35, 92.10, *92.11, 93.31, 95.12, 95.20, 95.21, 95.59, 96.15, 96.19, 96.35, 99.3, 100.8, 103.26, 103.27, 109.10, 111.6, 113.11, 113.21, 113.30, God the Father
P(i)er(r)e(s (seint, seyn) P.15, iii.3, iii.4, iii.5, iv.17, iv.29, vii.6, 9.12, 15.1, 17.1, 18.7, 18.8, 18.14, 21.9, 21.20, 49.28, 49.47, 51.14, 60.5, 60.9, 61.2, 61.5, 63.3, 63.4, 63.24, 74.2, 74.14, 83.5, 93.5, 95.5, 95.20, 95.24, 95.32, 95.33, 95.40, 95.51, 96.5, 96.11, 96.32, 96.34, 96.42 *etc.*, St Peter the Apostle; *see also* **Sym(e)on**[1]
Pilat(e) iii.29, *43.2, 43.5, 97.9, 97.12, 97.14, 97.15, 98.2, 98.6, 98.8, 98.12, *98.13, 98.15, 98.19, 98.21, 98.25, 98.29, 98.30, 98.34, 98.41, 99.5, 99.7, 99.8, 101.3, 101.9, 101.10, 101.12, 101.24, 105.7, 113.19, Pontius Pilate, Roman governor
Resureccion vii.5, 62.3, 105.4, 106.1, 109.17, 113.3, 113.23, **Resurection** P.21, A.9, **Resurexion** 75.6, Resurrection
Rey (des Gyus) 3.24, 98.2, 99.8, **Roi (des Juis)** 97.14, 99.6, 99.23, King (of the Jews); **Rey de Israel** 9.17, King of Israel; **Rey naturel** A.7, 81.28, 82.11, legitimate King; names for Christ
Ro(u)me 3.2, 3.4, 63.3, Rome, the city; **Romayns** 80.41, 86.3, **Romeyns** 7.3, Romans
Saba, rei(g)ne de iii.25, 40.18, queen of the south
Salamon 40.19, 40.20, 85.8, Solomon
Samarie 64.3, 113.23, Samaria, a land; **Samariteyn** 34.9, 34.14, the (Good) Samaritan; **Samariteyne, la** 13.32, the Samaritan woman; **Samariteyns** iv.18, 13.10, 13.38, 64.1 **Samariteyne** 13.15, 70.4, Samaritan
Sathan 8.10, 33.5, Satan; *see also* **Diable**
Sauveour du mounde 13.42, Savior of the World, name for Christ
Seches 16.11, Sarepta, a city of Sidon
Seignur (Jhesu Crist) P.2, P.19, A.1, i.1, ii.1, ii.4, iii.1, vii.2, 1.1, 89.4, 103.20, 110.5, 112.17, Lord (Jesus Christ); **Seignur de sabat** 37.11, Lord of the Sabbath; *see also* **Agnel Dieu, Crist, Fiz (Deu), Jhesu Crist, Mestre** *etc.*
Sene *see* **Cene**
Setes 52.2, Sidon, a city
Sichar 13.11, Sichar, a village of Samaria
Siloa 43.9, **Syloe** 59.48, Siloam, pool and tower in Jerusalem
Sion, mount 113.16, mount Sion
Sodome 28.14, 32.9, Sodom, a city
Sur 52.1, Tyre, a city
Surieu 16.12, Syria
Susanne 31.22, Susanna
Sym(e)on[1] *9.10, 9.11, 15.6, 15.9, 15.11, 15.13; **Simon P(i)ere(s** 15.4, 17.4, Simon Peter, brother of Andrew; *see also* **P(i)er(r)e(s**, Simon Peter the Apostle
Symon[2] 46.4, Simon, brother of Jesus
Simeon[3] 4.5, 4.13, Simeon
Simon[4] 98.48, Simon of Cyrene, the cross-

INDEX OF PROPER NAMES

bearer
Simon[5] 31.12, a Pharisee and Jesus' host
Tabaire 49.36, Tiberius, a city; **Thabaire, mer de** iii.5, 15.1 17.4, 19.2, 112.1, 112.3, sea of Tiberius
Thabor, mount (de) iii.10, 24.3, mount Tabor
Thomas (seint) vii.7, 80.15, 108.27, 108.28, 109.19, 110.1, 110.3, 110.4, 110.6, 112.2, Thomas the Apostle
Thomas le martir, seint P.6, St Thomas Becket
Trinité, seinte 8.2, Holy Trinity
Zacarie 2.3, 2.5, 2.7, 2.14, 2.18, 2.37, 2.49, Zacharias, priest and father of John the Baptist
Zache(e)u iv.32, 77.1, 77.2, 77.7, Zacchaeus, chief of the publicans
Zebedeu 15.9, 17.7, Zebedee, father of James and John

www.ingramcontent.com/pod-product-compliance
Lightning Source LLC
Chambersburg PA
CBHW030657230426
43665CB00011B/1134